福田アジオ著

歴史と日本民俗学

――課題と方法――

吉川弘文館

目次

第二部　民俗学の方法

課題　歴史と民俗学研究

第一章　民俗学の展開と方法

一　民俗学と方法論

方法論コンプレックス

民俗学の概説書や紹介書は、その最初の一章を民俗学の目的・意義・方法、あるいは学史の記述にあてていることが多い。したがって、民俗学は理論とか方法に強い関心を示す学問であるという印象を与えているものと思われる。多くの人文科学・社会科学の入門書や案内書では、基本的にはその学問の研究成果に基づいて対象とする事象やその解釈・意味を一定の基準に基づいて順次説いていき、最後の付録とか補論ともいうべき箇所で方法とか学史を説く程度である。ことに歴史系の概説や入門書はその傾向が強いといえる。民俗学はそれとは反対に、必ず方法論に関する説明を最初に置かないと具体的な内容に入れないかのような扱いである。

これにはもちろん理由がある。民俗学の対象は、歴史学や国文学、あるいは経済学や政治学のように学問の名称から研究対象が容易にイメージできる存在ではないこと、また研究の方法も分かりにくいこと、そして最大の理由は学問としての形成が新しく、人びとの間で必ずしも定着していないことである。そのため、民俗学とは何かをたえず説明し、理解してもらわなければならないという強迫観念がそこにはあるようにさえ見える。

そして、しばしば見られることは、巻頭の民俗学の目的とか意義で述べていることと、本論で展開する民俗学の具体的な内容が必ずしも対応していないことである。民俗学の案内書に書かれていることは、とりあえずの説明として最初に置かれているだけといっても過言ではない。

理論民俗学の未開拓

もちろん、学問の目的・方法・対象が統合された存在としてあって、初めて具体的な研究は行われるのであり、対象だけはっきり分かっていれば、それを収集するだけで自ずと答えが出るというものではない。民俗学の目的・方法・対象を統一的にとらえる方法論がたえず検討され、個別具体的な研究との関連で修正されつつ、理論が深められなければならない。したがって、いうまでもないことであるが、民俗学の方法論、言い換えれば民俗学の理論研究は重視されなければならない。しかも理論は突然形成されたり、どこからか与えられるものではない。

社会の状況、社会の思潮に規定され、また他の学問研究の進展状況に影響されながら各学問の理論形成は行われてきた。当然のことながら、民俗学の理論研究、すなわち民俗学の方法論の検討は、民俗学史の一環という面を持つ。また逆に民俗学方法論の一分野としての民俗学史が存在しなければならない。

概説書や案内書の巻頭に民俗学の方法に関する記述が必ずのようにあっても、それらの理論を検討する日常的な行為はあまりない。民俗学の専門的な雑誌には方法に関する論文が掲載されることは少なく、また学会で正面から議論されることもほとんどない。方法論は概説書・案内書用のものであり、民俗学の専門研究者が改めて議論するものではないという風潮さえ感じられる。理論民俗学とでもいうべき分野は形成されていないし、毎年開催される日本民俗学会の年会では多くの発表会場が用意されるが、方法論を検討する部会やシンポジウムが設定されることはほとんどない。

いわば、民俗学は個別問題の調査研究を行っている研究者が片手間に方法論を考えている状態である。それは理論とか方法論という抽象論をいうよりも、具体的な研究を実証的に展開する方が重要であるという、素朴な実証主義が民俗学を支配してきたことを示している。このことは、過去に遡れば、方法論はすべて柳田国男任せで、自分たちは具体的な事象を調査して報告するという役割分担であったことが深くかかわってくる。しかも、柳田国男自身が方法に関して議論することが必ずしも得意ではなかったことも重要である。

二　民俗学方法論の問題

戦後民俗学の情熱

民俗学の世界で、方法論に関する議論が今まで行われなかったとするのはいいすぎであろう。この五〇年あまりの間に何回か方法論に研究者の関心が向かい、議論されたり、討論が行われたりする時期があった。以下ではそれらについて概観しておこう。

第二次大戦後の民俗学の復興期は、財団法人民俗学研究所を中心にして活発な研究活動が展開した。ことに若い世代の人びとが研究所の活動を通して民俗学の方法を考えるようになって、いくつもの論文を発表し、時には論争に近いことも行われた。その立て役者の一人は和歌森太郎であった。

和歌森太郎は、一九四七年から五〇年にかけて盛んに方法についての論文を発表している。彼の初期の主張は歴史学方法論としての民俗学であった。研究の結果として登場する歴史的世界に、歴史学と民俗学には相違がないとするものであった。すでに『国史に於ける協同体の研究』（上、一九四七年）、あるいは『日本民俗学概説』（一九四七年）

において述べられていたことであるが、歴史研究の方法として歴史学・考古学・民俗学の三つがあり、そのうち民俗学は遺習史料によって歴史を明らかにするとした。言い換えれば「史料としての民俗を研究対象とし、民俗史研究を以て目的とする」(1)のが民俗学だという。その原点の上に立って民俗学の方法についてさまざまな主張をした。典型的には、民俗を歴史に組み替えるには、民俗を伝承している村落の社会型・文化度を把握して、社会型・文化度の歴史性に基づいて歴史的世界へ位置づけるという主張である。村落の社会型は古代型・上代型・中世型・近世型・近代型という時代区分を示したものであった。民俗が相互連関して存在しているという認識に基づけば、村落の型は無意味ではない。しかし、ある村落の型が仮に中世だとしても、現在のその村落に行われている民俗がすべて中世という訳ではないことは明白である。和歌森の主張は民俗学研究所でも話題として取り上げられたが、必ずしも活発な議論は展開しなかった。あまりにも旧来の歴史学に引きつけた立論だったためと思われる。これをめぐって議論したのは関敬吾のみであった。

この時期の注目すべき論文としては、その後も長く民俗学批判の代表として扱われることになる古島敏雄の「歴史学と民俗学」(2)がある。柳田国男の講義を聴講したこともある戦後の近世社会経済史研究の中心人物であった古島が、率直に民俗学に感じている問題点を指摘したものであった。その中心は「現状の横断面に現れる多様性と近似性の示すものは、その多様性そのものを、変化のない形とするならば、正に単純な変化の可能性を示すにすぎない」(3)という点にあった。個別の地域の民俗事象を固定的に把握して、それを並べても歴史という時間は出てこない。個別地域の個別事象が動く存在、変化する存在として把握しなければ歴史は立ち現れないという当然の批判であった。そして、加えて調査対象となる、いわゆる伝承者の問題に批判の目を注ぐ。すなわち、「僻村の老媼の気まぐれな記憶を以て、真実に替えるという誤りが、過去の史学の誤りを越えて大きく浮かび上ってくることを、我々は深く警戒せざるを得ないのである[4]」と指摘し、民俗調査における資料批判の重要性について問題提起をした。古島がこの批判の文章を発表したのは民間伝承の会が日本民俗学会として名称変更して、本格的な学会組織になった年であるが、この批判に対する民俗学界の反応はほとんどなかった。

民俗学性格論争

民俗学の世界で、熱心に民俗学の性格や目的について論じられた時期があった。それは一九五一年から翌年にかけてのことで、日本民俗学会の機関誌『民間伝承』誌上においてであった。まず平山敏治郎の「史料としての伝承[5]」が「日本民俗学は日本民族の文化に関して国史の立場から考察しようとするもの」と主張した[6]。しかしその場合、依拠する資料の存在形態から、文献に基づくのが史学、伝承によるのが民俗学という古典的な理解を否定して、文献資料中の伝承文化の記述も当然民俗学の資料として扱わねばならないとした。

これに対して反論したのが牧田茂「民俗の時代性と現代性[7]」である。牧田は民俗学が明らかにするのは、あくまでも現在であり、過去ではないことを主張した。しかしその現在は時間的な限定はなく、むしろ「日本人とは何ぞや」「日本文化とは何ぞや」という命題に向けて進むべきであるという主張に見られるように、時間を超えた現在を考えている。また堀一郎は「民間伝承の概念と民俗学の性格[8]」で、民俗学は歴史科学であるとし、その歴史科学は歴史歴史学と文化歴史学に大きく分けることができるが、民俗学は後者に入ると位置づけた。また和歌森も自分の意見を表明して論争に参加した[9]。

牧田茂の再論「民俗学の現代性[10]」を掲載したところで、『民間伝承』編集部は論争の打ち切りを宣言した。この民俗学性格論争は、民俗学についての理解が一つでなく、たとえ柳田国男のもとであっても多様な見解が形成されつつあったことを示した。論争としては充分には展開しなかったが、むしろそのことが民俗学の性格づけについて一つに統一される必要のないことを表明したといえよう。しかし柳田国男にとっては自明の問題を論じているように受け取れたものと思われる。柳田はすでに民俗学研究所の例会の発言で「歴史は我々の目的であって方法ではない(11)」と表明し、また論争の最中には「これまで史学を過去学としてやってきたのが誤りである。同じく現代学であるという点で、史学と民俗学とは対立するものではない(12)」と述べているのである。

民俗学性格論争を強制的に終了させた二年後、有賀喜左衛門から民俗学への厳しい批判と民俗学の位置づけの提言がなされた。すなわち「民俗資料の意味―調査資料論―(13)」である。有賀喜左衛門の論は一種の学問論である。科学は綜合科学と個別科学に分けられるが、綜合科学は哲学のみであり、ほかのすべての科学は個別科学であるという。個別科学とは政治学・経済学・社会学などを指し、歴史学という過去を総体として対象化し、総合的に研究する科学は存在しない。すべての歴史研究は個別科学の歴史研究である。すなわち経済学の歴史研究としての経済史、政治学の歴史研究としての政治史のようにである。歴史研究の資料は記録資料・造形資料・行為言語感得による民俗資料の三つであるが、これらは相互補足的である。民俗学は個別科学ではなく、まして綜合科学でもなく、「民俗資料を主として採集記述する方法論(14)」であると主張した。

これは民俗学だけでなく独立科学としての歴史学の存在をも否定する論であり、多くの人びとに困惑を与えたが、反論するだけの学問論は多くの人には持ち合わせがなかったというべきであろう。反論や批判はほとんどなかった。たしかに、第二次大戦後の日本の歴史研究は、経済史中心で、歴史学といっても個別科学としての経済学の歴史研究という面が強かったことも否定できない事実であり、それが有賀への反論を弱めたともいえよう。なお、有賀のいう民俗学は歴史研究のための資料獲得の方法という論は、学問体系論は別であるが、すでに赤松啓介『民俗学』(一九三八年)で主張されていたことでもある。

エートノス論の登場

以上の経過は、民俗学の内外からの提起や批判がいずれも民俗学を歴史研究との関連で理解する立場を中心に展開してきたことを示している。それから大きく変わるのが石田英一郎の民俗学への提案である。石田英一郎は日本民俗学会第六回年会（一九五四年十月）で「人類学と日本民俗学」と題する公開講演を行った。これは翌年に「日本民俗学の将来」[15]として『日本民俗学』に掲載された。石田は有賀の学問論を意識しつつ「日本民俗学は、ある一定の目的のもとに、庶民生活のなかから資料の選択を行ってきた。その選択の基準こそ、柳田先生などはそういうことばで呼んでおられないが、私のいう日本民族のエートノスにあったものと思う」と主張し、民族のエートノスについては「民族の伝統的＝中核的＝基層的な文化」だとした。牧田が「日本人とは何ぞや」を民俗学の課題としたことに対応する面を持つが、それをエートノスという抽象的な概念に集約して示したことが大きな影響を与えることになった。石田はさらに重要なことを提案した。すなわち日本民俗学は広義の人類学の一部になるべきだということである。

民俗学に近く、柳田国男とも交流のある研究者からの相次いでの批判や提言に対して、日本民俗学会は一九五六年十月開催の第八回年会で共同討議「日本民俗学の限界」を開いた。開催の意図は有賀や石田への反論のためだったと思われるが、実際には特に石田の批判・提言を受け入れる会となった。基調報告者の一人桜井徳太郎は「日本民俗学は、日本民族が送ってきた伝承生活、または現に送りつつある伝承生活を通じて、日本民族のエトノス（Ethonos）、ないしフォルクストゥム（Volkstum）を追求するところに、その学問的目標をおく。ここでエトノスとかフォルクストゥムということの意味は、民族の特質、あるいは本質と解してよかろう。またウルチュープス（Urtypus）つまり祖型と解してもよい。日本民族の日本民族たる所以、であるから、民族性というのが至当であるかも知れない」[16]と主張した。報告のテーマは「日本史研究との関連」であったが、それから完全にかけ離れた主張であった。この桜井の主張は民俗学で一定の影響を与えた。むしろ民俗学の性格についての通説を形成したともいっていいだろう。今日でもしばしばみる説明である。もちろん柳田国男はそれをよしとしなかった。関敬吾の説明によれば、柳田国男は「日本民俗学は広義の日本史である。それにもかかわらず、石田の見解に対して批判をあえてするものもなく、民俗学は低調でその発展は心細い。かかる無力な民俗学研究所は解散し、学会の発展に主力を注ぐべしという意味の重大な発言をした」(17)という。民俗学研究所が解散を決議したのは一九五七年四月のことであった。

混迷と再出発

第二次大戦後の一〇年間あまりは若い民俗学研究者に情熱があった。民俗学の学問的性格、民俗学の目的について議論し、また論争する気概を持っていた。しかし、民俗学研究所の解散に続き、いったん日本民俗学会も休眠状態となり、さらに柳田国男の死去もあって、低迷が続いた。そのような状況に、それまでの民俗学の研究成果を総括しようとする『日本民俗学大系』全一三巻（一九五八～六〇年）が出版された。大系には岡正雄が編集委員に参加していたこともあって、民族学の影響を強く示すものとなった。大系は民俗学の新しい傾向を作った。そこには民俗学の学史と方法論に二巻をあてており、半世紀余りの民俗学を総括し、今後の方向を明らかにしようとする意欲に満ちたものであった。

一九六〇年代後半に入ると再び民俗学も活発に研究が行われるようになってきた。そこには明らかに変化が見られた。七〇年代以降の民俗学を担ったのは大学で民俗学を教える研究者、さらに大学で民俗学を学んだ研究者が中心となった。いわば講壇民俗学あるいはアカデミズム民俗学というべき人びとである。民俗学をめぐる議論は再び行われるようになったが、民俗学の制度化を目指しての形式を整えるという側面が強く、民俗学の本質にまで議論が行くことはほとんどなかった。議論は資料操作法ともいうべき研究法に集中することとなった。方法論といっても、セオリーではなく、メソドロジーの議論に終始したと言い換えてもよいであろう。これこそが講壇民俗学の特色といえよう。

三　メソドロジー中心の議論

資料操作法中心の方法論議

比較的若い研究者が、編集を担うようになった会誌『日本民俗学会報』はその六〇号で「民俗学の方法論[18]」を特集した（一九六九年）。そこでは三つのテーマが設定された。すなわち「重出立証法」、「周圏論」、そして「文献資料と民俗資料」である。それぞれについて研究史的な跡づけを行った上で、その問題点について提起し、それに対する見解を数名の研究者が表明するというもので、民俗学の研究史上画期的な企画であったといえる。しかし、そのテーマ設定に示されるように、資料操作法に限定した「民俗学の方法論」であった。

そして、資料操作法の適用の問題として議論される傾向がみられた。たとえば、重出立証法の問題提起をした野口武徳は「民俗には、そのにない手、あるいは生業・宗教・社会問題などの基礎と深いかかわりをもって伝播あるいは変化するものと、さほど強力なかかわりあいなしに変わる場合のあるものと、少なくとも二つのものがあると思う。その場合後者については重出立証法の適用を私は否定するものではない」と述べ、コメントも多くが適用範囲に焦点を合わせている。これは周圏論、文献資料と民俗資料についてもいえることであり、本質的な議論よりも資料あるいは資料操作法としての範囲や適用のみが取り上げられた。

一九五〇年代の論争が、必ずしも資料操作法としての方法論をともなわずに民俗学の本質論を議論したことの裏返しとして、民俗学の基本的な性格や目的との関連を見失った形での研究上の手続きとしての研究法が取り上げられた。

そこに大きな限界があった。

重出立証法を中心とした民俗学の研究法をめぐる議論は一九七〇年代の一つの中心であった。『日本民俗学会報』六〇号の特集が出発であるが、さらに大塚民俗学会が一九七一年のシンポジウムで「隣接諸科学からみた民俗学」(19)を議論した際に、福田アジオが、重出立証法では歴史は明らかにできないと全否定的な発表をしたことが一つの契機となった。資料操作法上の矛盾や欠点から、目標とする変遷や歴史は明らかにできないというもので、民俗学のセオリーとしての方法論を検討したものではなかった。重出立証法批判のなかで、重出立証法の適用を小地域に限定することでその有効性を主張したのが桜井徳太郎「歴史民俗学の構想—郷土における民俗像の史的復原—」(20)であった。その資料処理の手続きに矮小化した立論を批判したのが、千葉徳爾「いわゆる『郷土研究』と民俗学の方法」(21)である。

研究から乖離した常民論

民俗学にとって不可欠な概念として扱われてきた常民は、柳田国男が必ずしも明確に定義したり説明しなかったために、用語として使われながら、曖昧なままであり、民俗学の性格を論じる場合にも一つのネックとなっていた。常民についてはすでに平山敏治郎が一九五一年に「文化概念」として「たとえ貴族社会、知識階級の人々といえども、彼等の有識ぶらざる生活に関しては常民と称して差支えなかった。常民は文化活動に示される人間の一面を指すものであって、誰しもが共通に持つところの性格」(22)であると解釈していた。この見解が、民俗学は日本民族のエートノスを究明する学問とする主張と呼応して一般化することは必然であった。

竹田聴洲「常民という概念について—民俗学批判の批判によせて—」(23)はその一つの到達点を示した。竹田は、常民について「視角の如何によって時代別・地域別・階層別など種々に区分されうる当体としての国民生活文化を『常』の契機で捉えたものに外ならない」とし、「国民の中に常民とそうでない人間とがあるのではなく、生活文化の中に常民的な面とそうでない面とが区分されるのであることは明かである。『常の民』よりはむしろ『民の常』の意であり、人間の種類ではなくして文化の種類である」と主張した。民俗学の大方の常民理解は平山・竹田説の延長上にある。しかし、この常民概念ではあまりに抽象的であり、そのため個別研究では登場する機会がなくなった。常民という用語を民俗学で用いることは概説書の総論、序論以外では原則としてなくなったといってよい。そして、常民に関する議論は柳田国男論に委ねられることとなった。

本来民俗学が検討すべきことを、柳田国男論に任せてしまった課題は少なくない。柳田国男論は一九六〇年初頭の第一次ブーム、七〇年代初めの第二次ブーム、そして八〇年代末から継続的に多くの論文や著書が発表される第三次ブームと次第にそのうねりを大きくしてきた。それらが柳田国男の思想の表明として彼の学問観や使命感、歴史認識、近代認識を取り上げ、論じてきた。そのことが民俗学の名前をしばしば刊行物に登場させることになった。民俗学は活発に議論し、方法論や認識論を展開させているかのように見えた。皮肉なことに、その錯覚がかえって民俗学における真摯な方法議論を生じさせなくしてしまったといえよう。

四　現代と民俗学の方法

一九六〇年代から八〇年代に至る時期は民俗学が大学の制度のなかに位置づけられ、形式を整える時期であった。それはセオリーとしての方法論ではなく、メソドロジーとしての方法論の整備であった。そこには柳田国男が強烈に抱いた使命感もなければ、学問そのものの意義を考えることも少なかった。そして、社会の急激な変貌のなかで、民俗学の対象を拡大する作業、さらには民俗学の分野を増やす作業が行われた。まず地域民俗学が起こり、次いで比較民俗学、そして都市民俗学が提唱された。しかし、それらの拡充が民俗学の方法とどのように関連するのかは必ずしも検討されなかった。そして、地域民俗学、比較民俗学、そして都市民俗学も曖昧なまま学を形成せずに消えていったといってよいであろう。

九〇年代は、ポストコロニアリズムの論調のなかで柳田国男を植民地主義との関連で厳しく批判する論が多く出され、また民俗学についても形式化し可能性を消失したとする批判が行われ、「落日のなかの日本民俗学」とされるにいたった。他方、現代民俗学という新しい民俗学の主張が展開されるようになった。歴史との断絶を表明し、現代生活そのものを研究すべきことを主張する。現代の問題に取り組む現代科学としての民俗学へ再生し、今日解決を迫られている問題に対して解答を出す学問として成長しなければならない。しかし、そのことと歴史との断絶は相反することではない。現代に生きる人間として主体的に研究課題を設定し、問題の所在を歴史的に明らかにすることが、柳田国男の初志に学び、現代に生かす道である。地域民俗学、都市民俗学も現代民俗学に包摂されるべき内容を持っているが、単にそれだけではなく環境問題・差別問題はじめ、あらゆる社会問題が民俗学研究の課題を用意してくれている(24)。

さらには、世界史の基本法則というような絶対的な尺度を失った現代は、自らが歴史を認識し組み立てる作業をしなければならないという大きな課題をわれわれに与えている。また近代が克服したと考えてきた民族や宗教の問題が、近代的世界観の動揺や東西冷戦構造の崩壊とともに顕在化し、血を血で洗うような悲劇が世界的に繰り返され、日本もその例外でないことをさまざまな事件で示している。それに対する解決策を考えるための材料を提出することは民俗学の使命であろう。そのためにも民俗学の方法論を、理論（セオリー）と研究法（メソドロジー）の両側面から統一的に組み立てることが緊急の課題といえよう。

注

（1）和歌森太郎『日本民俗学概説』（東海書房、一九四七年、二五頁）。
（2）古島敏雄「歴史学と民俗学」（『歴史学研究』一四二号、一九四九年。後に野口武徳・宮田登・福田アジオ編『現代日本民俗学』Ⅰ、三一書房、一九七四年に再録）。
（3）同書九九頁。
（4）同書一〇六頁。
（5）平山敏治郎「史料としての伝承」（『民間伝承』一五巻三号、一九五一年。後に野口・宮田・福田編前掲書に再録）。
（6）同書四〇頁。
（7）牧田茂「民俗の時代性と現代性」（『民間伝承』一五巻六号、一九五一年。後に野口・宮田・福田編前掲書に再録）。
（8）堀一郎「民間伝承の概念と民俗学の性格」（『民間伝承』一五巻九号、一九五一年。後に野口・宮田・福田編前掲書に再録）。
（9）和歌森太郎「民俗学の性格について」（『民間伝承』一五巻八号、一九五一年）。
（10）牧田茂「民俗の現代性」（『民間伝承』一六巻二号、一九五二年）。
（11）「民俗学研究所報」八（『民間伝承』一二巻八・九号、一九四八年）。
（12）「日本民俗学会報」八（『民間伝承』一五巻九号、一九五一年）。
（13）有賀喜左衛門「民俗資料の意味—調査資料論—」（『金田一京助博士古稀記念言語民俗論叢』所収、三省堂出版、一九五三年。後に『有賀喜左衛門著作集』第八巻、未来社、一九六九年に再録）。
（14）同書五四頁。
（15）石田英一郎「日本民俗学の将来」（『日本民俗学』二巻四号、一九五五年。後に『文化人類学ノート』河出書房、一九五五年に再録）。
（16）桜井徳太郎「日本史研究との関連」（『日本民俗学』四巻二号、一九五七年）。
（17）関敬吾「日本民俗学の歴史」（『日本民俗学大系』第二巻、平凡社、一九五八年、一三六頁）。
（18）「特集民俗学の方法論」（『日本民俗学会報』六〇号、一九六九年）。その構成は、重出立証法については田中宣一「重出立証法の歴史」、野口武徳「重出立証法に対する問題提起」、コメントとして牛島巌・土井卓治・河上一雄・井之口章次、周圏論については福田アジオ「周圏論の歴史」、平山和彦「周圏論をめぐる諸問題」、コメントは小川徹・小野重朗・井之口章次、文献資料と民俗資料では、亀山慶一「これまでの文献資料と民俗資料に対する考え方」、井之口章次「文献資料と民俗資料」、コメントは平山和彦・宮田登・牧田茂・平山敏治郎であった。そして最後に総括として平山和彦「方法論および問題意識ということ」が掲載された。

(19) 報告は福田アジオ「歴史学と民俗学」、千葉徳爾「地理学と民俗学」、白井宏明「社会学と民俗学」、山路勝彦「人類学と民俗学」であった。その記録は『民俗学評論』八号（一九七二年）に掲載されている。

(20) 桜井徳太郎「歴史民俗学の構想―郷土における民俗像の史的復元―」（『信濃』二四巻八号、九号、一九七二年。後に『桜井徳太郎著作集』第八巻、吉川弘文館、一九八九年に再録）。

(21) 千葉徳爾「いわゆる『郷土研究』と民俗学の方法」（『愛知大学綜合郷土研究所紀要』一八集、一九七三年）。

(22) 平山敏治郎前掲「史料としての伝承」。

(23) 竹田聴洲「常民という概念について―民俗学批判の批判によせて―」（『日本民俗学会報』四九号、一九六七年）。なお、竹田聴洲「常民」（大藤時彦編『講座日本の民俗』一、有精堂、一九七八年）が常民論の整理をして、自己の見解を位置づけており参考になる。

(24) 一九六〇年代からの日本の民俗学の展開、特に九〇年代からの批判と反省の動向と二一世紀に入っての状況については、福田アジオ『現代日本の民俗学』（吉川弘文館、二〇一四年）を参照されたい。

第二章　民俗学と歴史学

一　民俗学の反省

歴史科学としての民俗学

民俗学は矛盾を抱えて登場した。現在の事象から過去の歴史を明らかにするという矛盾である。歴史研究は、原則的に過去に生産された資料に基づき、その生産された時間のなかで組み立てる。資料は現在に残されている。そうであっても、現在に意味を見るのではなく、資料が生産された時間を把握し、そこで生起した事象を資料中から読み取り位置づけることに意義がある。このことは歴史研究の一分科である、遺跡・遺構・遺物によって研究する考古学において、より一層明白である。発掘という行為によって現代によみがえらされた事物であるが、それを地中に埋没する前に地表に存在した事物として把握し、復原する。その限りでは、歴史研究は過去による過去の理解である。したがって、研究方法において矛盾は存在しない。もちろん、研究の問題意識・課題・目的においては、歴史研究を通して現代の課題を究明することはいうまでもない。しかし、歴史研究総体としての現代性であり、個別歴史研究において現代的課題を究明することは必要ない。

民俗学は、現在の事象に遙かな昔を発見する学問として一九世紀に登場した。民俗学が把握する事象は、それが過去から世代を超えて受け継がれてきたとしても、あくまでも現在の事象である。民俗学の個別研究において、現代の事象から問題を出発させ、解答を現代の事象から求めるのは学問的性格であり、不可欠な条件である。民俗学は現代の事象を調査し、分析し、そこに歴史的展開過程を発見する。そのための方法を種々考案してきた。日本の民俗学においては、柳田国男が提唱した重出立証法と周圏論がその代表である。今では批判の対象として、しばしば取り上げられる重出立証法と周圏論であるが、その方法は歴史認識の前提条件を承認すれば、その限りでは非常に有効な方法である。前提とは、歴史形成の単位を日本という範囲に限定し、一つの日本という枠組みのなかでは地域が異なっても同じように展開してきたという一国民俗学である。

民俗学の成立に大きな影響を与えたのは、いうまでもなく、一九世紀の新しい認識である進化主義であった。特に進化主義人類学は人類史の組み立てに大きく貢献した。進化主義は、人類は同じような進化の過程をへて文明社会にいたるのであり、世界各地の文化の大きな相違は人類の進化の各段階を示していると理解した。日本で有名なルイス・モルガンの『古代社会』は、婚姻と家族の人類史を世界各地の婚姻と家族のあり方から組み立てた。世界規模での地域差から人類史を組み立てることに怪しさを感じ、安易な人類史的比較研究を排して、民俗学は登場したといってよい。日本では、柳田国男によって同一言語使用区域内での事象の地域差に比較を限定することによって、虚構の歴史を排し、間違いのない確実な歴史を描こうとした。その方法は、人類を日本に切り替えて限定したところに相違があるのであり、事象の地域差が変遷過程を示すという進化主義の考えを共通に持っていた。人類ではなく、文化を共有することを同一言語で把握し、その一つの言語が共有される範囲では歴史の展開も一つであったと考え、進化主義人類学を脱して民俗学を成立させた。柳田国男は、それを自ら一国民俗学と呼んだ。

一国民俗学を前提にし、各地の事象の相違を把握し、その地域差に時間の相違を発見する研究が二〇世紀初頭に民俗学として完成した。アイヌの人びとを除いた日本列島の住民は同じ歴史を歩んできたものであり、「所変われば品変わる」という事象の地域差は、同じ歩みのなかの段階の相違を示していると理解した。地域差そのものを時間獲得の仮説にしたのが周圏論である。日本列島内における事象の地域差に特定の分布が見られることを発見し、それを民俗の変遷過程を明らかにする仮説として提示したのが周圏論である。周知のように、柳田国男が提示した周圏論は、「蝸牛考」(1)という論文によってである。それは蝸牛に関する方言の相違を分布として把握し、分布図に示せば、京阪を中心にいくつもの半径の異なる同心円が描けることを発見し、その半径の異なる同心円の外側のものほど古い発生であり、内側の同心円は新しい発生であることを仮説として提示した。方言は中央で発生して、次第に各地に伝播して広がっていくのであるが、中央から遠い地域に到達するには時間がかかる。中央で新しく発生した言葉がいまだ到達していないために、そこでは古い言葉が用いられている。柳田国男の方言周圏論の特色は、同じ事物を示す言葉が中央において何回も発生し、それらが順次中央から地方へ伝わったとするものである。中央で発生した一つの言葉が地方へ伝播していくなかで、次第に変化していくのではなく、中央で発生した言葉は遙かな距離を移動して伝播していくなかでも変化することなく、中央で発生した言葉のままであったという考えで分布を解釈した。

周圏論はあくまでも方言周圏論であった。しかし、柳田国男自身が、論文や著書の最初の部分で民俗事象の解釈について説明する際、また各地の事象の相違を解釈する際に、しばしば周圏論的な説明をした。方言周圏論は方言という言語現象にとどまらず、民俗事象全般に適用できる仮説としての地位を獲得し、さらに文化周圏論という表現が柳田国男の弟子によって採用されることにもなった(2)。

各地からの類例を集積し、それを類型化して比較することで変遷過程が明らかになるという資料操作法としての重出立証法、その際に民俗事象の周圏的分布によって新旧の判定ができ、変遷過程を組み立てることができるという仮説としての周圏論を基本的な方法とした民俗学研究法は、久しく疑われることなく存在してきた。そして、この二つが、歴史形成単位が日本語を共通にする日本列島内であること、すなわち一国民俗学を前提としたものであることはあまり自覚されることはなかった。

日本列島内の地域差から歴史を組み立てることを唯一の目的とした一国民俗学は、かつて国史と称された日本史と対応するものであり、歴史研究が今まで取り上げてこなかった日常的な生活文化の歴史を明らかにすると主張した時、その歴史形成単位としては旧来の国史と異なるものではなく、その点で危機意識を歴史研究者に抱かせる存在にはならなかった。むしろ、旧来の歴史研究が資料的不足によって充分に明らかにできない分野や問題を民俗学が補ってくれるという、補充的な位置づけで了解したといえる。一国民俗学は国史に対応する学問であり、ときには民俗学は「国史の立場」から研究すると表明することさえも行われた(3)。

行為の民俗学

民俗学は、現代の事象によって長い時間を把握し、歴史を組み立てる学問である。その点はフォークロアが成立したヨーロッパでも、また民俗学として成立した日本においても同じである。しかし、研究として含まれる内容には相当大きな相違がある。理論的あるいは論理的に説明されることはあまりなく、実情として相違があると理解されてきた。フォークロアとして早く成立した欧米の民俗学においては、研究対象となっている事象は昔話・伝説・民謡・バラッドなどであり、日本の民俗学がいう口承文芸に属する事象である。それらは、人びとが語り、歌い、そしてそれを聞いて楽しむものである。欧米の民俗学は「語りの民俗学」ということができる。人が語ることを聞いて楽しむという世界が民俗学の内容を形成する。当然ながら語りは聞くことで記録できる。聞き書きという方法で記録して資料とする。そしてその語りの内容を分析するのが民俗学である。

それに対して、日本の民俗学はその出発から大きく異なった。しばしば紹介されるように、日本の民俗学の萌芽として本居宣長の『玉勝間』が取り上げられる。そこでは、地方の言葉には古い雅な言葉が伝えられているが、それと同様に地方で行われているわざ（行為）にも古い姿が残っているとした。宣長が注目したのは、葬儀や婚礼という冠婚葬祭に関わる儀礼であった。(4) また近世の文人たちは、地方で行われている事象に関心を抱き、それを記録することが行われた。近世日本では昔話や伝説への関心は顕著ではなく、むしろ人びとが行っている行事や儀礼に関心を示し、時にはそこに「神代の遺風」を発見した。

柳田国男は一九〇八年に二つの大きな経験をした。一つは、夏に宮崎県椎葉村を訪れ滞在したことである。二つ目は、秋に岩手県遠野出身の佐々木喜善に会ったことである。一つ目の経験が翌年〇九年に『後狩詞記』としてまとめられた。二つ目の経験は、一〇年に『遠野物語』として刊行された。この二つの書は日本における民俗学成立の大きな一里塚となったが、二つの書物には大きな相違があった。

『後狩詞記』は、椎葉村で行われている狩猟に関する事項の記録である。『後狩詞記』には「日向国奈須の山村に於て今も行はる〻猪狩の故実」としてあり、「土地の名目」「狩ことば」「狩の作法」「色々の口伝」の四部で構成されている。「狩の作法」とあるように、狩猟方法が中心にあり、それに関連する事項が前後に配置されていた。(5) 狩猟という行為に関する記録である。後者の『遠野物語』は、一一九話で構成される。(6) その一一九の話は、基本的に遠野とその近在で語られている話であり、内容は近代の合理主義では理解できないような不思議な話ばかりである。昔話に分類されるような定型的な話はごくわずかで、大部分は実際に特定の場所で起こった出来事として語られている。昔話に分類によれば噂話とか世間話に属するような話である。佐々木喜善が故郷で聞いた話を柳田国男に語ったものである。『遠野物語』は語りの記録である。

日本の民俗学は柳田国男を先達と仰ぐが、その柳田は出発に当たって二つの方向性を示していた。このことをどの程度自覚していたか分からないが、行為と語りの二つを含んで出発した。しかし、その後の柳田は、前者の行為を対象とする民俗学を選択した。『遠野物語』はその後放置され、民俗学のなかでは久しく位置づけられなかった。柳田国男の民俗学では、口承文芸と分類された語りは常に存在したが、常に脇役であった。むしろ、昔話は民俗学研究者とは異なる文学系の研究者によって担われ、展開してきたといえる。昔話研究者もその多くは民俗学の研究組織に参加しているが、それへの帰属意識は必ずしも強くなかったように見うけられる。

柳田国男は、民俗学の原論というべき著作を一九三四年の『民間伝承論』、翌三五年の『郷土生活の研究法』の二冊として著した。その二冊に共通して書かれていることに民俗資料の三分類がある。これは、調査者が対象に近づいていく順序による分類であり、ユニークなものである。『民間伝承論』では、第一部が生活外形、第二部が生活解説、そして第三部は生活意識である。(7) 生活外形は目による採集であり、旅人でもできる採集である。生活解説は、目と耳による採集であり、一時的滞在者である寄寓者でも採集可能になる。それに対して、生活意識は、以心伝心による心の採集であり、そこに住む人びとと感覚を共有する同郷人のみが採集できるとした。最も価値のある民俗資料はいうまでもなく生活意識である。この民俗資料を『郷土生活の研究法』では詳しく解説するが、資料名を変更している。生活外形は有形文化、生活解説を言語芸術、生活意識を心意現象とした。(8)

民俗資料の三分類は、第三部に最も大きな価値を置き、それを調査できるのはその地域に住んでいる者のみであるとすることで、日本各地で民俗に関心を持つ人びとを励ます意味を持った。しかし、実際の民俗調査は、一九三四年に開始された山村調査から第一部の有形文化が大部分を占めていた。そこに含まれるのは住居、衣服、食物から始まって、労働、村、婚姻、誕生、葬式、年中行事、神祭、占法・呪法、舞踊、競技などまで、現在の民俗調査報告書で記述対象となる事象がほとんど全部含まれている。すなわち、民俗学は民俗資料の三分類のうち第一部のみを対象にしているといってよいであろう。あえて一言注釈を加えれば、柳田国男がいう有形文化は、文化財保護法でいう有形民俗文化財とは大きく異なる。目によって把握できる事象が有形文化であり、行事や儀礼が含まれる。民俗文化財のなかの無形民俗文化財もほとんどが柳田のいう有形文化なのである。

有形文化を基本とした民俗学の研究対象は、柳田の説明にもあったように、他所者が目によって把握できる事象である。すなわち、民俗資料の第一部は、聞き書きではなくて、目で見て把握するのであり、現在の言葉でいえば観察ということになる。聞き書きが民俗調査の基本的な方法と考えられてきたが、民俗調査の内容の大部分は観察によって把握できることを柳田は指摘したのである。日本の民俗学は語りではなくて行為の民俗学として形成され、発展してきた。したがって、語りに専ら特化した欧米の民俗学の方法がそのまま採用されることはない。そして、語りに限定せず、行為として示される事象を対象にすることによって、人びとの生活文化全般が研究対象になるのである。

民俗学と重出立証法

すでに述べたように、民俗学は重出立証法に依拠して民俗事象の歴史的変遷を説き、そこに学問としての独自性を置いてきたといえる。以下では、歴史的変遷を明らかにする方法としての重出立証法を検討して、そのなかから新しい方法の可能性を探ることにしたい。

柳田国男は一九三五年に刊行した『郷土生活の研究法』のなかで以下のように述べている。

文化は継続しているので、今ある文化の中に前代の生活が含まれているのである。文字に書いて残したものと比べて、史料としての価値がどれだけ違うだろうか。かりに一方は判を押した証文であり、他の一方は単なる形跡だけだから、同じに取扱うことはできぬとしたところがもしも書いたものが何一つ残っておらぬとすれば、第二の手段としてはこちらによるの他はないのである。その上に書いた証拠というものは精確だと言っても、通例は一回限りの出来事を伝えているに反して、こちらは今日何百何千人というものが、時によると一日に三回も五回も、または同じ季節にそこでもここでも、くり返して見せてくれる現実の行為である。それを寄せ集め重ね合せてみれば、存在はずっと確かになる。こういうものを残された証拠として考えて行けば、行く行くは無記録地域の無記録住民のためにも、新たなる歴史が現出して来るということ、これが私たちのぜひとも世に広めたいと思っている郷土研究の新たなる希望である。(9)

また、同じく一九三五年に発表された『国史と民俗学』で次のように主張している。

我々が知りたがつて居る歴史には一回性は無い。過去民衆の生活は集合的の現象であり、之を改めるのも群の力によつて居る。それをたゞ一つの正しい証拠によつて、無闇に代表させられては心もとなくて仕方が無い。斯んな問題こそは実例を重ねて見なければならぬ。古く伝へた記録が無ければ、現に残つて居る事実の中を探さなければならぬ。さうして沢山の痕跡を比較して、変遷の道筋を辿るやうな方法を設定すべきである。(10)

ここに示された考えが柳田国男の民俗学方法論の原点である。ここには二つの内容が含まれている。すなわち、第一は文字資料では明らかにできない歴史を現在残されている事実、言い換えれば人間の行為から明らかにすべきであるという基本的立場である。そして第二に現在残されている事実から歴史を明らかにするには、それら事実を寄せ集め比較するという方法上の立場である。第一の点は、すでに説いてきたように、文字資料のみでは歴史を総体として明らかにすることが不可能である以上、前提として承認されねばならないであろう。問題は第二点である。現在残されている事実から歴史を明らかにするには「寄せ集め重ね合わせ」比較するという方法が最も有力な、あるいは唯一の方法なのであろうか。この方法で明らかにされてきた民俗学の成果とはどのようなものであったのか検討する必要がある。

柳田国男は「寄せ集め重ね合わせて」比較する方法を重出立証法と命名した。[11] それ以後、民俗学の資料操作法は重出立証法と呼ばれ、今日に至っている。重出立証法の問題性についてはすでに一九七〇年代を中心に検討が行われ、種々議論されてきたが、ここでも改めて検討し確認しておこう。

重出立証法の資料操作の手続きについて柳田国男はほとんど言及しなかった。その後、この問題を考えたのは和歌森太郎であった。和歌森は次のように述べている。

一つ民俗事実、民俗内容の類型をそれぞれの表象となる方言とともに数多く蒐めて、十分に相互比較をしあふうちに、どれからどれへと移つたかを知らうとする。民俗にしても、それにかかはる方言にしても、蒐めたものを並べて見ると、幾分か重なる部分があり、そのずれた部分に又一部重なるものがある、といふ風に重ね写真式につなぎ合はせて行くことが出来る。かうして伸びた一聯の民俗類型集が、そのままその民俗の歴史を描く、といふ風に考へて方法とする。これが最も頼りになることになる。いはば重出実証法である。[12]

そして後には、これを補強するためにG・L・ゴムの提示した図式を採用し、各類型を要素に分解して、その要素の異同から本質要素と変化要素を峻別、比較することで変遷過程を説こうとしている。[13]

また牧田茂も民俗学の入門書のなかで「民俗学の方法の特色を現わす言葉として重出立証法ということがいわれています。くだいて、重ね写真式証明法ともいうべきものであります」とし、それは「一連の伝承をならべてその要素を分けてみますと、どこの地方にも共通なものや、甲の土地と乙の土地とで共通なもの、甲と丙の土地で共通なもの、また乙と丙とで共通なもの、どこにも共通しないもの、などという風に分けることができます。その、変化をくらべ合せてみますと、あたかもモンタージュ写真のように、一つの結論が生れてきます[14]」と述べた。その前提は「古風なものほど交通の不便な山の奥や島かげの村に残っている」という考えであった。

この結果、各地の民俗事象の類型化とその各類型を構成する要素の差異に注目して比較することで、諸類型間の変遷を明らかにできるとするのが重出立証法であると理解されることになった。そして、重出立証法は民俗学の基本的方法として、方法自体は何ら疑われることなく普及した。例えば、桜井徳太郎は「民俗学的方法とは柳田国男氏によって創案、多くの門弟によって継承された重出立証法をいう」(15)とし、また直江広治は民俗の「類似と差異を手掛かりとして、比較研究を進めることによって、現在から遡って歴史的変遷の過程を、ある程度まで跡づけてゆくことが可能なはずである。このような操作が民俗学的方法と呼ばれるものである」(16)とした。さらに井之口章次は「民俗学の研究法は、比較研究法であり、重出立証法だと言われているが、この方法は、主として伝承資料の変遷過程を明らかにしようとする、歴史的関心のもとで、大きな力を発揮する」(17)として、和歌森と同じように、ゴムの図式を提出している。

そこで、この重出立証法のもつ問題点を改めて初歩的な所から検討しておこう。その問題点の第一は、類型化された諸類型にいかに序列をつけるかという問題である。各類型間に序列をつける指標は何か。その序列の客観性はどのようにして保証できるのか。

ゴムの図式にならい、要素に分解し、その組み合わせの異同から本質要素と変化要素に分けるという説明がなされているが、本質要素、変化要素を決定する基準はない。さらに各類型間の新旧を判定する方法も備わっていない。和歌森は各類型の「比較によって、この伝承は（1）から（4）へと変化して行ったか、その逆であると推定するか、実際にあてはめれば、そのうちのいずれが正しいかは見やすいことである」とし、牧田は「モンタージュ写真のように、一つの結論が生れてきます」としているが、果たして「見やすいこと」であり、「結論が生れて」くるものであろうか。これらの説明では、各類型の間の新旧の判断を個人の主観に任せてしまっていて、客観的な指標を設定しようとする努力が見られない。

類型化と類型間の比較についての指標や基準の曖昧さは今日まで存続している。井之口章次は、ゴムの図式を提示した後に、それを具体的に説明している。オタマジャクシと蛙は前者が生長すると蛙になるということを外見に示していない。しかし、オタマジャクシから蛙に至る各段階の姿を中間に並べれば、オタマジャクシから蛙への変化が自然に判明するというアナロジーから民俗資料の類型化その比較による変遷を説いている(18)。この説明は一見証明されたかのような錯覚に陥るが、問題が多い。オタマジャクシから蛙への変化は生物の固体変化であり、オタマジャクシを観察すれば蛙になることが経験として分かっており、そのような経験的知識によってオタマジャクシから蛙に至る途中の姿を中間に置くことができるのである。しかし、民俗事象の各類型はそのような存在ではない。もしもオタマジャクシから蛙になるという経験的知識がなければ、それぞれ異なる地域で異なる時間に確認された姿を別の生物としてしまうであろう。

民俗学の方法的転回

一九六八・九年を中心とした全国的な大学闘争は、それまでの権威主義的な学問を根本的に批判し、当たり前とか常識と考えられてきた事柄を根底的に考え直すことに進んだ。民俗学では明確な動きは必ずしも示されなかったが、それなりに旧来の民俗学における権威を否定し、常識化していた研究法を批判的に乗り越えようとする動向は形成された。外在的には、学会組織の「民主化」として行われた。それまでの日本民俗学会の学会執行部は、会員との関係が絶たれた特権的な組織として、一九四九年の日本民俗学会になって以降維持されてきた。日本民俗学会の学会運営を担うのは理事会であったが、この理事会を構成する理事の選出は学会の評議員によって行われていた。そして評議員は理事会によって選出された。理事と評議員が相互に選出するという組織であり、代表理事はその理事のなかで互選された。一部の研究者によって独占される特権的な学会組織であった。これが七〇年代を通して変更が加えられ、会員からの直接選挙による評議員、評議員会が選出する理事、その理事の互選による代表理事という組織になり、会員との関係が形成された。

このように日本民俗学会の「民主化」が行われたが、それとほぼ並行して、民俗学の理論についての反省、批判、組み替えが行われた。一九五八年以降、日本の民俗学はアカデミック民俗学としての道を進んできたが、アカデミック化したことによって方法論が新しくなったわけではなかった。それ以前の比較研究（重出立証法）一点張りの方法説明がさらに強固になり、日本列島内の事象を比較することが民俗学の方法であるとする固定観念が一層強固になった。比較研究法を疑うことはなかった。

それに対して素朴な疑問を提示したのが福田アジオであった。[19] 福田は、一「民俗学は歴史学の方法論の一つ」、二「重出立証法は歴史を明らかにできない」、三「重出立証法は民族性を明らかにできない」、四「民俗学は新しい方法を開拓すべきである」と述べ、このなかの二において、民俗学の資料操作法である重出立証法では歴史は明らかにできないということを、重出立証法は各地から集積した資料を類型化し、比較し、変遷を明らかにするとするが、⑴各類型間にどのように序列を付けるのか、⑵類型間に付けられた序列がいかなる意味の変遷を示すのか、⑶諸類型間の変遷が分かったとしても、その変遷の要因はどのように明らかにできるのか、⑷単一事象の変遷は分かったとしても、複数事象間の相互関連はどのように把握できるのかというように、素朴な疑問を提出した。そして、この論の結論は、民俗学は重出立証法を放棄し、個別分析法を開拓すべしというものであった。

このような発言を受けて、旧来から民俗学の方法と考えられていた重出立証法を見直す研究が桜井徳太郎によって提出された。[20] 桜井は従来の重出立証法による民俗学研究は、多くに弱点を含んでいることを認め、その大きな理由が日本全体の比較にあると考え、重出立証法の適用を地域的に限定することを考えた。すなわち、地域社会の郷土に限定して重出立証法を適用することで変遷を明らかにできるとした。そして、個別民俗事象のみを取り上げて比較することが問題であったとして、民俗相互の関連を把握して比較することも考え、民俗事象を存立させている条件を重視するということを提唱した。したがって、すべての民俗事象が地域において重出立証法を適用できるわけではなく、地域社会の性格が反映する民俗事象に限定する必要があるとする。全体としては、重出立証法の有効性を地域社会に限定することで主張したといえよう。

このような経過のなかで、宮田登によって地域民俗学が提唱された(21)。地域民俗学という用語は、すでに一九三〇年代に山口麻太郎によって用いられていた。宮田がいうところの地域民俗学は、一定の地域社会についての民俗誌を作成することを通じて地域の特質を明らかにすることにある。しかもその地域社会は、村落というような枠に固定するものではなく、広域的に展開する民俗を共有する地域を想定して、それを単位とした地域民俗学を構想している。

福田アジオの個別分析法は、自らは地域民俗学と名乗らなかったが、宮田登の提唱した地域民俗学という表現に含まれて理解された。地域民俗学は一つの学派とか集団を形成するものではなかったが、先に見た民俗学の方法的反省のなかで一般化した。すなわち、日本列島全体から資料を集積して比較研究を行わなければ民俗学ではないという常識を打ち破る動きに結びついて、新しい民俗学の立場を表明するものとなった。傾向として個別地域において調査・分析して、そこから答を引き出す研究が一般化した。しかし、それらは地域民俗学であるという自覚があったわけではなかった。今までの広域的比較研究ではなく、個別地域で調査し、分析することでも研究であるという考えだけを広めた。その後の『日本民俗学』に掲載された論文は、圧倒的に特定地域における調査分析による研究である。

一九八〇年代以降の民俗学は、全国規模で資料を集積して、それを類型化し比較するという重出立証法を採用することはなくなった。その点では、民俗学の方法、認識に大きな転回があったように見うけられるが、重出立証法や周圏論に替わる新しい方法や認識を獲得しないまま、数十年を経過させてしまった。その間に「落日のなかの日本民俗学」[22]といわれる状況を作り出し、存在感のない学問へと進んだ。

二　歴史学の反省

戦後歴史学の方法

歴史学は歴史的世界を再構成することによって、現代社会の存在する重みを明らかにする学問である。それは単なる「温故知新」というものではない。現代社会のもつ諸矛盾をその歴史的重みとしてうけとめ、明らかにすることである。悠久なる昔から人類の諸活動の結果として展開してきた歴史を、そのような視点から把握するためには一定の仮説としての分析枠組みが必要である。過去から遺された痕跡を拾い出してきて並べたのみでは現代を理解するための歴史とはならない。

日本における歴史研究は、かつてマルクス主義によって主導されてきた。日本におけるそれは一九三〇年前後に形成され、第二次大戦中の空白期間を除いて、歴史研究の方法として大きな位置を占めてきた。特に第二次大戦後の歴史学はマルクス主義が中心的な位置を占め、実証史学といえども研究法やその前提となる歴史認識においてマルクス主義の考えを採用していた。歴史を社会構成体とその段階的な発展ととらえ、そこに発展段階の法則を設定する。その結果、単なる素朴実証主義の歴史研究では考えることができなかった歴史的世界の全体像が示された[23]。時代区分や歴史概念において多くの共有財産をもたらした。しかし、社会構成体に中心を置くことで、資料操作の方法において特定の定型的な方法を一般化させた。一九七〇年代までの歴史研究は、マルクス主義の影響下で世界史には基本法則があるという前提で個別具体的な研究を行ってきた[24]。そのため、法則性の貫徹を明らかにするのが歴史研究であるという考えが強く、実証研究と称しながらも法則を具体的事象に適用して位置づけ評価することが一般的であった。

第二次大戦後の歴史研究は、地方史研究の発達によって支えられてきたといえる。特に近世史研究は、日本各地の個別地域の研究の蓄積の上に築かれた。日本各地で地方文書[25]の調査が進み、農村には大量の文字資料が残されていることが明らかになった。かつて、柳田国男が一九三五年に「在来の史学の方針に則り、今ある文書の限りによって郷土の過去を知ろうとすれば、最も平和幸福の保持のために努力した町村のみは無歴史となり、わが邦の農民史は一揆と災害との連鎖であったごとき、印象を与えずんばやまぬこととなるであろう[26]」と批判したが、戦後の歴史研究は大量の資料の解読と分析から柳田の批判があたらないことを示すようになった。しかし、個別の地域の歴史研究は、個別地域で課題を発見せず、日本全体の歴史的展開が個別地域でもいかに貫徹していたかを明らかにしようとした。世界史の基本法則が、地方の農村にも貫かれていることを実証することが目的であった。お国自慢的な郷土史ではなく、日本史の一部としての地方史になったことで、日本史のなかでの地域が明らかになった。

しかし、その過程で資料の把握、分析において一定のスタイルが採用されることになった。近世史研究では、近世的秩序の成立が「太閤検地」に始まる小農自立によってなされ、封建的土地所有が確立するが、その小農が階層分化し、階級的対立となり、そこに次の時代を作り出す動向が形成され、幕末維新を迎え、近代へと展開したという大枠が前提となって個別地域の歴史研究がなされた。その過程では、生産手段の保有・所有の量的な規模が重要な指標となった。日本中どこでも近世史の研究は、検地帳・名寄帳を中心として、百姓の規模を耕地面積や所持石高によって把握し、その数量化によって階層区分をした。多くの研究は、階層区分を面積や石高で行うが、その基準は当時その地域で行われていた区分ではなく、資料を操作する研究者が設定した区分であった。

しかし、そのことがほとんど自覚されないまま研究が行われ、あたかも当時そのような階層区分が存在したかのような錯覚をともなって説明されることが多かった。そして、その階層構成の年次的変化によって社会の変化を論じようとしてきた。階層分化、階級分解そして階級対立が提示された。そこにはあらかじめ用意された枠組み、概念と法則が存在した。

近世社会経済史研究に典型的に示された、各種台帳の集計とその区分によって階層構成を明らかにし、その年次的変化に社会の変動を発見するという歴史研究は、日本社会が古くから無文字社会でないことを示し、さらに領主が直接農村、農民を支配せず、文字を介しての間接的な支配を行っていたという特質が残してくれた、資料の状況によって可能になる研究である。おそらく、第二次大戦後の日本の歴史研究が達成した個別地域の階層構成とその年次的変化は、世界的に見ても類のない豊かな蓄積であると考えられる。文字資料が地域社会にこれほど豊富に残された社会はほかにはないであろう。その点では日本の歴史研究の誇るべき成果といえよう。

階級・階層構成を統計的処理の年次的変化において把握する方法は、固有名詞をともなった個々の人間の存在を忘れさせた。数量のなかに組み込まれた個々人の変化として把握することが弱かった。特定の人間が特定の変化をしていくことの結果として、階級や階層の変化が存在するのである。さらにまた、個々人が孤立して生活＝生産をしているのではないことも忘れてはならない。生活はすべて他の人びとの社会関係として存在するのであり、階層分化の進行も個々人の社会関係の変化として具体的には現象する。したがって、資料の数量化、集計、区分という操作に重点を置くことは問題が多いことは明らかである。より新しい資料操作、さらには資料の存在形態を考えなければならない。

文字資料の可能性と限界

すでに述べたように、戦後歴史学、特に近世史研究において地域社会の歴史分析に大きな役割を果たしたのはいわゆる地方文書である。かつての村役人家の所蔵文書やあるいは区有文書のなかには、地域社会を構成する個々の家の耕地所有・保有の規模を示す資料が多く含まれ、また領主権力がいかなる形で支配を行ったかを示す資料も多い。したがって、ある時期においては地方文書による個別分析が盛行した。たしかに、地方文書は長い年月にわたり一定地域の歴史的展開を明らかにしてくれる豊かな内容を持っている。しかし、その限界に注意しなければならない。地方文書は原則として支配機構としての性格から作成された文書類であり、支配に必要な限りで文字に書かれ、残されたものである。単に偶然に文字化されて、偶然に保存されて残されたものではない。目的的に作成され、保存されたものである。したがって、その作成・保存の目的に合致した内容だけが記録されている。

人びとの日常生活が、地方文書には記録されることはほとんどないといっても過言ではない。あるいは人びとの生産・生活の共同性についても地方文書に直接記録されることはない。ところが、近年にいたるまで、地方文書の作成単位である支配単位としての村を共同体と把握することが行われてきた。近世史研究において、共同体の理論的検討がほとんどなされていないということはこの際問わないとしても、近世支配単位としての村を検討することなく無前提に村落共同体としているのが一般的である(27)。地方文書に登場する村を生活・生産に不可欠な共同体と把握し、地方文書に示される変化を共同体の変化、特に共同体の動揺、変質、解体とすることが行われてきた。

地方文書中心の分析では不充分と気づかれ、新たな資料として注目され、調査が行われたのが家の経営資料である。地主家の経営資料、商家の経営資料は、具体的な経営のあり方、その変化を教えてくれ、歴史像を豊かにした。しかし、経営資料を残しているのは、地主であり商家である。そこに登場する小作人や奉公人はあくまでも経営に関わる限りで登場するのであり、生活そのものは必ずしも示されていない。

地方文書や経営資料に加えて、しばしば利用されるのに「記録物」がある。これは特定の事件について年月を置いてから編纂されたものであり、特に百姓一揆や打ち壊しの研究には活用されることが多い。そこには人びとの行動が固有名詞をともなって具体的に記述されることが多く、歴史像を豊かにする内容であった。しかし、この記録は対象の生起とほぼ同時的に直接的に書き記されたものではなく、後に編纂されたものであるから、そこには多くの間違い、あるいは願望から出た作為が混入している。その点では利用には慎重を要することはいうまでもない。しかも、特定の事件についての経過の記述であり、必ずしも日常的な生活を教えてはくれないのである。大いに限界のある資料といえる。その点では、生起したことをほぼ同時的に記録する日記は重要である。日記の発掘が進み、紹介されることも多くなって、歴史を豊かに再構成することができるようになったが、しかし日記を付ける人間は特定の階層の者であり、さまざまな階層の生活全般に記述が及ぶことは少ない。

以上のように、文字資料は、近世史に限ってみても、種々の存在形態があり、その特徴から種々の歴史像を描き出すことができることが明らかになったが、またいずれも大きな限界があることも明らかである。中心的な資料である地方文書についてもその可能性とともに、その限界に充分に留意しなければならないといえる。

三　歴史研究の方法と歴史学・民俗学

歴史研究の諸方法

近世史が定量分析を中心とした固定的な方法にのみ依存できないことや、地方文書を中心とした文字資料によっては全体像を明らかにできないことを、前節で検討し明らかにした。したがって歴史研究の方法、および依拠する資料の存在形態として別のものを考えねばならない。

文字資料以外の資料として存在するものとして古くから指摘されているのは、遺跡・遺物という過去の痕跡を示す物質的残存物と遺習、あるいは習俗という過去から現在に引き継がれている人びとの行為・知識・言語である。これらも歴史研究の資料であるとする点では古くはベルンハイムの『歴史とは何ぞや』[28]でも認められ、実証史学のなかでも概説としては説かれている。しかし、それらの資料をいかに歴史研究に活用するかはまったく明らかにされていない。ただ、資料としての価値が低いことのみが指摘されてきたにすぎない。

その後、遺跡・遺物を資料とする独立科学として考古学が発達し、古代史および先史時代の歴史的展開を豊富に描くようになった。近年では中世や近世についても、文字資料では窺うことができない多くの点を明らかにしてきている。最早この学問の歴史研究としての方法を疑うことはまったくない。ところが、もう一つの資料とされた遺習、あるいは習俗を歴史研究の資料とすることを認める方向は弱い。例えば、家永三郎はかつて「文献を主資料として物質的遺物を副資料とする史学のみが史学の中心位に座すべきであり、民俗資料を主資料とする史学はその補助者にとどまることを主張[29]」した。全体に歴史研究者はこの問題に冷淡であり、検討もほとんど行われることがなかった。

歴史研究の資料として文字資料のほかに、考古資料や民俗資料を認め、それらを対等の存在として扱ったのは柳田国男が最初であった。柳田はそれらのなかで民俗資料の独自性に基づく民俗学を発展させようとして、文字資料との安易な結合を排したため、その後継者たちがそれを硬直化した形で継承し、文字資料を無視したり、さらには絶対的に排除するのが民俗学であるとした。そのような動向のなかで、改めて歴史研究の資料としての文字資料と民俗資料の対等性を主張したのが有賀喜左衛門であった。有賀はすでに一九四三年に歴史研究の資料を記録伝承、造形物伝承、言語行為感得による伝承の三つとして把握し、それらの内容を検討した結果、「歴史研究にとって資料の三形態はそのいずれに価値があり、または価値がないかを一般的に示すことなどできないことがわかる。これらすべて同等の位置にある」[30]とした。このことを後にさらに明確に論じ、「記録資料と民間伝承資料とは、研究上の諸問題に関してそれぞれ一方が主となる場合はあるにしても、相互補足的であ[31]」り、第三の資料である民俗資料の歴史研究、殊に庶民生活史研究の資料としての重要性を強調した。しかし、資料として同等で相互補足的であることは、決してその資料操作方法も同じであることを意味しない。資料の存在形態が異なる以上、資料調査の方法も異なり、さらに資料操作の方法も当然異なる。それぞれ独自の資料批判がなされねばならない。有賀の論からはこの点が完全に抜け落ちていた。民俗学を独立の科学として認めない有賀の立場はこのような把握と関連していたといえよう。

この有賀の考えをうけて、和歌森太郎も、歴史研究の資料を三分類し、遺文＝文献史料、遺形＝考古学史料、遺習＝民俗学的史料として、それらは相補足するものとした。そのなかで「遺習を主たる史料として、遺文遺形の乏しき、日常的類型的性質の生活事象の歴史、特に庶民生活史を研究せんとする学問が、近時新興しつつある民俗学である。よってこの（三）の遺習を民俗学的史料と称するのである」[32]とした。そして「今日に遺存する遺習にはさまざまの型があるけれど、それを整理して見れば、それらはその事象の歴史上の各段階を表現するものと認められ」るが、「斯く時間的前後関係を以て今日の遺習を整序せんがためには、慎重なる手続きを要する」として、その方法に周圏論的観察と重出実証法をあげているのである。また別のところでは「民俗学の究極のねらひは、個々の民俗が現段階にもつ意義ではなくて、その変遷過程を明らかにするにある」のであり「民俗学とはいふけれども、民俗を研究対象としながら、畢竟民俗史を明らかにする目的をもつものとして、これは民俗史学と謂つてもよいやうなものである」[33]と主張した。そこでは「文献史料といふものには民俗の歴史的推移を判断するのに、常に絶対的な信頼をおくといふわけには行かない。それでどうしても民俗自体におのづから歴史的姿態を語らしめることが、けつきよくはのぞましいのである」として重出実証法を提出し、それを深化させるために「民俗の型を荷ふ協同体の文化度乃至社会型に照らして見ることが望ましい」(34)とした。

以上の和歌森太郎のいずれの論考においても、歴史研究の資料として民俗を重視し、それを対象とする科学を民俗学として、その独自の方法として柳田の提出した周圏論・重出立証法を継承して展開している。しかし、それに加えて、民俗の変遷を現代社会の規定を受けている協同体の文化度や社会型から判断しようとする独自の考えを提出していることが注目されるが、また問題になる点である。そしてまた、民俗学の研究成果と文字資料や考古資料による歴史研究の結果をいかに統合するか、あるいはいかなる関連にあるかは不明である。したがって、各資料の相互補足ということが方法的に明らかになっていないのである。なお、和歌森太郎自身はその後このような考えを放棄し、「民俗学は、今日見聞し得る諸々の民間伝承の比較研究を通じて、日本人の心性、生活文化の特色を把握しようとする学問」(35)と通説に近い規定で考えるようになったため、その独自性ある考えは発展させられなかったし、また問題点も検討されることなく終わった。

多くの歴史研究者や民俗学研究者が、それぞれの依拠する資料の存在形態の相違から歴史学と民俗学を別の科学として安易に設定し、あるいは対抗的に独立性を強調して、資料の相互関係や学問としての相互関係を考えないなかで、有賀喜左衛門や和歌森太郎は明確に文字資料と民俗資料の対等性、相互補完性を説いたこと、特に庶民生活史研究におけるその役割を強調したことは注目すべきことであった。しかし、資料の存在形態の相違からくる資料操作や資料批判のあり方については検討されず、またいかに歴史像を統一的に描くかについては方法の提示がなかった。この点が大きな課題といえよう。

社会史の普及と民俗学・歴史学

すでに見たように、歴史研究は、歴史には発展の法則があるとして個別事象をそれにあてはめて解釈することではない。研究とは過去に生起した諸事象から、歴史の展開過程についての仮説を獲得することである。その場合、階級構成とその矛盾対立、そして変革という社会構成史としての内容のみが重要なのではない。マルク・ブロックは、歴史研究について、「研究はあるいは特に個人に向けられねばならないか、または社会へ向けられねばならないか、一時的な危機の叙述に向けられるべきであるか、または最も永続的な要素の叙述に向けられるべきであるか、というような研究方向に関する何らの禁令をも、この歴史という言葉は、あらかじめ設けているものではない」と指摘したことは重要である。(36)

一九七〇年代後半から日本においてアナール学派の社会史が紹介され、行き詰まりを示していた歴史研究に新しい視点と内容を与えた。紹介された当初、天下国家を論じる気概のある学問が歴史研究であり、つまらない日常の些事を扱うものではないという反発が強く出されたが、次第に社会史的方法及び認識は一般化し、一九九〇年代にはそれが歴史研究のごく普通のあり方となった。表明するかしないかは別にして、現代の歴史研究は社会史的方法・認識、さらに資料をどこかで採用している。

アナール学派社会史の提唱した「新しい歴史学」は、一九七六年に東京で行われたジャック・ルゴフの講演「歴史学と民族学の現在」が『思想』六三〇号に掲載されたことによって広く知られるようになったといえよう。(37)ルゴフは社会史の特徴を全体史を目指す歴史研究とし、その特徴を要領よく三つにまとめて説明した。すなわち、第一は歴史を「長期持続」において捉える考え方であり、第二には日常的物質文化に重点を置いて歴史を把握する立場であり、そして第三は歴史を表面的に把握しない「深層歴史学」であるとした。この第三の特徴は、「からだの歴史」と「こころの歴史」の両側面から歴史の深層を把握することであるが、後者の「こころの歴史」とは深遠な精神のことではなく、「心性の歴史」のことであるとした。心性の歴史とは意識、感覚、感情の歴史ということになろう。社会史はこのルゴフの指摘した特徴で理解され、普及したといえよう。特に第一の長期持続は当初「長期波動」と訳されたため、用語としては長期波動が定着した。新しい歴史学としての社会史は、ルゴフのいう第一の特徴である長期波動と第三の心性の歴史の二つとして特に大きな印象を与え、旧来の階級矛盾とその対立、闘争の歴史的展開に重点を置き、その展開が急激に行われる変革期が研究上で重視されてきたことに対する批判の視点として採用されたともいえる。

ルゴフは、長期持続、日常的物質文化、深層の歴史を追究することは旧来の資料にのみ依拠しては果たせないことを指摘した。そして、新しい歴史研究は、多くの新しい資料を発掘し、総合して歴史を組み立てた。書店で販売されているヨーロッパ社会史の訳本は、単なる挿絵でなく、多くの図像資料を立論の根拠として入れている。図像資料が文字資料と並ぶ重要な歴史研究資料であることを示し、日本史研究においても図像資料が歴史研究に活用されるようになった。

ルゴフが整理して示した社会史の三つの特徴は、一九三〇年代にすでに柳田国男によって唱えられ、主張されてきたことである。したがって、アナール学派の社会史は日本においては民俗学という名称ですでに存在し、また研究を蓄積してきたことになる。しかしそのように理解されることなく経過し、アナール学派の紹介によってはじめて新しい歴史認識として歴史研究の世界に衝撃を与えた。

アナール学派の社会史の影響は、歴史認識の枠組みの変更を迫るものでもあった。一九七〇年代にいたる戦後歴史学は、マルクス主義の影響のもとに、客観的な歴史的展開を明らかにすることを課題としてきた。歴史的に生起した事象がどのように作用し、影響し、社会全体の変化・変動をもたらしたかを組み立てることに主眼を置いてきた。アナール学派歴史研究はそのような研究を批判し、出来事に関わった当事者の意識や観念をも把握し、正統に位置づけるべきことを主張した。

歴史的世界の認識と仮説

よく聞かれる説明に、資料自らに語らせるとか資料の配列によって自ずと歴史が分かるようにするという意味の表現がある。しかし、過去に生起したことを記す文字資料や過去から今日まで受け継がれてきた事象である民俗事象を並べてみたところで、そこに自ずと歴史過程が現出するわけではない。歴史は、資料から一定の意味を読み取り、その相互関係を設定して組み立てるものである。資料が自ら歴史を示すのではなく、歴史を研究する者が歴史を組み立てるのであり、そこには必ずや歴史に関する仮説が秘められている。

歴史は組み立てるものであるということを実践したのが、柳田国男を中心とした民俗学である。民俗学は最初に述べたように、現在の事象で過去を認識する学問であり、現在人びとが行っていることや知識を駆使して、過去の歴史を明らかにする、矛盾を含んだ特異な学問である。その特異性は現在による過去の構成であり、その矛盾を超えるのには、現在から過去を組み立てるための仮説を持たなければならない。民俗学全体がそれを自覚していたとはいえないが、原理的にはそうであった。柳田国男はそのことを充分自覚し、現在の事象から歴史を描いていたものと思われる。ただ、柳田はそのことを表明せず、あたかも各地から資料を集積して分類すれば自ずと変遷過程が明らかになり、歴史が現れるかのように説いた。そのため、多くの後進の民俗学研究者は、客観的な研究を信じ、資料を集積すれば自ずと歴史が現出すると考えてしまった。民俗学における理論なしの実証主義はアカデミック民俗学が覇権を収めるにともない、確固たる存在となった。それが一九七〇年代以降は、比較研究による歴史的世界の再構成という古典的方法を採用せず、個別地域での調査でいえる範囲に限って立論するということに転換した。

歴史学においても、マルクス主義の理論が一つの仮説であることを忘れ、世界史の基本法則という表現に見られたように、客観的な存在であり、どこにでも適用可能なものと研究者は考えてしまった。しかし、世界史の基本法則は現実の世界から否定された。一九八九年のベルリンの壁崩壊、次いでソ連の解体、東ヨーロッパにおける社会主義国の将棋倒し的崩壊で、その法則性はぐらつき、マルクス主義の科学性は信じられなくなった。そのことによって歴史学は依拠すべき理論的根拠を失い、歴史をダイナミックに描くことができなくなった。全般的に歴史学は自信喪失に陥り、実証的研究という世界に回帰し、使命感の代わりに、読んで楽しい話題性のある歴史への志向が強められた。

一九九〇年代以降のこの動向は、二一世紀に入り反省を迫られているといえる。民俗学においては、現在の事象から歴史認識を獲得する方法の再検討、個別研究における事象を組み立てるための仮説の定立に取り組まなければならないことが明らかになるとともに、他方で歴史と絶縁する民俗学が声だかに主張されるようになった。他方、歴史学では、旧来のような、歴史は過去に間違いなく生起したことを再構成する学問とするのではなく、現代において過去を認識して組み立てるものが歴史であり、歴史は事実の集積でなく、現代において創り出す存在であるという考えが出され、次第に強まってきた(38)。さらに客観的な史実などは存在しないという主張も強く出された。歴史学研究者自体がこの立場を採用することは少ないが、思考としてはある程度の広がりを見せるようになってきた。方法としては、オーラル・ヒストリーを歴史研究の方法として認め、その有効性を承認する動向が、旧来の歴史研究の固定観念を打ち破る可能性がある(39)。そして方法的に民俗学と同じ舞台で議論できる可能性も準備しているともいえる。

民俗学も歴史学も、一定の方法と仮説を持って研究する学問であり、そこには過去に対する認識が存在している。民俗学は、現在のなかに過去を発見し、歴史を組み立てるのであり、矛盾を超える方法と仮説の獲得は不可欠である。歴史は現代の作者が描き出す物語ではないが、過去を認識することではじめて姿を表す。それは間違いなく過去に生起したことである。しかし、かつて存在したままの個別的な事柄を並べただけでは歴史にはならない。過去から歴史を組み立てる事象を選択しなければならない。そして、民俗学も歴史学も、当然のように前提としていた、国家が歴史形成の単位とする考えを棄て、一方では、世界へ広く、他方では地域へ深く突き進み、歴史の展開を認識し、さまざまな歴史を組み立てることが求められる。

このように、民俗学と歴史学は歴史的世界を認識し組み立てるという共通性を持つ。その結節点として語りがある(40)。そして、共通性を自覚することで、共同して研究し、歴史像を豊かに組み立てることになる。しかし、両者が統一されて一つの歴史を組み立てると安易に考えることはできない。民俗学も歴史学も過去を認識するための方法と仮説を持つが、同じものではない。むしろ、論証の基礎にあるものの相違が、方法と仮説を別のものにして、結果として組み立てる歴史も異なる。民俗学は歴史を明らかにする学問だから、研究成果としての歴史も同じものになるという楽観的な考えもあるであろうが、基本的な方法の相違は、結果として組み立てる歴史も相違するというべきであろう。民俗学が描く歴史は、現在の人びとの行為が示す歴史であり、時間の経過のなかで累積してきた歴史である。歴史学が組み立てる過去のある特定の時間に生起した出来事とは当然ながら異なるのである。共同・協業を目指すが、安易な一致・統合を期待する必要はない。

注

(1) 柳田国男「蝸牛考」一九二七年(柴田武・加藤正信・徳川宗賢編『日本の言語学』第六巻、大修館書店、一九七八年に再録)。

(2) たとえば、民俗学研究所編『民俗学辞典』(東京堂、一九五一年)の「方言周圏論」の説明では「この主張は、単に言語現象だけに適用されるものではなく、民俗の諸種の伝承に関しても適用されるものである」としている。

(3) 平山敏治郎は民俗学を説明して「日本民俗学は日本民族の文化に関して国史の立場から考察しようとする」と述べた(「史料と

しての伝承」『民間伝承』一五巻三号、一九五一年）。
（4）本居宣長『玉勝間』巻八「ゐなかに古のわざの、これる事」（『本居宣長』日本思想大系四〇、一九七八年、岩波書店）。
（5）柳田国男『後狩詞記』一九〇九年（『定本柳田國男集』第二七巻、筑摩書房、一九六四年、所収）。
（6）柳田国男『遠野物語』一九一〇年（『定本柳田國男集』第四巻、筑摩書房、一九六三年、所収）。
（7）柳田国男『民間伝承論』「序」一九三四年（ちくま文庫版『柳田國男全集』第二八巻、一九九〇年、所収）。
（8）柳田国男『郷土生活の研究法』「民俗資料の分類」一九三五年（ちくま文庫版『柳田國男全集』第二八巻、一九九〇年、所収）。
（9）柳田同書一五～六頁。
（10）柳田国男『国史と民俗学』一九三五年（『定本柳田國男集』第二四巻、筑摩書房、一九六三年、所収、二六～七頁）。
（11）柳田前掲『民間伝承論』三一七～二〇頁。
（12）和歌森太郎『日本民俗学概説』東海書房、一九四七年、四〇頁。
（13）和歌森太郎『日本民俗学』一九五三年（『和歌森太郎著作集』第九巻、弘文堂、一九八一年、所収、二〇二頁）。
（14）牧田茂『生活の古典』角川書店、一九五二年。
（15）桜井徳太郎『講集団成立過程の研究』一九六二年（『桜井徳太郎著作集』第一巻、吉川弘文館、一九八八年、二六頁）。
（16）直江広治『屋敷神の研究』吉川弘文館、一九六六年、一二頁。
（17）井之口章次『民俗学の方法』岩崎美術社、一九七〇年、一一六頁。
（18）井之口同書一一八～二〇頁。
（19）福田アジオ「歴史学と民俗学」（『民俗学評論』八号、一九七二年）。
（20）桜井徳太郎「『歴史民俗学』の構想―郷土における民俗像の史的復元―」（『信濃』二四巻八、九号、一九七二年）。
（21）宮田登「地域民俗学への道」（和歌森太郎編『日本文化史学への提言』弘文堂、一九七五年、所収）。
（22）山折哲雄「落日のなかの日本民俗学」（『フォークロア』七号、一九九五年）。
（23）従来、歴史学では研究に用いる資料を「史料」と表記してきたが、「史料」と「資料」に意味の相違はない。発音が同じことから、「歴史研究に用いる資料」という意味で史料と表記したにすぎないと理解される。本稿では、すべて資料と表記するが、地方史料のように単語として定着しているものはそのまま史料を用いる。

(24) 典型的には歴史学研究会編『世界史の基本法則』(岩波書店、一九四九年)。戦後歴史学の特色については、永原慶二『二〇世紀日本の歴史学』(吉川弘文館、二〇〇三年)を参照。
(25) 一九四八年に近世庶民史料調査委員会が組織され、日本各地の農村所在の近世文書が調査され、その動向のなかで一九五〇年に地方史研究協議会が組織され、また一九五一年に近世地方文書を調査収集する機関として文部省史料館が設立された。
(26) 柳田国男『郷土生活の研究法』一九三五年(ちくま文庫版『柳田國男全集』第二八巻、一九九〇年、所収、二二頁)。
(27) そこには、封建的土地所有は封建領主が経済外強制によって農奴から地代を搾取するが、その最大の経済外強制が共同体規制であった、という理論に適合させるという要請が前提にあったことは間違いないであろう。
(28) ベルンハイム、坂口昂・小野鉄二訳『歴史とは何ぞや』(岩波文庫、一九三五年)。
(29) 家永三郎「柳田史学論」(『日本の近代史学』日本評論新社、一九五七年、一〇七頁)。
(30) 有賀喜左衛門『日本家族制度と地主制度』一九四三年(『有賀喜左衛門著作集』第一巻、未来社、一九六六年、所収、一八頁)。
(31) 有賀喜左衛門「民俗資料の意味」一九五三年(『有賀喜左衛門著作集』第八巻、未来社、一九六九年、所収、四二頁)。
(32) 和歌森太郎『国史における協同体の研究』上、一九四七年(『和歌森太郎著作集』第一巻、弘文堂、一九八〇年、所収、二〇頁)。
(33) 和歌森太郎『日本民俗学概説』一九四七年(『和歌森太郎著作集』第九巻、弘文堂、一九八一年、所収、八頁)。
(34) 和歌森同書三六頁。
(35) 和歌森太郎『日本民俗学』一九五三年(『和歌森太郎著作集』第九巻、弘文堂、一九八一年、所収、二〇二頁)。
(36) マルク・ブロック、讃井鉄男訳『歴史のための弁明—歴史家の仕事—』岩波書店、一九五六年、三頁。
(37) ジャック・ルゴフ、二宮宏之訳「歴史学と民族学の現在—歴史学はどこへ行くか—」(『思想』六三〇号、一九七六年、後に二宮宏之編訳『歴史・文化・表象—アナール派と歴史人類学』岩波書店、一九九二年、所収)。
(38) 構築主義と呼ばれる主張である。上野千鶴子編『構築主義とは何か』勁草書房、二〇〇一年)参照。実証主義歴史学と構築主義の論争は、従軍慰安婦問題をめぐって歴史学の吉見義明と上野千鶴子との間で一九九六年から九八年にかけて行われた。その論点の整理と問題点については、上野輝将「『ポスト構造主義』と歴史学」(『日本史研究』五〇九号、二〇〇五年)。
(39) 旧来はオーラル・ヒストリーの語りは文字資料に比較して低い位置を与えられていた。しかし、近年の動向はオーラル・ヒストリーを文字資料による歴史の組み立てと対等、あるいは時には優位を認める考えが出されてきている。「オーラル・ヒストリーと女性史」（『歴史評論』六四八号、二〇〇四年）、「小特集・方法としての『オーラル・ヒストリー』再考」Ⅰ・Ⅱ（『歴史学研究』八一一号、八一三号、二〇〇六年）参照。

（40）　民俗学の聞き書きとオーラル・ヒストリーは似ているようで大きく異なることにも注意しなければならない。オーラル・ヒストリーは個人が経験したり見聞した範囲内で語られる出来事を専ら扱い、民俗学の聞き書きは個人の体験・見聞を通して個人の体験・見聞を超えた持続性を持つ事象を扱う。

第一部　危機意識と民俗学

第一章　初期柳田国男の民俗学

一　一九〇八年九州旅行の意義

柳田国男が、民俗学の研究に入っていったのは一九一〇年前後である。その契機となったのは一九〇八（明治四十一）年の二つの体験であった。その二つとは三ヵ月に及ぶ九州旅行と遠野の人佐々木喜善との出会いであるが、『遠野物語』に結実した後者については、多くの研究者によってさまざまな角度からその意義が論じられ(1)、柳田国男の民俗学成立の契機として常識化しているといえよう。それに対し、前者は『後狩詞記』の刊行として姿を現した宮崎県椎葉村への一週間の訪問のみが強調されてきた。たしかに、柳田国男は椎葉村においてそれまで現実の存在としてまったく知ることのなかった狩猟の古い方法を聞き、またそれに関連する伝書を見て、大変感動したことは事実であり、それが彼の民俗学の内容を大きく規定したことは間違いないであろう。しかし、柳田国男が椎葉村に滞在したのは七月十三日からの一週間であり、これは彼の九州旅行の後半に入ってからの訪問なのである。一九〇八年の九州旅行は、五月二十四日に東京を出発して、八月二十二日に帰京している。約三ヵ月にわたる大旅行であった。『後狩詞記』において表明された彼の民俗学的思考は椎葉村においてだけ獲得されたのではないし、逆にまた彼の民俗学への傾斜は『後狩詞記』にのみ示されているのではない。三ヵ月の九州旅行全体から彼が何を得たかを検討し、彼が民

俗学という新しい研究に何故入っていったのかを明らかにする必要があろう。(2)

九州旅行の行程は、『定本柳田國男集』別巻五に掲載された「年譜」によれば、六月二日阿蘇、十一日八代、十二日熊本、十六日五木、二十日鹿児島、二十二日〜二十九日鹿児島県内各地、七月十三日椎葉、その後大分、広島、さらに四国をへて八月二十二日帰京となっている。この旅行は官吏の視察旅行という性格のものであったが、おそらく旅行の過程で次々と新たな興味が起こり、一般の官僚が訪れることのないような地を訪問することになったものと思われる。結論を先に述べてしまえば、旅行の行程自体が彼の認識の深まりの過程を示しているといえるのである。

柳田国男は多くの紀行文を著しているが、それがどのような方法で書かれたものかは必ずしも明らかでない。さまざまな事物を目に入れつつ旅行していたはずであるが、それらをその場その場でノートに書いて記録するようなフィールドワークに近い作業をしていたのか、それとも印象を頭のなかに刻みこみ、その記憶に基づき、後で紀行文としてまとめたものかははっきりしない。推測するに、彼はノートを現場で取るという習慣はなかったのではなかろうか。訪問先の印象を頭に入れ、それから膨らんでくるイメージで文章を著したものと思われる。その点では、旅行記あるいは紀行文を旅行そのものの分析の資料として使用することは問題といわねばならないが、ここではそのことを念頭に置きつつ、彼の九州旅行についての紀行文、あるいは視察記に依拠して検討せざるをえない。

彼は九州旅行で見聞したことを、いくつかの視察記として発表している。それらは中央報徳会の機関誌『斯民』に掲載されたものである。その一つに「天草の産業」と題するものがある。『斯民』十月号に発表されたものである。その最後の一節として、つぎのようなまとめの文章を置いている。

▲数百年前の面影　此村などが、天草群島中で、最も僻遠な村で、従つて言語や習慣などに、数百年前の面影の残つて居るのは、必らずしも宗教の為めのみではない。九洲、四国の山間には、農夫が麻の絞付を着て居るもの

を往々に見かけたが、此村にも女や老人に之を着て居るものが折々見かけた。其他頭に乗せる籠だの、月中の兎の持つ様な杵だの、東京の旅客には珍らしいものが中々多かつた。是等の習慣が、今日の如き極めて新しい文明社会の風俗と併存して居る状態は、到底単純なる法則の下に、社会の行動を律し様とする書生の想像には及ばない所かと思ふ。(3)

ここに述べられている社会認識は、職業としての農業あるいは企業としての農業の確立を目指して、小作料の米納制を批判してきた人物のものとは思えないものである。「単純なる法則の下に、社会の行動を律し様とする書生」とは、それまでの一〇年間の自分自身のことを指していることは間違いない。日本の社会はどこでも同じあり方を示しているという認識のもとに、合理的判断で当時の農本主義的な農政学なり農業政策を批判していたのが柳田国男であった。ところが、離島や山間地の村は、東京で考えていたような状態の村ではなかったのである。彼自身の農政に対する提案は事々に受け入れられなかった。その挫折感が大きくなっている状況に、また現実の村からも柳田国男の考えが非現実的であることを突きつけられたのである。

有名な椎葉村への訪問は『後狩詞記』という成果を生み出す。しかし、それだけが椎葉村について柳田国男の書いた文章ではない。『後狩詞記』の刊行の翌月の一九〇九年四月に「九州南部地方の民風」と題して『斯民』に、発表している。これは談話に基づくものであるが、そのことでかえって彼自身の率直な感想が表明されていると考えられる。「九州南部を旅行して感じたる点」と題して、開発の新しいことを指摘し、次のように述べている。

九州の南部を旅行して私の深く感じましたことは、九州は一般に古く開けた地方と認められをるにもかゝはらず、其南半分は、後代まで恰も東北、北海道と同じく、新開地、殖民地たる有様を持続して居つたといふことであります。其中で島津家領は稍趣を異にして居りますが、鹿児島より北の部分にも、中世以後に至つて漸く開発せられた土地が沢山ある様に思はれます。其理由の第一は、永く政治の中心から遠ざかつて居つたことで、第二には久しく異人種が占拠して居たこと、第三には地形の然らしむる所であります。(4)

このように九州南部の山間地には、かつては平野に住む人びととは異なる人種がいたことを考えているのである。そして、結論として次のような理解を示した。

▲米食人種、水田人種の優勝　以上は私が九州旅行の見聞の一端を順序なく申述べたのでありますが、要するに古き純日本の思想を有する人民は、次第に平地人の為に山中に追込まれて、日本の旧思想は今日平地に於ては最早殆ど之を窺い知ることが出来なくなつて居ります。従つて山地人民の思想性情を観察しなければ、国民性といふものを十分に知得することが出来まいと思ひます。日本では、古代に於ても、中世に於ても、武士は山地に住んで平地を制御したのであります。古代には九州の山中に頗る獰悪の人種が住んで居りました。歴史を見ると肥前の基肆郡、豊後の大野郡肥後の菊池郡といふやうな地方に、山地を囲むで所々に城がありまするのは、皆此山地の蛮民に対して備へたる隘勇線であります。蛮民大敗北の後移住して来た豪族も、亦概ね山中に住むで居りました。後年武士が平地に下り住むやうになつてからは、山地に残れる人民は、次第に其勢力を失ひ、平地人の圧迫を感ぜずには居られなかつたのであります。言はゞ米食人種水田人種が、粟食人種、焼畑人種を馬鹿にする形であります。此点に付ては深く弱者たる山民に同情を表します。(5)

柳田国男は山間奥地に住む人びとに単に古い生活様式を発見したのではない。系譜もしくは系統の異なる人びととその文化を発見したのである。それは平野部に住む「米食人種、水田人種」である平地人に対して山地住民あるいは山民は「粟食人種、焼畑人種」と表現されるように、生産・生活の体系がまったく異なる世界の人びととととらえられている。天草の視察記では「言語や習慣などに、数百年前の面影の残つて居る」と述べたように、単線的な時間の上での新旧を発見しているのであるが、それから半年後にはその認識を大きく変えているといえる。東京に帰ってから、九州旅行全体についての総括を進めるなかで、直線的な時間の系列で地域差を把握できないという認識に達したものと思われる。この認識こそが初期柳田国男の研究の特質を作るものであり、民俗学成立の原点となったものである。

二　山人と平地人

確立期の柳田国男の民俗学の研究は、平野部で暮らし稲作に基盤を置く定住農耕民を前提にしていた。それに対し、この初期の民俗学研究はむしろ稲作農耕民とは異なる世界の人びとへの関心として出発した。それは、一九〇八年の九州旅行から得た認識を基礎にしているのであり、自分たちの生活体験からは理解しがたい山間奥地に展開する不思議な世界への興味から始まっている。そしてその延長の形で、稲作に基盤を置かないさまざまな人びとへの関心がしだいに強められていった。

一九〇八年から一〇年間ほどの間に柳田国男が執筆した文章を大別すると、一つは山間奥地に住んで焼畑耕作に従事したり狩猟をしたりする人びと、および各地を漂泊移動している人びとの活動とその歴史であり、ほかの一つは『遠野物語』から始まる各地の不思議な話に関するものであった。この両者は互いに無関係ではないが、特に前者に強い関心をもっていたことは、彼の執筆した文章の量がよく示している。たとえば、一九一一年九月に『人類学雑誌』に発表された「『イタカ』及び『サンカ』」は翌年二月までに三回にわたり連載された。そして、その三月の『郷土研究』の創刊号から一二回にわたり川村杏樹のペンネームで「巫女考」を連載し、それが終了すると引き続き「毛坊主考」を今度は柳田国男の実名で一一回連載しているのである。これら長大な論文はいずれも各地を漂泊移動しつつ、定住農耕民の社会と交渉を持って暮らしてきた人びとを扱っている。また『郷土研究』の創刊号には、別に久米長目のペンネームで「山人外伝資料」を載せ、これも五回にわたって連載されている。当時の柳田国男がいかにこのような人びととその世界に強く関心を注いでいたかがわかる。

この段階の柳田国男の認識は、先に九州旅行の視察記として紹介した「九州南部地方の民風」において表明されたと同じく、山間奥地に暮らす人びとを平野部に暮らす人びとと系譜の異なる存在とするものであった。たとえば「山人外伝資料」は次のような文章で始まっている。

拙者の信ずる所では、山人は此島国に昔繁栄して居た先住民の子孫である。その文明は大いに退歩した。古今三千年の間彼等の為に記された一冊の歴史も無い。それを彼等の種族が殆ど絶滅したかと思ふ今日に於て、彼等の不倶戴天の敵の片割たる拙者の手に由つて企てるのである。(6)

このように、日本史の正史において正統な位置を与えられたことのない山人の復権を図ろうとする問題意識を表明し、主として地誌・紀行文・随筆を資料として、各地の山人についての伝承を検討した。そしてその結論部分で次のように述べている。

山人とは我々の祖先に逐はれて山地に入込んだ前住民の末である。彼等の生活は平地を占拠して居た時代にも至つて粗野なものであつたが、多くの便宜を侵入民族に奪はるゝに及んで更に退歩した。殊に内外の圧迫が漂泊を余儀なくさせた為に、彼等は邑落群居の幸福を奪はれ、智力啓発のあらゆる手段を失つた。(7)

ここには「九州南部地方の民風」で述べた見解と同じ内容が記されている。九州旅行で得た認識がその後の文献研究によってますます強められ、このような一連の論文となって登場することになったものと思われる。

山人を先住民の末孫と考えることは、必然的に日本社会は複数の民族によって構成されていることを主張することになるが、その点について柳田国男はどの程度自覚していたのであろうか。現実には天皇制のもとで日本列島は一つの政治社会を形成し、そのことのために日本列島の住民は日本民族という一つの民族であると考えられていた時期である。ただし、当時はいまだ民族という用語の普及は見られず、民族よりも種族という言葉で語られることが多かった。彼はその時期の官僚であり、しかも一九一五年十一月の大正天皇の即位の儀式である御大礼に大礼使事務官として参列している。しかし、しばしば紹介されて有名になっているように、その御大礼の式においても京都郊外の山の中腹に白い煙の立つのを見て、そこにサンカがいることを発見し、御大礼と無関係な人びとが存在することに注意しているのである。(8) 柳田国男は日本民族に対し山人を別の民族として把握していたことは「山人外伝資料」における次のような文章によく示されている。

山人の国は次第に荒れ且つ狭くなつた。新来の日本民族の方では是を開発と名づけて慶賀して居る。谿に桟橋を通じ嶺に切通しを作つて馬も荷車も自在に来往するやうになつても、まだ〳〵深山は山人の領土であつて、深夜雨雪の折は元よりのこと、必要があればいつでも平地人を畏嚇して逐ひ退けることが出来たものが、舶来の大踏鞴を持込んで来て山の金銀を鎔す時節となつては、騒がしく眩くして最早其沢に住まれず、ましてやかの真黒な毒煙には非情の草木すら枯れる。(9)

あるいは、

併し此群島の或部分、例へば駿遠甲信の境山などには、稍々大きなる集団があつて、微弱なる社会交通も行はれたらしく、そんな地方には国語も保存せられ歴史も伝承せられて、国土恢復の大業は企てぬ迄も、比較的強力なる反動心敵愾心が存して居たかも知れぬ云々。(10)

というように、明らかに平野に住む日本民族と山間奥地に住む先住民の子孫とを別の民族と把握している。このことは、それぞれが別の歴史をもつと判断していることになる。日本列島は天皇を中心に統合された一つの社会ではなく、異なる歴史をもつ異なる世界によって構成されているという認識である。

三　空間概念としての常民

柳田国男の民俗学を代表する用語に常民があることは広く知られている。そして、すでに多くの人によってその意味する内容について検討が加えられてきている。柳田国男についての検討が始められた当初は、常民は柳田国男の民俗学の確立期である一九三〇年代に登場したものであり、初期の平民なり常人から変化したものであるという説が出され[11]、それが充分に検討されることなく、受け売りされて流布した。それとともに神島二郎の「常民は平民と同義で、ファシズム時代への対応がこのようなおきかえをさせたのではないだろうか[12]」という推論が通説になった。ところが、一九七一年に『定本柳田國男集』の別巻五が刊行され、全巻の索引が付されたことにより、研究は大きく進展することになった。索引に採録された用例を検討することで、常民の登場した時期、使用頻度の推移、あるいは常民に込められた意味の変化等を明らかにする作業が進められたのである。たとえば、有賀喜左衛門は、柳田が常民を最初に使用したのは一九一一年から一二年にかけて発表した「『イタカ』及び『サンカ』」であることや、最初は平民の使用頻度が高かったが、その後次第に常民の使用が多くなり、一九三二、三年には常民の使用が顕著になることを指摘した[13]。

常民が、柳田国男の初期から確立期まで通して使用され、ある段階での登場でないことがはっきりしたことは重要である。しかし、その使用頻度には変化があり、常に同じような比率で使われていたのではない。また、その語に込められた意味にも変化があることが明らかになってきている。すなわち、杉本仁が指摘するように[14]、初期の常民は

「〃柳田学〃の学的関心の主体ではなく」、「消極的に使われているにすぎない」存在であったが、確立期の常民は「柳田民俗学の主体としての地位を与えられる」のである。このような理解は最近では一般化しつつあるといえる。この場合、使用された初期から確立期まで、常民という言葉自体に特別に意味の変化はないということになるのであろうか。柳田国男の民俗学に対する考えに変化があったとすれば、それは彼の設定した中核的な概念に影響を与えていると考えるべきであろう。

柳田国男が初めて常民を使用したのは、すでに述べたように「『イタカ』及び『サンカ』」であった。その用例は次のようなものであった。

サンカの徒が普通人の零落して、偶々変形したる者に非ざる一証としては、彼等の間に完全なる統一と節制とあることを述べざるべからず。勿論常民の此仲間に混入したる者は少なからざらんも、此等一代サンカは決して勢力を得る能はざるのみならず、十分に既存の不文法に服従し去り、終に彼徒の慣習の一部分をも変更し能はざるが如し。(15)

この文章では、常民は普通人と同義語である。その常民をどのような生活を送る存在として柳田国男は描いていたのであろうか。東北地方の狩猟者を扱った「マタギと云ふ部落」という論文では、次のような形で常民が登場する。

マタギばかりの部落は、此外に北秋田郡阿仁町字根子等、此付近にも幾つかある。彼等は夏中は耕作に従事し冬だけマタギに出るので、常民と著しく変つた所は無い。(16)

これによれば、常民は耕作に従事する農民のことである。そのような常民は平野に住む人びとであることは勿論である。

自分の推測としては、上古史上の国津神が末二つに分れ、大半は里に下つて常民に混同し、残りは山に入り又は

山に留まつて、山人と呼ばれたと見るのですが[17]（後略）、

山に住む山人に対して平野に住むのが常民なのである。山間奥地に住んで別の生活体系を形成している人びとに研究関心があった初期の柳田国男は、自分の研究対象から除外するための概念として常民を設定した。それは山人に対する常民であり、具体的にはマタギに対しての常民であり、木地屋に対しての常民である。

このことに注目すれば、常民は山人とは生活空間を異にする存在として把握できることになろう。空間概念としての常民である。この空間概念としての常民は一九三〇年代の確立期の本百姓としての常民にも引き継がれている。しかし、そこでは同時に時間概念としての常民という理解が強く出てきている。それは初めは明確には常民といわず、民俗の性格を描くに際して登場してきたものである。次のような説明である。

我日本の所謂開国、即ち国内有識階級の分立したのは至つて日が浅い。国民の中の旧分子、英語でいふフオク、漢学者等のいふ田夫野人はまだ大多数であつて、時あつては我々新人自身の、胸の中にさへ住んで居る。現に自分なども其一例で、今でも敷居の上に乗らず、便所に入つて唾を吐かず、竈の肩に包丁を置かず、殊にくさめを二つすると誰かが陰口をきいているなどと、考へて見る場合は甚だ多い。即ち日本には今尚豊富なるフオクロアの資料が現存するのである[18]。

あるいは、『民間伝承論』における以下のような理解の仕方である。

我々は民間に於て、即ち有識階級の外もしくは彼等の有識ぶらざる境涯に於て、文字以外の力によつて保留せられて居る従来の活き方、又は働き方考へ方を、弘く人生を学び知る手段として観察して見たいのである[19]。

このように「新人」としての「有識者」も民俗を伝承しているのである。その場合、もちろん有識者は四六時中民俗の担い手として存在しているのではない。「有識ぶらざる境涯」において民俗を担うのである。したがって民俗の

担い手を常民という語で表現すれば、常民は単に「田夫野人」のみを指すのではなく、「有識者」の「有識ぶらざる境涯」をも含むことになる。常民は他の種類の人びとと区別する形で、人間を類別する概念ではなく、人間の置かれた状況を示す語であるといえる。一人の人間は、一定の状況になれば民俗の担い手として行動することになり、その限りにおいて常民ということになる。それは時間の経過のなかで人間は常民であったり、常民でなかったりするのであり、常民が時間概念として設定されていることを推測させるのである。

確立期柳田国男の民俗学は、常民の担う生活文化としての民俗を対象として、その歴史的性格を描くものとして存在した。それに対して、初期柳田国男の民俗学は、常民とは異なる世界を形成している人びとの文化を対象に、その独自の文化の歴史性を明らかにしようとしていた。この目的の相違が存在するので、一見同じ用語として登場する常民の意味も自ずと異なることは明らかであるが、その相違は常民に含まれる人間の範囲や種類の問題ではない。常民の性格そのものが異なるのである。初期柳田の常民は基本的には時間の経過のなかでも変化のないものである。非常民が時間の経過のなかで常民になるとか、逆に常民が非常民になるということはない。常民と非常民は明確に生活空間を異にしており、非常民が常民になるとすれば、それは本来の生活体系を放棄して、常民の生活空間に入って同化する、というコースのみであった。

四　村落の類型と歴史

常民を空間概念として設定した初期柳田は、その常民自体についても一つとして把握せず、地域差のなかに本質を発見することになる。普通人と同義語の常民は、確立期のようにどこでも同じ歩みをする存在ではない。それぞれの地域において個別の歴史を形成するのが常民なのである。この考えは村落類型論として提出された。

一九一〇年代の柳田国男は、民俗学的関心としては非稲作民である山人や被差別民に関心をもち、その歴史像を描くことに努力していたが、他方では農政学者以来の関心も保ち続け、ときには平野部に住む稲作に基盤を置く農民たちの生活も問題にし、その農民たちの歴史を描く郷土史像の革新を試みた。そのような論文を一冊に取りまとめたものが一九二二年に刊行された『郷土誌論』である。そこには従来の古典的な郷土誌・郷土史に対する鋭い批判が示されており、柳田の新しい学問形成への意欲を知ることができる。その『郷土誌論』に収められた「村の種類」[20]は、発表年次が明らかでないが、初期柳田を検討する論文としては注目すべきものの一つである。

そこで、表題に示されているように、村の類型論を展開している。柳田がここで設定した村落の諸類型は、その用語のみが一人歩きして、その後多くの研究者によって紹介されたり、採用されたりして有名になったが[21]、柳田がそれらの類型に与えた意味は必ずしもともなわなかった。ここでは、その村落類型の意味を少しく考えておこう。

柳田が設定した「村の種類」は次の六種類である。

(1) 新田百姓の村
(2) 草分百姓（隠田百姓）の村
(3) 根小屋百姓の村
(4) 門前百姓の村
(5) 名田百姓の村
(6) 班田百姓の村

この用語だけを表面的に理解すれば、それは開発の歴史を示す類型論である。事実、村落史上あるいは開発史上の用語として紹介されるのが常であった。六番目の班田百姓の村から一番目の新田百姓の村に至るまで順次日本の村が開発されてきたのであり、その開発の諸類型を示したのがこの「村の種類」であるという理解である。したがって、それはそれぞれ過去に存在した村落についての類型という性格が強くなり、日本歴史上の各時代の村落を示す用語ということができよう。

しかし、柳田はそのような歴史的類型として設定したのではなかった。あくまでも現代の「村の性質」を把握するための類型論であった。村落の立地は「其時世の智力次第、乃至は土着者の境遇などが、山の上へも導けば川の端にも止らせる。而も其因縁が村に存する限、永遠に付纏うて村の生活を制限し、或は政策の効果を加減するの」で「個人の力では変更することの難しかつた土着当時の条件に重きを置いて、必ずしも年代にも地理にも依らずに分類[22]」したのが、この六類型なのである。したがって、以下のように、各村落類型について、「村の性質」をいうことになる。

第一の新田百姓の村には個人請負の新田と村請けの新田があることを指摘した上で、前者は「住民が諸方面から招集せられた烏合の衆」であり、後者は「親村があるから其から風俗信仰等をも移し、経済上でも久しい間交渉を保つて居るのが普通」である。いずれにしても、「常に市場交易の金銭経済を要件とし、衣服器具燃料等の必需品に就て、早くから孤立した生存を為し得なかつたことは、両者共に同様[23]」だという。このような新田百姓の村は、「金銭の必要が多いから捨て、置いても市場に出す品に骨を折るのでありませう。其代りには又落付いた心持が少ない為に気が替り易く、土地を金に換へて他郷に出ることも早いのです[24]」と指摘する。

第二の草分百姓の村は、新田百姓の村とは反対に、「最初から利害を共にして居た為に結合力が強く、さして外界との交通を必要とせずに、独立した生活を続けることが出来ました。其代りには消極的安全を主とした為に、新しい経済組織の利便は受けにくい[25]」という。

第三の根小屋百姓の村は、「地方の小領主が丘陵の端などに砦を作つて拠る場合に、其防衛上又は平日の生活の便宜から、強制し又は好条件を提供して、其山の下に特に構成させた村で」あるが、そのことは「住民が個人の新田と同じく烏合の衆である為に、利害が衝突し易く人気が荒びやすい[26]」という性質をもたらしたという。

また第四の門前百姓の村は「古くから社寺特別の職務に携はり又負担が軽かつた為に、農業者としては必しも精励なもので無く、或は旅人を相手にする故に幾分軽薄で無いとは言はれませぬ」が、しかし「信仰の中心が有るだけに比較的統一せられて居ます[27]」と理解した。

以上の四種類の村は現に存在しており、したがって村の性質も描くことができるが、第五の名田百姓の村と第六の班田百姓の村はほとんど存在しないものと考えた。特に班田百姓の村は理論上の設定であると断っている。

柳田国男は村落の開発当時の条件によって類型化を行ったが、それは単なる過去の開発の歴史を示したものではなかった。現代の村落の「性質」を理解するための類型化であった。現代の村落の「性質」はその村の開発形態あるいは条件によって規定されているのであり、それは村が存続する限り「永遠に付纏」うものである。ここに描かれた村の「性質」はあまりに単純であり、表面的理解にすぎることはいうまでもない。しかし、このような理解の前提として重要な認識があることに注意する必要があろう。

村落の開発形態なり開発条件が現代の村落社会の特質を規定しているという理解は、各類型の間の変遷を考えないということを意味する。地域差を比較することによって各類型を一定の変遷過程として並べ替えるというのが確立期柳田の民俗学であり、またそれを継承したのが現代の民俗学である。それに対して、それぞれの村落はそれぞれ別の歴史を形成してきたとするものであり、門前百姓の村が時間の経過によって根小屋百姓の村、さらに草分百姓の村に変化するということはないという理解である。個別の歴史をそれぞれの地域が形成しているのであり、その個別の歴史が今日のその社会の特質の根底にあるという認識は重要である。

五　柳田国男の危機意識と研究

一九三〇年代の中頃に確立した柳田国男の民俗学は、彼の優れた政治的感覚により、民俗学に大きな使命を与えるものであった。柳田国男は「私たちは学問が実用の僕となることを恥としてゐない」[28]といい、「学問救世」[29]を主張した。そして、自分たちの学問の最大の課題は「『何故に農民は貧なりや』の根本問題である」[30]と設定した。これは、第一次世界大戦後の慢性的不況、さらには世界恐慌がすべて農村にしわよせされ、農村が危機的状況になっていることへの認識から出てきた問題意識といえる。このことは彼の常民概念によく示されている。

この時期の常民概念は、すでに紹介したように、「有識者」もそれに含む時間概念としての常民の芽があったが、しかし初期からの空間概念としての常民観も、変化しつつもある程度保たれていた。それが本百姓としての常民である。「何故に農民は貧なりや」という課題を設定した柳田国男は、同じ書物のなかで常民の説明を具体的に行った。それによると、村の構成分子は常民とそうでない者とに分けられる。常民は「極く普通の百姓で、これは次に言はうとする二つの者の中間にあつて、住民の大部分を占めてゐ」[31]た。それに対して、常民でない者は「上の者」と「下の者」の二つである。「上の者」は、「い丶階級に属する所謂名がある家で、その土地の草分けとか又は村のオモダチ（重立）と云はれる者、或はまたオホヤ（大家）・オヤカタ（親方）など丶呼ばれてゐる階級で、これが江戸時代の半ばまでは村の中心勢力をなしてゐ」[32]た。それに対して、「下の者」は「普通の農民でなく、昔から諸職とか諸道などゝいつて、一括せられてゐた者が大部分を占めてゐた。例へば道心坊や、鍛冶屋、桶屋など、これらは何れも暫くづゝ村に住んでは、また他に移つて行く漂泊者であつた」[33]としている。この「下の者」は村落に居住しているということを除けば、初期柳田の関心の中心にあった人びとであり、それと常民を区別している点は当然のことと思われる。

ここで注目されるのは、そのような漂泊民を除外した村落居住民をすべて常民とせず、さらにそこから「上の者」を除外していることである。柳田の説明による「上の者」は、歴史概念でいえば、初期本百姓とか豪農と呼ばれる有力農民である。したがって、それを除いた村落居住者は近世村落の中核を形成した本百姓のこととなる。常民とは近世における本百姓のことであり、その近世的特質、すなわち石高制の規定性を受けなくなった段階でその生活様式を継続させている農民のことである[34]。民俗はそのような常民によってのみ担われるのであり、村落支配者層によって担われ、伝承されるのではないということを主張したものといえる。日本農村の危機的な状況において、農村の今後の発展を常民に期待したのである。それはかつての農政学者柳田国男の「中農養成策」の復活といってもよいであろう。

一九三〇年代にはしきりに常民という用語を使用していた柳田国男であるが、一九四〇年代に入ると次第に使用しなくなったし、使用する場合の常民の意味は、すでに述べたように、時間概念としてのものに変化していた。あるいは、これは当時の状況に対する対応かとも思われるが、その傾向は敗戦を迎えても変わらなかった。むしろ、その傾向はさらに大きくなったのである。常民には天皇をも含むようになり[35]、常民は日本人と同じ意味になってしまった。そのため、戦後はもはや常民という語をほとんど使用することはなかった。そして、それに代わり、日本人が登場することになった。それは研究のテーマにも示されている。

敗戦後最初に出した書き下ろしの著書が、戦争末期の連日の空襲警報のなかで書かれた『先祖の話』である。日本人の先祖祭祀および霊魂観の特色を述べ、戦争で亡くなっていった若き兵士たちの幸福を考えようとしたものである。また、敗戦からの五年ほどの間の研究の一つの柱が日本語の問題であったことや、「新国学談」と題する叢書で神社祭祀の問題を追究したことはやはり注目してよいであろう。敗戦後にかえって日本とか日本人ということを強調し、日本は一つであることを民俗学によって明らかにしようとした。それは、一九三〇年代とは異なる問題意識であり、その時の社会状況に対する柳田の姿勢を示しているものである。敗戦とそれに続く占領に、日本の国と国民の解体の危機を見たのである。民俗学が果たすべき役割は、その危機に日本人としての統合の基礎を学問的に提示することであった。それはすぐれて政治的な判断であったといえよう。

一九三〇年代と一九四五年以降の二つの日本社会の危機的状況に対して、柳田国男はおのれの学問によってそれを救おうとした。「経世済民」としての民俗学という考えは一九三〇年代だけにあったのではない。学問にたいする姿勢として首尾一貫して存在していたのである。このことは、当然初期柳田の研究についてもいえるのではなかろうか。たしかに農政学者としての挫折が、彼を民俗学開拓への道を歩ませることになったのであるが、それは決して現実からの逃避ではなかった。新たな世界の発見があっての前進であった。そして、そこにはやはり彼自身の使命感が強く出ていたと考えられる。平野部に住む水田稲作民のみが日本国民なのではなく、それとは系譜・系統の異なる焼畑農耕民が現実に存在することを説き、日本は一つであるという明治国家の神話を相対化しようとしたのが初期柳田の研究である。日露戦後にさまざまな形で国家統合が強力に進められることに対する柳田の批判と新しい認識がそこにはあったのである。

あくまでも個人的な営為として回顧趣味的な、あるいは好事家的な研究を行っていたかのように見える初期柳田の研究であるが、山民・山人を先住民の末孫と主張し、それを差別するのではなく、逆にその存在の意義を積極的に評価しようとする彼の研究は好事家のそれではありえない。柳田国男は、山間奥地に山人という系譜・系統の異なる人びとがいることだけを紹介したのではない。彼らがたえず平野部居住の稲作農耕民によって圧迫され、追われたことを述べ、稲作農耕民と山人の緊張関係としての歴史を説こうとした。しかも「彼等の不倶戴天の敵の片割たる拙者の手に由つて」と述べているように、自分がその稲作民の子孫の一人であるという自覚を持って研究をしているのである。

六　現代民俗学の課題

今日の日本民俗学は、一九三〇年代中頃に確立した柳田国男の民俗学を基本的には継承している。特にその研究方法や研究内容については明確である。しかし、柳田国男がこの学問に与えた「経世済民」の学としての性格は忘れ去られているし、また学的な目的においても歴史を明らかにするということは薄らぎ、日本人なり日本民族の特質究明を表明する研究者が多くなっている。その点では戦後の柳田の天皇を含めた常民観を継承しているといえるが、もちろん敗戦後に柳田が持った使命観は継承されていない。

これらの特色は、いずれも民俗学が「野の学問」であることをやめてしまったことに深く関係する。アカデミックな学問として市民権を獲得しようとする努力が戦後民俗学の一つの大きな運動であった。学問の世界での市民権の獲得は、既成の関連科学からたえず否定的にあるいは懐疑的にしか理解されなかった新興の学問としては悲願ともいうべき目標であった。その目標達成のために、学としての形式を整えることに努力されたが、その努力は実証科学を「客観主義」として理解し、それに徹することであった。

「経世済民」の学という性格は置き忘れられた。そして、民俗学が他の諸科学とは異なる独自の学問であることを、その研究目的を日本人なり日本民族の特質（例えば民族性、エートノス、フォルクストゥム等）の把握に設定することで示そうとした。日本列島に居住する人びとはすべて日本民族であることを前提にして、日本列島内の地域差のなかに日本民族の特質が隠されていると考えた。そして、「客観主義」的な研究が進められ、全国から資料を集積して、その類型化と比較をとおして研究する比較研究法が民俗学の唯一の研究法であるかのように扱われた。

しかし、「客観主義」民俗学の成果がいかに乏しいものであるかは、この三〇年ほどの間の研究蓄積を見れば明らかであろう。当然ながら、「客観主義」は禁欲的であるから、その研究が社会に対して何かを主張するということもない。まして、比較研究の基礎資料となるべく報告された膨大な民俗調査報告書や民俗誌の大部分は、ただ項目羅列的に古風な民俗を記述しているだけである。これは形骸化した民俗学である。その形骸化の要因はアカデミックな学問になるべく形式を整え「客観主義」に陥ったためであるが、その前提には一九三〇年代の柳田国男の民俗学の対象、方法等の形式のみを継承したことがあることは明らかである。日本列島全体から資料を集積し、比較することのみが研究であるという固定観念が最もよく形骸化の内容を示している。

初期柳田国男が持っていた視点なり、問題意識はこの間ほとんど顧みられることがなかった。柳田国男論としては注目されることがあっても[36]、民俗学の問題とはならなかった。しかし、今日の民俗学の状況を打ち破り、新たな展開を目指すために、初期柳田の民俗学を検討する価値は充分にあるであろう。

それは第一には、「客観主義」を放棄することで、いかに民俗学が社会に対し発言できるかを教えてくれるからである。確立期の柳田が「何故に農民は貧なりや」を最大の課題にしながら、結局その解答を明確にして社会に発言することのなかったのは、重出立証法等の非常に「客観主義」的な方法にこだわったからであると思われる。その点は戦後の問題意識についても同様であろう。

一九三〇年代の自分の態度や研究を反省して「気楽な学問もあるものだといふやうな印象ばかり与へて、国の政治上の是ぞといふ効果は挙げ得なかつた。なんぼ年寄りでも、是は確かに臆病な態度であつ」(37)たと述べ、現代科学としての民俗学を表明したのであるが、やはり社会状況に対して積極的に発言し、行動することはなかった。それに対して、初期の研究では、重要な問題について明確な判断が提出されている。一九〇八年の九州旅行を契機として開始された民俗学の研究は、日本社会の認識に重大な提起をしたのである。方法的には民俗学と呼ぶべきものには至っていない、非常に中途半端なものではあるが、そのことがかえって主体的な問題意識を率直に研究の成果のなかに組み込むことになり、社会に対して衝撃を与える提起となったものと考えられる。

そして、第二に、日本列島の住民を一つとは考えない、あるいは考える必要のないことを教えてくれるからである。実証研究の立場からは、初期柳田の山人が先住民族の子孫であるという理解は、その山人の実在性も含めてあるいは否定されることになろう。しかし、日本列島の住民を複数の民族として把握することによって、天皇制はもちろんのこと、日本を一つと考えることから生じている固定観念を相対化し、日本社会の理解に新たな展望を拓くことになるのではなかろうか。この点ではすでに個別研究が進められている。柳田を継承した民俗学が稲作一辺倒であることに対する反省が語られ、畑作文化、焼畑農耕文化の調査、さらには一見均質な稲作文化にあると考えられる地域における焼畑農耕文化の隠された伝統の発見の努力がなされつつあるのである。(38)しかし、それらはいまだ発見の段階であり、そこから柳田の日本列島複数民族論に迫るまでには至っていない。

第三には、個別地域の復権による新たな民俗学を構想できるからである。確立期柳田の民俗学研究は、日本全国を均質な一つの社会と見ることで、その全国的規模での地域差のなかに日本人全体としての歴史を発見することであった。一九三〇年代の柳田の表現を借りれば「郷土を研究しようとしたので無く、郷土で或ものを研究しようとして居たのであつた。その『或もの』とは何であるかと言へば、日本人の生活、殊にこの民族の一団としての過去の経歴であつた[39]」のであり「個々の郷土の生活を知ることは手段であつた[40]」ということである。それに対して、初期の研究は常民と山人を明確に区別し、異なる生活体系を持つ社会とすることにも表れているが、さらに村落類型論がより一層明瞭に示すように、個別の社会は個別の歴史を形成してきたものであり、それらを集めて一つの流れとして単線的に配置できないという考えであった。村落類型論が「土着当時の条件」に視点を置くのは「永遠に付纏うて村の生活を制限し、或は政策の効果を加減する」からであるが、そのことは村それぞれが個別の独自の歴史を形成してきたことを意味する。

第四に、新しい歴史認識による民俗学に再生できる可能性があるからである。これは第三点と密接に関連する。「この民族の一団としての過去の経歴」を明らかにしようとする確立期柳田の民俗学は、比較研究を唯一の方法としてきたが、その比較の基準は不明確であった。比較の基準として唯一つ示されたのが有名な周圏論である。それは初め「方言周圏論[41]」として提出されたものであるが、同様の説明は民俗についてもしばしばしており[42]、単に方言に限定されるものではなかった。周圏論は、中央に所在する事象は新しく、そこから離れるほどに古いものが伝承されているという事象の分布に基づく解釈の仮説である。それは、新しい文化は中央の都市で起こり、また変化するのであり、それが中央の都市から順次各地へ波及して行くが、距離の遠い所は新しいものの到達が遅れるので、民俗の分布が中央を円の中心としたいくつもの同心円として描かれるというものである。この周圏論によって再構成される歴史像は、結局は中央の歴史ということになる。個別地域の主体性・創造性・選択性は無視され、中央から波及してくる文化をそのまま受容するという前提に立った仮説である。個別地域の民俗形成を民俗学は問題にせねばならない。初期柳田が常民と山人の間の緊張関係に歴史を見たように、それぞれの地域の主体的な民俗形成を把握することが要求されよう。

柳田は、村落類型論において類型間の変化・変遷を考えなかった。それぞれが独自の歴史の歩みをして現代に至っ

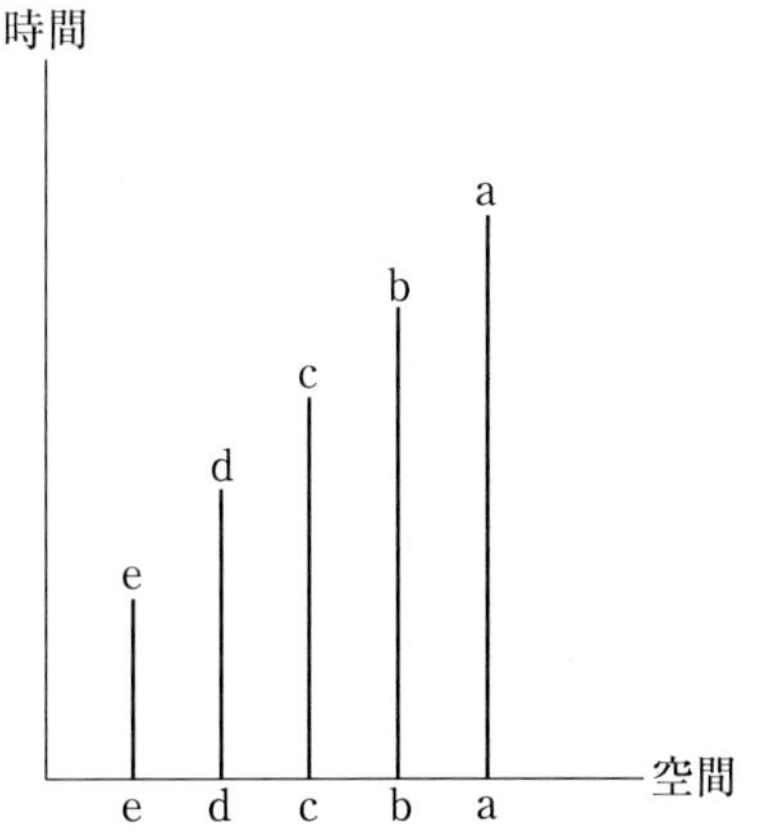

初期柳田の歴史認識

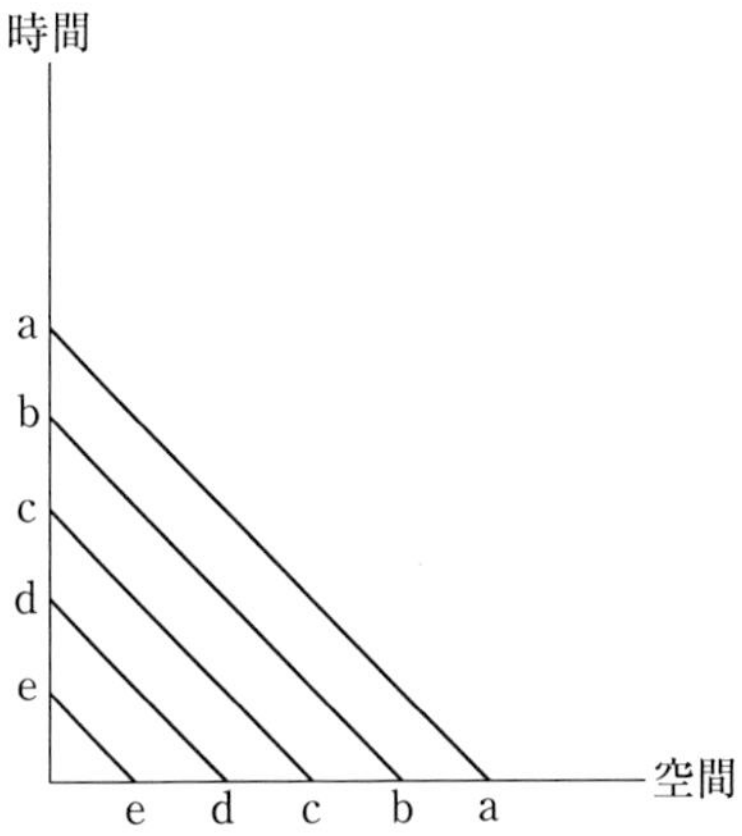

確立期柳田の歴史認識

ているのであり、その歴史過程がそれぞれの社会の特質を作っているとしたのである。これを図式化して対比すれば図のようになろう。個別の地域は現代において過去を蓄積して存在しているのであり、その累積の結果としての現在を対象にすることによって、その地域の主体的な歴史形成過程の特質を明らかにするという方法を初期柳田は教えてくれていないだろうか。

　初期柳田国男の提出した日本社会・文化に関する解釈そのもので現段階において承認されるものは必ずしも多くないであろう。しかし、その認識は豊かなものを持っており、確立期柳田の民俗学を継承して硬直化している今日の民俗学に多くの示唆を与えてくれる。ここで述べた初期柳田の考えはすでに柳田国男論としては大部分が指摘済みのことといえようが、それをあえて民俗学の再生のために繰り返したにすぎない。そして、初期柳田から学ぶ点として四つの問題を提出した。これらは、民俗学を日本民族という枠で考えることから、日本列島における民俗学へと変化させることにもなるのであり、従来完全に除外されてきたアイヌ民族を民俗学のなかに正当に位置づけることにもなるのである。そして、このことは、いいふるされた一国民俗学という用語、あるいは民族性とか民族文化の究明という目的観を破棄することを意味する。

注

（1）『遠野物語』の意義や性格について論じた著書としては、富木友治『柳田国男―遠野物語をめぐりて―』（さとう工房、一九七一年）、山田野理夫『柳田国男の光と影』（農山漁村文化協会、一九七七年）、岩本由輝『もう一つの遠野物語』（刀水書房、一九八三年）等がある。また、伊藤幹治・米山俊直編『柳田国男の世界』（日本放送出版協会、一九七六年）は「農政学者柳田国男が、民俗学者として再出発するきっかけになった作品」として『遠野物語』を取り上げ、討論している。その後も多くの書籍が刊行され、特に『遠野物語』刊行一〇〇周年を記念して多数の刊行物があった。

（2）一九〇八年の九州旅行の意義を論じたものに、藤井隆至「日露戦後経営期における新学問の胎動―柳田国男の『農村生活誌』―」（『社会思想研究』三号、一九七九年）がある。藤井は「九州旅行によって画期的な飛躍を遂げることができた柳田は、それまでの農業政策学に代えて、新たな学問を開拓する方向に向かうことになった。『農村生活誌』と規定した学問がそれである」と述べている。なお、その後、『後狩詞記資料』（諸国叢書二、成城大学民俗学研究所、一九八五年）が刊行され、その成立過程を示す資料が明らかになり、またこの旅行を詳細に検討した牛島盛光『日本民俗学の源流―柳田国男と椎葉村―』（岩崎美術社、一九九三年）が出された。

（3）柳田国男「天草の産業」（『斯民』三編五号、一九〇八年。藤井隆至編『柳田国男農政論集』法政大学出版局、一九七五年、所収、二三六頁）。

（4）柳田国男「九州南部地方の民風」（『斯民』四編一号、一九〇九年。同書所収、二四八頁）。

（5）同書二五一頁。

（6）柳田国男「山人外伝資料」一九一三〜七年（『定本柳田國男集』第四巻、筑摩書房、一九六三年、所収、四四九頁）。

（7）同書四六八頁。

（8）柳田国男「山の人生」一九二五年（『定本柳田國男集』第四巻、筑摩書房、一九六三年、所収、六三頁）。

（9）柳田国男前掲「山人外伝資料」（同書四六七〜八頁）。

（10）同書四六八頁。

（11）神島二郎「民俗学の方法的基礎―認識対象の問題―」（『文学』二九巻七号、一九六一年）。

（12）神島二郎「柳田国男―日本民俗学の創始者―」一九六三年（神島二郎編『柳田国男研究』筑摩書房、一九七三年、所収、一一五頁）。

(13) 有賀喜左衛門「渋沢敬三と柳田国男・柳宗悦」一九七二年（『一つの日本文化論』未来社、一九七六年、所収）。
(14) 杉本仁「〝柳田学〟における『常民』概念の位相」（後藤総一郎編『柳田国男の学問形成』白鯨社、一九七五年、所収）。
(15) 柳田国男「『イタカ』及び『サンカ』」一九一一～一二年（『定本柳田國男集』第四巻、筑摩書房、一九六三年、所収、四八二頁）。
(16) 柳田国男「マタギと云ふ部落」一九一六年（『定本柳田國男集』第二七巻、筑摩書房、一九六四年、所収、三九七頁）。
(17) 柳田国男「山人考」一九一七年（『定本柳田國男集』第四巻、筑摩書房、一九六三年、所収、一七七頁）。
(18) 柳田国男「日本の民俗学」一九二六年（『定本柳田國男集』第二五巻、筑摩書房、一九六四年、所収、二五七頁）。
(19) 柳田国男『民間伝承論』一九三四年（同書二四三頁）。
(20) 柳田国男「村の種類」『郷土誌論』一九二二年（同書、所収）。
(21) 小野武夫『日本村落史考』（刀江書院、一九二六年）が、開発新田村・隠遁百姓村・寺百姓村・豪族屋敷村・名田百姓村・古代成立農村という分類をしたのが早い例であるが、これは明らかに柳田国男の類型に依拠している。
(22) 柳田国男前掲「村の種類」六九頁。
(23) 同書七〇頁。
(24) 同書七三頁。
(25) 同書七〇頁。
(26) 同書七一頁。
(27) 同書七一頁。
(28) 柳田国男『郷土生活の研究法』一九三五年（『定本柳田國男集』第二五巻、筑摩書房、一九六四年、所収、三二六頁）。
(29) 同書三二七頁。
(30) 同書三二七頁。
(31) 柳田国男『郷土生活の研究法』（刀江書院、一九三五年、二一五頁）。なお、この常民の説明は『郷土生活の研究法』の後半部の「民俗資料の分類」でなされたものであるが、『定本柳田國男集』は「同書の『民俗資料の分類』以下は、講述を編集したもの故省略した」として、収録していない。そのため、ここでは初版本によった。
(32) 同書二一五～六頁。

（33）同書二一六頁。
（34）福田アジオ『日本民俗学方法序説』（弘文堂、一九八四年）第二編第四章。
（35）天皇をも含む常民概念の萌芽は、例えば一九四一年に発表した「民俗学の話」で次のように述べていることに示されている。
宮中のお祭は村のお祭とよく似てゐます。中間の神社のお祭は色々やかましい儀式があつたりして違つてゐるが、宮中のお祭と村々の小さなお宮のお祭とは似てゐる。これではじめて本当に日本は家族の延長が国家になつてゐるといふ心持が一番はつきりします。民間の年越の祭とか収穫の感謝の祭とか、自然のお祭といふものを、宮中と同じやうにやつてゐることは、民間の者が知ることはいくらも機会があるけれども、天子様がお心付きになるやうな時代が来たのは本当に悦ばしい有難いことだと思ひました。それが私のこの学問をする大きな刺激になつて居ります（柳田国男「民俗学の話」一九四一年〔『定本柳田國男集』第二四巻、筑摩書房、一九六三年、所収、五〇三頁〕）。

そして、多くの紹介があるように、一九五七年の座談会で常民という言葉の由来について発言して、次のような説明をした。

庶民をさけたのです。庶民には既定の内容がすでに定まり、それに理屈はいくらでもあるのですが、常民には畏れおおい話ですが皇室の方々も入つておいでになる。普通としてやつておられたことなんです（柳田国男・山室静・本多秋五・杉森久英・荒正人「日本文化の伝統について」一九五七年〔『民俗学について―第二柳田国男対談集―』筑摩書房、一九六五年、所収、一七九頁〕）。
（36）初期柳田の問題意識・視点に注目した研究の代表は、有泉貞夫「柳田国男考―祖先崇拝と差別―」（『展望』一六二号、一九七二年）である。有泉は、柳田国男の民俗学がその中核に「祖先崇拝＝家永続の願い」を置いて完成する過程は被差別民への関心を欠落させていく過程であったという重要な指摘をしているが、それに対する民俗学の反応はいまだにない。
（37）柳田国男「現代科学といふこと」一九四七年（『定本柳田國男集』第三一巻、筑摩書房、一九六四年、所収、一一頁）。
（38）このような努力を続けて、注目すべき成果をあげたのが坪井洋文である。坪井洋文『イモと日本人―民俗文化論の課題―』参照（未来社、一九七九年）。
（39）柳田国男「郷土研究と郷土教育」一九三三年（『定本柳田國男集』第二四巻、筑摩書房、一九六三年、所收、六七頁）。
（40）同書六八頁。
（41）柳田国男「蝸牛考」一九二九年（柴田武・加藤正信・徳川宗賢編『日本の言語学』第六巻、大修館書店、一九七八年、所收）。

同『蝸牛考』一九四三年（『定本柳田國男集』第一八巻、筑摩書房、一九六三年、所収）。

(42) 一、二その例を示しておこう。

①我々の生活ぶりは後れ先だつて居るのであります。日本のやうな地形の変化に富み、島もあり岬もあり、谷あひもあるといふ国でなくとも、都府から遠くなつて行くほどづゝ、新しい文化に付いて来る歩みが遅くなります。その数多くの例を並べ比べて見ますならば、世が改まり生活方法の変つて参つた足取りもほゞわかり、さうして向ふの一端は今もまだ可なり古い処に、止まつて居ることが明らかになります（柳田国男「史学と世相解説」一九三五年〔『定本柳田國男集』第二四巻、筑摩書房、一九六三年、所収、一一〇〜一一頁〕）。

②我々が新文化などゝいふ名で呼んで居る新らしい生活様式、又は物の見方考へ方は、先づ中央の都市に起り、若くは交通の線を伝はつて、人の多く集合して居る土地に浸み込んで行くことは、昔からくり返して同じでありました。田舎の隅々とても、しまひには是にかぶれることになつたであらうが、距離によつて遅速があつた上に、途中の障碍物が日本には色々と多く、海を渡り又は山坂を越えて行く処では、可なり久しい後まで元の形でまだ残つて居る（柳田国男「女性生活史」一九四一年〔『定本柳田國男集』第三〇巻、筑摩書房、一九六四年、所収、一〇〜一一頁〕）。

第二章　民俗学と民族

一　民俗学における民族

日本の民俗学の入門書や概説書において、民俗学の定義をしたり、民俗学の学問的性格を述べるときに、しばしば民族という語と関連づけがされてきた。

日本における民俗学概説書としては早い時期に属する和歌森太郎『日本民俗学』（一九五三年）では、「日本民俗学は、今日見聞し得る諸々の民間伝承の比較研究を通じて、日本人の心性、生活文化の特色を把握しようとする学問(1)」と定義し、「民族性」、「民族的同胞愛」、「民族文化」などの語で民俗学を説明している。この和歌森の考えは晩年まで変わらず、一九七一年刊行の『日本民俗事典』の解説においても「民間伝承を素材として、民俗社会・民俗文化の歴史的由来を明らかにすることにより、民族の基層文化の性格と本質とを究明する学問(2)」と定義をしており、民俗学は民族と切り離すことができない存在としている。

比較的新しく、刊行当時としては若手の研究者であった佐野賢治・谷口貢・中込睦子・古家信平が編集した『現代民俗学入門』（一九九六年）では、谷口貢が「民俗学が日常生活のあり方を重視するのは、それが民族文化の基層をなしており、この部分を究明することが日本文化の全体像を明らかにすることに寄与できると考えるからである(3)」とし、また佐野賢治は「民族のエトノス究明を目的とする民俗学」[4]とも述べている。民族をテーマとした民俗学の論文は見ることができないにもかかわらず、民俗学の定義的な説明には民族が不可欠な用語となってきた。本章では、民俗学と民族の関係の歴史的経過を確認するものである。

二　民族という言葉の発生

まず、民族という用語の発生を確認しておかなければならない。民族という言葉は日本語として古くから存在したわけではない。近世までは存在しなかった。漢語としても存在しなかった。民族という語および概念は、近代日本において創り出された。しかし、この語に密接に関連する学問研究分野の人類学・民族学・民俗学からではない。それらとは関係なく創り出され、後になって学術用語として導入され、普及した語である。そのため、民族の定義は曖昧であり、多義的である。欧米言語の単語と一対一で明確に対応させることができない。日本語の民族を欧米言語に訳すときには、多くの困難がつきまとい、文意から判断して訳語を選択しなければならないという特異な単語である。それにもかかわらず、わずかな年数で普及し、一九一〇年代にはごく当たり前の単語になっていた。今までも民族という語の創り出された過程や一般化した過程を検討し、その社会思想史上の問題として論じた研究はある。[5]それらによれば、民族は一八八〇年代末から九〇年代にかけて使用が開始され、日清・日露の二つの戦争の間に普及したという。

一八八八年に政教社によって創刊された雑誌『日本人』が民族概念登場の舞台となったとされる。政教社は三宅雪嶺・志賀重昂・杉浦重剛らが結成した国粋主義を標榜する団体であり、民族という言葉もその活動のなかから登場したことが注目される。志賀重昂が「『日本人』が懐抱する処の旨義を告白す」（『日本人』二号、一八八八年）で「大和民族」という表現をしたのが、民族の初出と考えられるという。『日本人』七号（一八八八年）には「大和民族の潜在力」という表現が見られる。

政教社のメンバーが民族という語を創り出したという証拠はない。それ以前にすでに民族という語は存在していた可能性がある。その点を示唆してくれる文献として納武津の『民族の研究』（一九一九年）、『民族性の研究』（一九二〇年）がある。納のこの二冊の書物は、日本において民族を論じた最初の研究書であり、今にいたるまで唯一の書といえる。納は基本的には欧米文献を用いて、民族および民族性を論じており、必ずしも日本列島に即して論を展開しているわけではない。しかし、両書の冒頭部分に「民族てう用語の由来」を設けて、民族の発生を述べている。それによれば、民族という語は明確に定義されることなく、十人十色といえるほど漠然と用いられていることを指摘し、来歴を論じる。

一体、民族てう語は果して何時頃から我国人の口に膾炙するやうになつたのであるか。固より判然としたことは云へないのであるけれども、併し種々な典籍を渉猟して見た所ろ浅見寡聞かは知れぬが、少なくとも日清戦争以前、否な明治三十年あたりまでのものには単り中江兆民氏の仏和字彙にトリビューの訳字として此の語を見る以外には、未だ斯くの如き熟字を認むるに由ないのを以て察すれば、兎に角、其の以後何人かの創意に依り、人類学的にも、文化的にも将た又政治的にも孰れも漠然とした意味で使用され、而して遂に普く慣用さるゝに至つたもの、やうである。(6)

納によれば、民族という語は中江兆民によって、フランス語のトリビュー、すなわち英語の tribe の訳語として用いられたのが最初ということである。『仏和字彙』は中江兆民・野村泰亭が一八九三年に刊行した仏和辞典である。

そこにはtribuの訳語として「民族。種落。族類」が示されている。これが初出であるとするのであれば、すでに一八八八年に『日本人』で民族が用いられていたことを納が知らなかったということになる。ところが、この『仏和字彙』は、中江兆民校閲・野村泰亨他編で一八八七年に刊行された『仏和辞林』の要約版であるという。『仏和辞林』は『日本人』創刊の一年前に出されており、そこにすでにトリビューの訳語として同じように民族が記載されていた。民族という語は、中江兆民たちの訳出が最初ということになる。どちらにしても、日本語として民族が登場したのは、一八八〇年代後半ということになろう。

一八九〇年代には民族の語は急速に一般化したようである。その場合の、民族の意味は必ずしも明確ではなかったが、「大和民族」という表現が示すように、日本人についての自己認識の用語として登場したことは間違いないであろう。そして、次第に大和民族から日本民族へと変化した。早くも一八九四年には千葉県匝瑳郡豊栄村の金杉泰助が『国民の美風』を著し、そのなかで大和民族という表現をしきりに用いたが、併せて章の見出しには「日本民族ノ雄気」「日本民族ノ徳行」という表現も採用している。(7) 一九〇五年刊行の大河平隆光『日本移民論』の結論部分で「日本民族将来の移民地」と題して、南米を「日本民族約束の地」としている。(8) このように民族は一九〇〇年代には一般的に使用されるようになっていったと思われる。その普及をさらに促したのは第一次世界大戦であった。一九一八年一月にアメリカ大統領ウィルソンが提唱した「一四か条の平和原則」がいわゆる民族自決の原則を提示したとされるが、この演説には民族自決に対応する明確な語はなかった。しかし、すでに当時から日本においてウィルソンの一四か条は民族自決権を提唱していると表現された。新聞の記事や論説において民族自決・民族自決権は注釈不要の当たり前の単語となり、前提としての民族も定着した。

三　人類学における民族

一八八〇年代から坪井正五郎を中心に人類学会・東京人類学会として組織され、活発に活動するようになった人類学は、後に民族学を派生させることから民族という用語と密接に関係があると思われるが、人類学において民族が用いられるようになるのは意外に遅く、二〇世紀に入ってからのことであった。坪井正五郎は早い時期からしきりに人類学の全体像を示す努力をしたが、そこで用いられたのは人種や種族であった。民族という語は久しく登場しなかった。

民族が人類学の世界に登場したのは、一九〇五年に発表された鳥居龍蔵の「満洲に於ける人類学的視察談」（『東京人類学会雑誌』二三七号）によってであったと思われる。鳥居は「此河の流域の関係は民族の衝突の歴史の上にも関係ありませうし又民族の分布の上にも関係して来るのであります」という表現をはじめ、何回となく民族を使用している。さらに翌一九〇六年には中村士穂が「人類地理学の問題と方式に就いて」（『東京人類学会雑誌』二四六号）において、内地民族・海岸民族・山岳民族・島嶼民族、さらに自然民族・文明民族という用語を用いている。そして、一九一〇年に人類学の大御所である坪井正五郎が「人類中に認められる、種々なる集団」（『東京人類学会雑誌』二九〇号）において、「言語風俗習慣の如き後天性を基とした人類集団を私は習俗団と呼ばうと思ひます。日本民族と称するが如きは其好例で有ります」と述べた。この場合も、坪井が積極的に民族を使用していない。「習俗団」という新しい用語を提唱し、世間で一般化しつつある「日本民族」を習俗団の例として紹介している。したがって、一九一〇年代にはいまだ人類学上の用語として民族は定着しておらず、坪井などはむしろ民族の使用を避けて、習俗団などという用語を創り出そうとしていたのである。

人類学において論文タイトルとして民族が登場するのは第一次大戦前後である。その最初は、大野雲外「土俗学上より見たる古代の日本民族」（『人類学雑誌』三〇巻三号、一九一五年）であろう。次いで、鳥居龍蔵の「黒竜江畔の民族」（『人類学雑誌』三五巻八四号、一九二〇年）である。人類学の世界においても大戦後に民族は動かしがたい用語となり、次の雑誌『民族』（一九二五〜九年）の時代となる。

四　初期民俗学における民族

一九一二年に石橋臥波は、白鳥庫吉・三宅米吉・坪井正五郎らに声をかけて、日本民俗学会を設立し、雑誌『民俗』を創刊した。日本で最初の民俗学を名乗る組織であり、また民俗を表示する雑誌であった。その五月に出された設立趣旨は以下のように宣言した。

我が日本民族に関する各方面の研究は近時漸くその歩を進めつつあるも、その精神的生活及び物質的生活の全方面に亘りて、之を民族学的及び人文史的に研究する、即ち所謂最広義に於ける民俗学的研究に至りては、尚未だその緒に就かず、我が学界の為に一大恨事とする所なり。惟ふに我が民族は単一なるものに非ざるが如く、従つて民族文化の基く所甚だ複雑なるものあり、加之、古来の習俗、伝承等年に湮滅し月に変化しつゝあり、今の時に於て之を蒐集し攻究せずんば、将にその旧態を止めざるに至らんとす。此に於て同志相謀り「日本民俗学会」を設立し、以て我が民族の由つて来る所、文化の基く所を究め国民の性情を明かにし、聊か日本民俗の研究に貢献する所あらんことを期す。(9)

そして、「日本民俗学会概則」の第二条で目的を改めて以下のように述べた。

本会ノ目的ハ、日本民族ノ精神的生活及ビ物質的生活ノ全方面ニ亘リテ、古来民間ニ行ハルル信仰、思想、風俗、慣習、伝説、童話、俚謡、俗諺、美術、工芸及ビ経済的方面に就キテ、之ヲ民俗学的ニ研究スルニ在リ。(10)

ここには明確に日本民族という表現が採用され、その生活全般を民俗学的に研究すると謳っている。その設立趣旨で「我が民族は単一なるものに非ざる如く」と述べているように、複数民族を前提にしていることは注意してよいであろう。なお、民俗学という用語は「ここに民俗学と申し候は、Volkskunde の義にして」と解説しているように、ドイツ流の民俗学に倣っていることが分かる。

同様に、ドイツ流民俗学の影響を示して登場したのが、一九一三年に柳田国男と高木敏雄の共同編集で創刊された『郷土研究』である。その高木敏雄は創刊号の巻頭論文「郷土研究の本領」で、以下のように、郷土研究の目的を論じている。

郷土研究の目的は、日本民族の民族生活の凡ての方面の凡ての現象の根本的研究であることは、前に述べた次第である。然らば民族生活とは何であるか、と云ふに、普通の定義に従へば、相集つて一個の社会を組織する人間の有機的血族団体である。今日の民族学は、東洋に於て日本と朝鮮の住民を一団として、日韓人種と名け、更に日本民族と朝鮮民族を区別してゐる。大体に於て、此区別は当を得てゐる。吾々は「日本民族」の名の下に、北海道から南は琉球までの列島に住んでゐる住民の一団を理解して、北海道に残つてゐる「アイヌ」を別の民族として除外し、琉球の住民を或意味に於て、日本民族中の一民族として見たいと思ふ。(11)

高木敏雄の「郷土研究の本領」は終始民族について論じたが、そのなかで、人種は生物学上の概念であるのに対して、民族は歴史的概念であると明確に区別している点も注目される。そして、最後には次のように述べて、郷土研究の意義を謳いあげている。

世界に於ける自然民族は姑く措き、文化民族に就てのみ云つて見ると、久しい歴史を通じて、国家の範囲と文化の範囲と民族の範囲との一致を常に示してゐたものは、わが日本民族を外にしては、世界に一つもその例がない。この点に於て、日本民族生活の研究を目的とする吾々の郷土研究は、世界に於る郷土研究の中で最も理想的に近い郷土研究で、且つ最も興味深い研究である。この興味深い研究に向つて、幾分の貢献を為すことの能るのは、吾々の幸福である。(12)

以上のように、日本における民俗学の成立の指標となっている雑誌『郷土研究』の創刊趣意書ともいうべき高木敏雄の「郷土研究の本領」において、郷土研究、すなわち民俗学の目的が民族との関係で設定され、日本民族は北海道から沖縄までの日本列島に居住する住民の一団としながら、北海道のアイヌを除外し、また沖縄の人びとを日本民族中の一民族と設定した。このとらえ方は高木個人の考えであったが、雑誌『郷土研究』もその考えに基づいて刊行された。『郷土研究』の毎号の奥付の上部に「謹告」として趣旨を掲げたが、その第一項として以下のような文が掲げられていたのである。

一、郷土研究は日本民族生活の凡ての方面の現象を根本的に研究して日本の郷土に発生したる民族文化の源流と要素と発展とを文献科学的に説明しこれによりて日本文献学に貢献する所あらんことを期す。(13)

『郷土研究』は日本民族文化の究明を目的とする雑誌ということであるが、共同編集者である柳田国男は必ずしもそれに同意していたわけではなかった。よく知られているように、『郷土研究』は、翌年の二巻三号で高木が編集から退き、柳田の単独編集となった。奥付上に記載された「謹告」は七号までは掲載されていたが、八号にはなくなり、その代わりに「社告」が掲げられ、読者の「採集報告」の投稿を呼びかけている。しかし、そこには民族や民族文化という言葉は出てこない。具体的な事象のみが例示されていた。

また、少し遅れて、一九一九年に喜田貞吉によって『民族と歴史』が創刊された。誌名に表示されているように、民族を課題とする雑誌であった。その創刊号に喜田貞吉は「日本民族とは何ぞや」、そして二号以下毎号「日本民族と言語」、「日本民族と住居」等と日本民族論を展開し、日本民族は複合民族であると主張した。

一九一〇年代に創刊された、これらの雑誌がいずれも日本民族を強調し、その民族文化の究明を課題に設定したことにより、民俗学と民族の密接な関係が当然のように考えられるようになった。しかし、これらの雑誌に投稿する人びとがそれにこだわり、民族について論じることはなかった。

五　柳田国男と民族

それでは日本における民俗学の開拓者柳田国男は、いつごろから民族を採用するようになったのであろうか。民俗学における柳田国男の位置の重要性を考えたとき、柳田が民族をどのように理解し、どのように使用したかは重要な問題である。

『郷土研究』が柳田の単独編集になると、民族という語が消えたことに示されるように、柳田は民族を自分の研究のなかで積極的に用いることはなかった。しかし、民族が世間で次第に一般的になっていく影響は受けていた。柳田が民族をはじめて使用した文章を確定はできないが、おそらく一九〇九年だと思われる。この年には記念すべき民俗学の最初の刊行物『後狩詞記』が刊行され、またその九州旅行に関連する視察報告がいくつか発表されたが、それらには民族あるいは類似の言葉は記されていない。しかし、その年の『読売新聞』掲載の「山民の生活」で次のように民族を使用した。

欧州の山民は炭焼ならざれば牛飼、羊飼、猟夫、けれども日本人には如何な山奥にも専門の猟師はない、日本人の紈袴の子弟ならざれば土を耕さずには居れぬ民族である、そして水田を耕すのは大和民族である。[14]

さらに、雑誌『山岳』に発表した同じ題名の文章でも、傾斜地の耕作法に触れ、以下のように述べている。

疑なく祖先はどこかの山国から来た人でありますから。夙くから山地の利用法には長じて居たのでせう。唯焼畑を作つて衣食を営むと云ふことが決して大和民族の特性とは言われぬばかりです。然らばその新参の我々祖先が生活の痕跡は何れの点に求めるかと申しますと。自分はそれは稲の栽培耕作だと答へたいのであります。[15]

一九〇九年の柳田の本格的研究の開始とともに民族の使用も始まったといえるが、積極的というよりも、新聞や一般雑誌掲載の文章で読者がイメージしやすいという判断から民族を用いていたように思われる。このことは翌年の一九一〇年に『新潮』に発表した「山人の研究」[16]においても「今の日本人、則ち大和民族」という表現に始まって、何回も大和民族と記していることからも分かる。そして、『石神問答』の「概要」において、「我民族の国を建るや前には生蕃の抵抗あり[17]」と記している。

しかし、自分の研究を民族との関係で定義したり、説明することはなかった。『郷土研究』の編集から高木が手を引くと、数ヵ月後には民族、民族生活を目的に据えた発刊の趣意の掲載をやめてしまったのである。その『郷土研究』に数多くの論文を発表しているが、そこには民族は登場しない。その一つの「山人外伝資料」（一九一三年連載）でも民族の用例はわずかに一回のみで、多く種族を使用し、「大和種族」とも表現している。そして、掲載を中断していたが、四年後に最終回（一九一七年）を掲載する。そこでは民族を多く使用している。その文の出発で「山人の国は次第に荒れ且つ狭くなつた。新来の日本民族の方では是を開発と名けて慶賀して居る[18]」と記し、「彼等の生活は平地を占拠して居た時代にも至つて粗野なものであつたが、多くの便宜を侵入民族に奪はるゝに及んで更に退歩した」[19]としている。日本民族は新たに日本列島に来た侵入民族なのである。日本列島は単一の民族が暮らすのではなく、複数の民族が暮らすのであり、大多数を占め、平野を占拠するのが新来の日本民族であり、それに対して山間奥地に居住する山人は先住民族と理解していた。

柳田国男においても第一次大戦後に民族は当たり前の用語になっていった。「山人外伝資料」での変化はそれを示している。大戦後の一〇年余り、国際連盟委任統治委員、そして朝日新聞の社説執筆などをへて、民族をごく普通に使用するようになり、用例を新聞や雑誌に多く見ることができる。そして、専門雑誌に掲載する論文などにも民族が登場するようになったが、それほど目立つわけではなかった。

一九三〇年代に日本の民俗学は確立した。その段階でも論文で民族が使用されることは少なかった。一国民俗学を標榜した一九三四年の『民間伝承論』、翌三五年の『郷土生活の研究法』でも民族はほとんど登場しない。民俗学の定義的説明のなかで使用された例としてはわずかに、「郷土研究と郷土教育」（一九三二年）の次のような用例を見るのみである。

郷土を研究しようとしたので無く、郷土で或ものを研究しようとして居たのであつた。その「或もの」とは何であるかと言へば、日本人の生活、殊にこの民族の一団としての過去の経歴であつた。それを各自の郷土に於て、もしくは郷土人の意識感覚を透して、新たに学び識らうとするのが我々どもの計画であつた。[20]

ここでの民族の用例は、日本列島に複数の民族が存在するのではなく、日本は単一民族の地域としている。一九一〇年代から一九三〇年代への変化を示している。このように、一般的な文章では一般的な意味で民族を使用することは当たり前になっていたが、自らの学問を民族と結びつけて説明することには一貫して慎重であった。

六　戦時体制下の民族再登場

再び民族を民俗学にとって不可欠な用語としたのは、戦時体制であり、そこで積極的に対応したのが倉田一郎であった。一九三九年発表の「時局下の民俗学」はその最初の表明であった。

われわれは斯学の目的と現代に於ける使命とを新たに反省認識すると共に、実践の歩を学芸総力戦の前線に進めねばならぬ。かゝる時代には千人針や守護札の心意を論考することを以て、この学術当面の課題・貢献と考へるが如き愚かなる偸安と末梢的なる流行とは務めて之を排除せねばならぬ。「郷土研究の目的は日本民族生活の凡ての方面の根本的研究」とは雑誌『郷土研究』巻頭に現れ、かつ今日もなほ渝らざる「日々新」的命題である。即ち民族生活への民俗学的省察・記述・比較・綜合に依つて、新しき明日の民族生活に資すべき知識の究明こそ、民俗学史に隠れなき先学の意途であり、実践であつた。(21)

『郷土研究』創刊に際しての高木敏雄の主張がここに復活し、民族生活に資する民俗学が提唱されている。戦時体制下において現実に役立つ、実践的な民俗学を目指すことを主張し、モデルとしたのは「光輝ある歴史」を有するナチス民俗学であった。

さらに、一九四二年に以下のように述べるにいたる。

時恰も国を挙げて、民の生活と精神とに新たなる反省と転換の齎されつゝある時、民俗学が国家的・民族的なる学問として、また新しき時代の教養として登場した事は故ある哉である。現代の民俗学徒たるもの、かゝる時局とその要望とに処して、須く懐旧と好奇との旧殻を脱して、新しき学術的使命を以て、大東亜の教養学としての、また新しき国風学としての前線を益々拡大し、以て時代の待望に応へ、学問の光栄を確保する所があらねばならぬ。そこにこそ、民俗学の邦家に報ずるの道があり、また学徒としての生ける験ありといふべきである。(22)

行き着くところまで行き着いた感がする表明であるが、大東亜共栄圏の指導者としての日本民族の国風学としての民俗学という見解である。柳田国男のこの期の文章にはこのような民族の使用例は見られない。しかし、倉田の主張に対して、それを批判したり、たしなめたりすることはなかった。

七　戦後の民俗学と民族

敗戦は、柳田国男はじめ日本の民俗学に大きな反省をもたらしたはずである。しかし、民俗学の方法や内容に変更はなく、また民俗学の性格についても大きな反省は示されなかった。倉田一郎のような実践的表明はさすがに姿を消したが、民俗学を民族と関連づけて理解することは存続し、むしろ強化された。民俗学の説明に頻繁に民族が登場するようになるのはむしろ第二次大戦後である。

柳田国男も各種の文章で民族を使用するが、民俗学そのものを民族に結びつけて説明することは戦後もしなかった。むしろ民俗学の定義的説明に民族を登場させたのは門弟たちであった。戦後最初の概説書を著した和歌森太郎は、民族を民俗学の性格との関連で以下のように用いている。


かやうに一国の文化を十全に理解するためには、その文化人が所属する民族の根性とか生活基底とかに対する理解をも伴はねばならないわけだが、さうした民族の根性なり生活基底なりは、どういふものから窺はれるかといふと、毎日殆ど無反省に繰りかへし営む日常の生活習俗、かういふもののうちに多分にこもつてゐるであらう。

そうした伝承的類型的性質の濃い生活部面のうちに、最も民族的な、さう個性的一回的なものに動かされがたく伝はり貫いてゐるものが汲みとられるであらう。こういふ意味で、習俗的な民間伝承文化は、国民文化の基層を成すものである。(23)

また、一九五一年に行われた民俗学性格論争の出発をつくった平山敏治郎「史料としての伝承」(『民間伝承』一五巻三号)も、「日本民俗学は日本民族の文化に関して国史の立場から考察しようとするものである」と、民俗学の説明に民族を不可欠なものとして入れている。

そして、これらの一連の動向の到達点が桜井徳太郎「民俗学の限界―日本史研究との関連」(『日本民俗学』四巻三号、一九五七年)である。そこで「民俗学は日本人の民族性を探る」といい、「日本民俗学は、日本民族が送ってきた伝承生活、または現に送りつつある伝承生活を通して、日本民族のエトノスないしフォルクスチュムを追求する」と宣言する。日本単一民族論を当然とする目標設定であった。

桜井の用例が、その後の民俗学の常識的な理解となった。民俗学は民族との関連で位置づけられ、定義されることとなった。最初に紹介したいくつかの概説書や事典での民俗学の定義的説明にそれが継承されている。しかし、民族とは何かを民俗学の立場から検討し、論じた研究は見られないし、民俗学の成果を活用して民族性や民族文化の特色を論じた研究もない。説明上の用語としてのみ民族は採用されたのである。そのことに気づき、反省し、民族を民俗学の定義的説明からはずす試みが出されるようになるのは二一世紀を迎える頃であった。(24)

注

(1) 和歌森太郎『日本民俗学』(弘文堂、一九五三年)。

（2）和歌森太郎「民俗学」（大塚民俗学会編『日本民俗事典』弘文堂、一九七〇年）。
（3）谷口貢「民俗学の目的と課題」（佐野賢治・谷口貢・中込睦子・古家信平編『現代民俗学入門』吉川弘文館、一九九六年、四〜五頁）。
（4）佐野賢治「比較の視野」（同書二三頁）。
（5）安田浩「近代日本における『民族』観念の形成」（『思想と現代』三一号、一九九二年。『近代天皇制国家の歴史的位置』に再録、大月書店、二〇一一年）、尹健次『民族幻想の蹉跌』（岩波書店、一九九四年）等。
（6）納武津『民族の研究』（南北社、一九一九年、八頁）。
（7）金杉泰助『国民之美風』（自家版、一八九四年）。
（8）大河平隆光『日本移民論』（文武堂、一九〇五年）。
（9）「日本民俗学会設立趣旨」（『人類学会雑誌』三一一号、一九一二年）。
（10）「日本民俗学会概則」（同誌）。
（11）高木敏雄「郷土研究の本領」（『郷土研究』創刊号、一九一三年）。
（12）高木同論文。
（13）「謹告」（『郷土研究』創刊号、一九一三年）。
（14）柳田国男「山民の生活」一九〇九年（『柳田國男全集』第二三巻、筑摩書房、二〇〇六年、所収、六三九〜四〇頁）。
（15）同書六五三頁。
（16）柳田国男「山人の研究」一九一〇年（『柳田國男全集』第二三巻、筑摩書房、二〇〇六年、所収）。
（17）柳田国男『石神問答』一九一〇年（『柳田國男全集』第一巻、筑摩書房、一九九九年、所収、三〇三頁）。
（18）柳田国男「山人外伝資料」一九一七年（『柳田國男全集』第二四巻、筑摩書房、一九九九年、所収、二三四頁）。
（19）同書二三五頁。
（20）柳田国男「郷土研究と郷土教育」一九三二年（『国史と民俗学』一九三五年、所収〔『柳田國男全集』第一四巻、筑摩書房、一九九八年、所収、一四五頁〕）。
（21）倉田一郎「時局下の民俗学」（『民間伝承』四巻六号、一九三九年）。

(22) 倉田一郎「新しき国風の学」(『民間伝承』八巻四号、一九四二年)。
(23) 和歌森太郎『日本民俗学概説』(東海書房、一九四七年、六頁)。
(24) 福田アジオ・神田より子他編『日本民俗大辞典』下(吉川弘文館、二〇〇〇年)の「民俗学」の項(福田アジオ執筆)では、民俗学の定義に民族の語は見られない。新しい動向は篠原徹編『近代日本の他者像と自画像』(柏書房、二〇〇一年)、島村恭則『〈生きる方法〉の民俗誌』(関西学院大学出版会、二〇一〇年)などを参照されたい。

第三章　日本単一民族論再考

一　民族と民俗学

民俗学はその学問としての存在をようやく承認されつつあり、民俗学という言葉もある程度のイメージをもって使用されるようになってきている。しかし、それでも民俗学と民族学の区別は多くの人にとってはまったく不可能なことと思われる。それは、民俗と民族が同じ発音であることによる混同と同一視があり、しかもその二つの言葉のうち民俗という用語が日常使用される言葉でないことに一つの理由はあるといえるが、ただしばしば民俗学自身が自らの学問的性格を語るときに、民族という言葉を使用し、民族との関連で学的性格や目的を説明することにもよるのである。

日本の代表的な民俗学の辞典における民俗学の説明を見てみよう。柳田国男監修・民俗学研究所編の『民俗学辞典』は、民俗学を「民間伝承を通して生活変遷の跡を尋ね、民族文化を明らかにせんとする学問である」と定義している。[1] これと同様の説明はしばしばなされており、民俗学と民族との関係は密接で不可分の関係となっているのである。しかし、その民族とか民族文化についての民俗学独自の定義や説明はないし、また民俗学の立場から研究したものもないといってよいであろう。民俗学にとって民族は所与として存在しているのである。もっともこの点は何も民俗学に限ったことではないであろう。多くの学問が民族という用語を比較的安易に使用していることは明らかである。

柳田国男の編集した本に『日本人』という書名の一冊がある。この本は全一〇章からなるが、当時の民俗学研究所の中心メンバー八人が各一章ずつ担当し、柳田国男自身も巻頭に「日本人とは」という総論を書き、また第三章に「家の観念」を執筆している。これは、民俗学の成果を活用しての日本および日本人論である。その最初で次のように柳田国男は述べている。

今までの一般的な傾向を見ると、こういうものが日本人であるといって、もっとも理想的な型を作り出してみたり、あるいはごく少数の、しかもまれにしか起らなかったような人物の行動をもって日本人のすべてがそうであるかのように見なすとか、または逆に非常に劣悪なある状態をもって日本人の常の性と見なそうとしたりして、実は今までの概念の不正確さを利用して、むりにこじつけようとする風潮が、公の学者のあいだにかなり強かった。われわれはこの際できるだけ努力をして、どちらにもとらわれない真実の日本人、つまりその民族全体というものを考えてみたいと思う。(2)

また、

少なくもこれから先、国を少しでも明るく、そして健全なものにしていくためには、この長い歴史の中に包含されている民族的な弱点を各人に意識させることからまず始めなければならない。(3)

ここで注目されることは、人と国と民族が特別に意味上の違いを与えられていないことである。日本の国といっても、日本人といっても変わりはなく、またそれは日本の民族とも同じである。そして、このような課題をもつ民俗学を一国民俗学としばしば主張していることはよく知られている。(4) 柳田国男はネイションとかナショナルの意味で民族を使用していると考えれば、これはあるいは正しい民族の使い方かも知れない。

現在日本で使用される民族という語に完全に対応する欧米の言葉はないという。ネイションとかナショナルは日本語の民族に対応する言葉と考えられ、相互に訳語として使用されているが、しかし、ネイションやナショナルは同時にしばしば国、国家、国民の意味にも訳されている。そのような広い意味内容としてのネイション、ナショナルを柳田国男は時と場合に応じて、民族、国、人などと表現しているものと理解できるであろう。柳田国男にとっては、このようなネイション、ナショナルの意味で民族を理解することが、経世済民の学としての民俗学を主張する前提として存在した。しかし、そこに大きな陥穽があったといわねばならない。国家、国民と民族との間を安易に同一視することを流布させ、一国民俗学などというおかしな表現で民俗学を説明することを一般化してしまったのである。国の制度や政策、さらに大きくいえばこれからの日本の行く末に何らか貢献する学問として民俗学を確立しようとした柳田国男の使命観は、この点では問題にされねばならないのである。

それに対して、今日、エスニック・グループとかエスニシティという言葉が民族に近い語として理解されつつある。それは訳語としてではなく、それぞれ別個に形成されてきた用語が同じような意味内容をもっていることによって、相互に訳語として使用されつつあるといってよいであろう。そのエスニック・グループなり、エスニシティは、もちろん国家や国民と無縁な概念ではないが、それと一致することを前提にしていない。ただ、民族という日本語で示されるものが、国家を形成したり、国民の大部分を占めるほどの大きな存在であるのに対して、エスニック・グループやエスニシティはより小さな、国家内部の集団や存在を意味するのが一般的であることは注意されよう(5)。

民族は特殊日本的な概念である可能性は大きい。そして、それに深く結びついた日本の民俗学もまた特殊日本的といえるであろう。その意味ではまさに一国民俗学という表現が適切なのである。しかし、本章では、その前提を疑い、国家、国民、民族と民俗学との安易な関係を反省することを通して、多くの人びとに浸透している日本単一民族国家論を検討しようとするものである。それは、特に沖縄の人びと、その社会・文化をどのように理解するかというところに焦点があてられる。なぜなら、柳田国男の民俗学は、沖縄を日本の古い鏡として、同一社会、同一文化として把握することを学問の基礎に置いていたからである。

二 『海上の道』と民族

柳田国男の晩年の最大の課題が、海上の道の究明にあったことはよく知られている。晩年に一冊の著書としてまとめられた論文集は『海上の道』と題され、そこに収録された各論文は日本人の先祖は何処から何処を経由してこの日本列島に到達し、ここに稲作文化を展開させたのかという日本人のルーツを問題としている。(6) それは若き学生時代に、渥美半島の伊良湖岬に滞在して毎日海岸を散歩したとき、海岸に流れ着いている椰子の実を発見しては感動した経験が晩年に蘇り、日本人のこの列島への渡来のコースを海上の道に求める雄大なロマンとして結実したものと判断されるが、そのもつ意味については必ずしも充分には論じられてこなかったのではなかろうか。

柳田国男の海上の道への関心は一九五〇年代に急激に高まった。『海上の道』に収録されることとなった論文の最初は一九五〇年十月に発表された「宝貝のこと」である。この論文に続いて、翌十一月には「海神宮考」、翌年の十月に「みろくの船」を発表している。そして、このテーマそのものを表題にして一九五二年十月から三回にわけて発表したのが「海上の道」である。この「海上の道」と題する論文は、同じ一九五二年の五月に開催された第六回九学会連合大会での公開講演を基礎にしたものである。このようにして、一九五〇年代初めに集中的に論じていることに注目しないわけにはいかないであろう。そして、最初の「宝貝のこと」が『文化沖縄』に掲載された文章であることにも注意されよう。

『海上の道』で論じられた事柄は、いずれも沖縄と日本「本土」との関連性に注意を促す問題ばかりである。日本人の先祖が遙か南から船に乗って繰り出し、沖縄に上陸し、さらに島づたいに北上して、日本「本土」に辿り着き、日本列島全体に住むようになったという説は、沖縄抜きには日本は存在しないことを説こうとしたものといえよう。その際、日本人の先祖がなぜ最初沖縄を目指して航海してきたのかがまず説かれねばならない点であるが、柳田国男はそれを宝貝の魅力に求めたことは有名である。沖縄は宝貝の豊富な所であった。そのことを漂着によって偶然発見した人びとが一旦故郷に帰って準備を整え、家族をともない、それを得るために再び危険を冒して海を渡ってきたのである。そして、沖縄で稲作を展開し、次いでさらに北上して日本「本土」に辿り着き、日本列島の住民となったのが、われわれ日本人である。沖縄が宝貝の産地でなかったならば、われわれ日本人は存在しないという論である。

この仮説の当否を問題にする必要はないであろう。ここで考えなければならないのは、なぜ一九五〇年代初めに集中的にこのような海上の道の論を展開させたかということである。それは、単に若い学生時代の経験が晩年になって蘇ってきたという人生の歩みのみでは説明できない。ここにも柳田国男の経世済民の学としての民俗学が明確に出ているとすべきなのである。『定本柳田國男集』の「年譜」によって、この五〇年代の彼の活動を見てみると、沖縄への関心が非常に強いことが知られる。一九五〇年の「十二月十一日、沖縄文化協会の人びとに宝貝の話をする」、翌年の「五月一日、国学院大学大学院の開講式に出席、午後、『瑞穂の国』を講演」、また「九月二十三日、沖縄教育使節団一行のために社会教育について話す」、「十二月十七日、南島研究会に出席、折口信夫の日琉神道の相違についての話を聴く」等々である。(7) また「書誌」によれば、一九五一年の四月に「これからの琉球」というタイトルで『時事新報』に書いている。(8) このように沖縄に関心を示し、沖縄の問題を論じたのは彼の個人的関心からのことではなかった。

沖縄は第二次世界大戦末期の沖縄戦で占領されて以降、日本「本土」から切り離されて、アメリカの支配下にあった。その事実が、一九五一年九月の対日講和条約の調印によって固定されようとしていた時期であった。一九五二年の四月にはそれが発効されて、確定することとなった。一方的に占領されている状態から、条約に調印し、批准する形で日本「本土」自らが沖縄を自分たちから切り離し、アメリカの支配に委ねることを承認することに柳田国男は耐えられなかったのではなかろうか。全面講和論は論陣を張って展開されながら、沖縄を日本「本土」から切り離し、引き続きアメリカの支配下におくことについては必ずしも日本「本土」の世論は反発しなかったし、あまり問題にもしなかった。それに対する注意の喚起が柳田国男の一連の行動であり、論文なのである。単にそこに若いころに抱いた、彼の夢やロマンのみを発見するわけにはいかないのである。

沖縄は日本の一部であり、沖縄の住民は日本人であることを、日本人の渡来の経路を考えることで人びとに自覚させようとした。沖縄の存在がわれわれ日本人の存在証明なのである。日本列島に住む人びとはすべて共通の文化を保持し、一つの社会を形成してきた。「本土」に住むわれわれがそのことを忘れ、沖縄を切り離すことは許されないというのが、おそらく柳田国男のいいたいことだったのではなかろうか。それは戦後の日本および日本人の強調の延長線上にあり、「民族の一団としての歴史」を示すことで、占領とそれにともなうアメリカ化に対して、日本民族としての自覚を促そうとしたのである。

三　柳田国男と沖縄

柳田国男の沖縄に対する関心はもちろん一九五〇年代に始まったのではない。彼が沖縄を初めて訪れたのは、一九二一年の正月のことであった。いわゆる『海南小記』の旅である。「年譜」によれば、前年の一九二〇年末に東京を出発して、途中鹿児島で正月を迎え、五日早朝に那覇に着いたという。そして早速に伊波普猷に面会している。その後、宮古、八重山を巡り、再び沖縄本島に戻り、二月七日那覇を出帆したという。この旅行で見聞したことは早速三月から五月まで『朝日新聞』に連載された。それが有名な『海南小記』である。(9)当時の柳田国男はすでに一九二〇年代の関心ではなく、一九三〇年代の問題意識に近づきつつあった。ごく普通の生活を送る農民の生活を研究することに中心を置きつつあった。その時に沖縄を訪れたことは重要な意味をもった。

日本の生活文化の古い姿を沖縄に発見したのである。このことが結果として民俗学の方法として、柳田国男によって主張された比較研究法を完成させることとなった。比較研究法の比較の唯一の指標は、民俗の伝承されている地点であり、比較の基準は中央からの距離の遠近であった。これは一九二七年に蝸牛の方言を材料にして説いた「蝸牛考」において明白に示された。蝸牛の方言分布は、京阪地方を中心にして、いくつもの同心円として描かれ、その中心に近い円は新しい言葉であり、同心円の外側にあるものほど古い言葉であるという仮説である。(10)彼の命名によれば「方言周圏論」である。この「方言周圏論」はもちろん方言についての仮説であるが、彼は同様のことを民俗学の方法として機会あるごとに主張していた。この主張を自信をもって展開したことの背景には、明らかに沖縄の民俗についての確信があった。

一九三五年に刊行された『郷土生活の研究法』は、確立期柳田国男の民俗学方法論を提示した重要な理論書であるが、そこに沖縄が大きな位置を占めて登場している。確立期柳田国男の民俗学における沖縄の位置を、これを通して確認しておこう。『郷土生活の研究法』は民俗学の積極的意義を論じたものであるが、また研究方法についても詳細に論じている。その章である「新たなる国学」では、最初に「相互連絡と比較調査」について述べ、次の第二節として「遠方の一致」を掲げている。その見出しが示すところによると、「古風保存の場所」としての「沖縄の発見」である。それは単に沖縄における民俗が重要な存在であるだけではなく、次のような意味も与えられている。

沖縄研究の間接なる恩恵は幾つかあるが、その一つは伊豆の七島とか肥前の五島の如き、事情の或段階までこれと一致し、国民との関係の幾分疎くなつてゐる島々でも、是非とも比較によつて民族全体の古代を映発するために、一日も早く各自の郷土研究を進める必要があるといふことを、新しい歴史学に教へて呉れたのである。独り白波怒濤に取囲まれた離れ小島だけではない。日本は地形の然らしむるところ、内陸の奥にも肥後の五箇山、日向の米良椎葉、飛騨の白川、越中加賀越前の五箇山といふやうな、別天地が方々に孤立してゐて、嶺を越えて外から見に来る者などは滅多になく、従うて比べて見たこともない無意識の古風を今以て保存してゐて、我々の疑問に解説の鍵を与へてくれさうなものが数多いのである。(11)

これは一九一〇年代の柳田国男の見解と大きく異なる。九州の山間奥地の畑作地帯も最早先住民の末孫の住む地域ではない。「民族全体の古代を映発する」場所になってしまっているのである。この「遠方の一致」の節の最後は「文化変遷の遅速」となっている。それは次のような文章である。

次になほ一つの我々の実験は、所謂計画記録の最も豊かであつた中央の文化が、却つて最も多く変遷してゐたこと丶、それから距離の遠くなるに比例して、少しづ丶古い姿の消えて行きかたが遅くなつて居るといふことであつた。これは机の上でも必ずしも想像し得ぬまでのことではないが、実地に当つて見た者ほどにその感は痛切でない。山奥や岬の外や離れ島は顕著な例であるが、たゞの平野でも中央の影響の久しく行届かなかつた方面には、今はまだ色々の残留が見出される。(中略)土佐とか能登の突端とかその外の島々とかの調査が進むに従つて、この南北双方の遠心的事情に、著しい一致のあることが心付かれ始めた。人知れず永く存してゐたことが立証せられようとしてゐる。郷土の歴史が将来の相互の交通によつて、容易に明らめ得らるべきことも疑はれなくなつた。これがまた近頃の沖縄研究の一つの賜であつたのである。[12]

周圏論的理解における沖縄の位置は、日本文化の最も古風な姿を今に伝える地域というものであり、それは沖縄の住民も日本民族であることを当然のことながら前提にしている。その仮説では沖縄は日本列島内の他の辺境の地域とともに、中央からの文化の波及が遅いために古い文化を残すのである。その点では、同じく沖縄を日本の一部とし、その存在意義を強調する『海上の道』の沖縄観とは異なっている。『海上の道』における沖縄は、日本列島に住む日本人は沖縄をへて「本土」に来たのであり、辺境だから古いものが伝えられるとするものではない。むしろ、日本「本土」がその出発地である南方の故郷での生活や経由地である沖縄での生活を伝えているのである。

以上のように、柳田国男における沖縄認識は決して一つではなかった。周圏論的理解による沖縄の位置づけの段階と日本民族渡来の最初の地であり、また「本土」への経由地としての沖縄という位置づけの時期があった。後者は前者よりも沖縄の存在を重要なものとしていることは明らかであろう。前者では、沖縄は日本列島のなかの最辺境の一つとしての位置を与えられているのみであり、沖縄抜きに日本の存在は考えられるし、また彼の個別研究における文化の変遷過程も、他の地方の資料に依拠して論じることができる。それに対して、後者では沖縄なくして日本は存在しないのであり、日本民族の存在自体が沖縄によって保証されているのである。沖縄に対する危機意識の相違がそこに明白に示されているといえよう。

四　沖縄の民俗と民族

しかし、どちらにしても、柳田国男は基本的には、沖縄の住民を日本民族として位置づけていた。それは民俗文化における共通性の認識があったからである。『郷土生活の研究法』は、次のように沖縄の民俗を日本「本土」のそれの古い姿として指摘して、沖縄の意義を説いている。

信仰の方面に於ても、神社といふもの丶起りや女性の地位、中古神輿といふもの丶普及によつて、自然変つてきた祭祀の式、その他神と人間の祖先との関係の如き、以前はたゞの空想であつた我々の仮定説に、可なりの支援を与へる事実が当然として彼地には行はれて居た。手が届かぬために今まではそつとしてあるが、これ以外にも家族組織や土地制度、それから技芸流伝の様式などにも、現在の状に於て比べてみれば大きな相違、以前に遡つて考へるとよほど接近して来るやうに思ふことが色々あつて何れもみな沖縄を日本の古い分家と心づくまでは、全然参照し得なかつた新資料のみである。(13)

ここにも述べられているように、「神社といふもの丶起り」と表現しているが、これは日本「本土」の神社の古い姿を沖縄の御獄に求めていることを示している。そして女性の地位の古い姿が沖縄において現に生きているとしているが、これは祝女・神人の存在やオナリガミ信仰のことをいっているのであろう。このように沖縄の民俗に最も古い姿を発見しているのであるが、このことは果たしていえるのであろうか。

沖縄の民俗文化を日本「本土」と共通のものと考える立場は、一九三〇年代の柳田国男がそうであるように、日本の最も古い姿、古い形態を沖縄で発見するというものが一般的である。沖縄に日本の最も新しい姿を見るという、逆の見方はないといってよいであろう。神社と御獄の関係では、自然の森である御獄を本殿や拝殿という社殿成立以前の姿として解釈し、巫女と祝女の関係では、神社にいてお札やお守りを出している巫女の本来の機能を、今日なお果たしているのが祝女であると位置づけるのである。この点については、柳田国男も一九四四年に行ったある講演で以下のように述べている。

彼の島々には霊地があつて宮は無く、祭を行ふ庁舎はあつても、神のまします建築物は無いのである。それから神を祭るのは常に一門の宗家であり、それに主として仕ふるは女性であつた。細かな議論になると容易に御同意の出来ぬ点もあらうが、少なくともかつて此島には男性の神職があつて、それが女のノロに改まり、又はかつて神殿が立つて居たのが、後にオタケとかオブといふやうな林地に、変じたものと見る者などは一人も無い。(14)このような解釈が周圏論的理解として整合的であるのはもちろんであるが、また第二次大戦後の『海上の道』における沖縄理解としても適合的である。沖縄に古いものを残しながら、日本「本土」へと北上し、その日本ではより新しい形態へと変化したという解釈が成立するからである。

沖縄と日本「本土」が遠い先祖において共通であったことを否定する者はいないであろう。しかし、先祖が共通であるからといって、その民俗文化を共通のものと考える必要はないであろう。仮に、柳田国男がいうように、沖縄が「日本の古い分家」であったとしても、その本家・分家の成立後はそれぞれ永く独自の社会を形成し、独自の国家形成までに発展した二つの地域なのである。日本「本土」と沖縄の言語においてそのことは最も明白に示されているといえよう。

ウチナンチュ（沖縄人）、ヤマトンチュ（大和人）がそれぞれ使用している言葉は、日常的会話においては互いにまったく異なる言葉のように聞こえるが、文法的にみて同じ日本語であることは明らかである。言語の共通が同一民族の有力な根拠とされる古典的理解からすれば、ウチナンチュはヤマトンチュとともに同じ民族を形成しているということになろう。そして、事実この言葉の共通性は日琉同祖論の大きな根拠となっているといえる。しかし、その共通性はしばしば指摘されるように、古代に遡っての共通性である。いわゆる「本土方言」と「琉球方言」が日本祖語から分離して、それぞれ独自の道を歩み出したのは二～七世紀のことだという。(15)したがって、現在の沖縄で使用されている「琉球方言」、すなわち沖縄語のなかに日本語としての古い言葉や語法が見られるのは当然のことである。そして、その後の歴史的経過のなかでも、「本土方言」の「琉球方言」への影響はたえず存在し、今日の沖縄語には「本土」の古代や中世の言葉が残されていることは間違いない事実である。

しかし、沖縄語は、いわゆる薩摩弁や東北弁などと同じような方言の一つではない。一つの独立した存在として理解できるものである。現代の沖縄語と「本土」方言としての日本語は相互に理解不可能な言葉であり、その点では異なる言語として生活実感としては感じられるのであり、それを基礎にしてウチナァとヤマトは区別されているのである。沖縄ではウチナァグチを解して話すことができる人間がウチナンチュなのである。

柳田国男も『海上の道』で、多くの沖縄方言の言葉や「オモロ」に出てくる歌を紹介しているが、言葉の意味や語義については苦労し、また説明を省略していることが多い。したがって、沖縄方言の独自性についても充分に認識していたはずである。ところが、柳田国男は戦後盛んに日本語の問題を論じながら、沖縄の方言についてはほとんど何も発言していない。日本の一部であり、日本人の先祖が最初に渡来してきた地ということを訴えようとしたためであろうが、沖縄の独自性についてはほとんど触れることがなかった。沖縄は日本の一部であり、沖縄の住人は当然のことながら日本民族なのであった。

沖縄の文化は日本「本土」の文化と同じであり、したがってそれを担う社会も同質であるとすることは、いかにも沖縄と日本「本土」を差別や区別をしない正しい見方のように思える。しかし、それは同時に、沖縄という限られた地域のなかにおいて独自の文化を形成し、国家を形成するほどまでの独自の政治過程をも作ってきた、特定の社会の存在を無視することではなかろうか。沖縄の言葉が「本土」の言葉と、同じ日本語といいながら、その相互の距離は、英語とドイツ語の間よりも遠く、フランス語とイタリア語の間ほどひらいているとされるように(16)、ヨーロッパの諸言語間よりも遠い関係にあるのであるから、その生活文化においても相違する点は多く、共通性を発見することに苦労するといってよいであろう。「本土」においては、ムラに必ずのように存在する氏神・鎮守は沖縄の村落には存在しない。また当然のことながら、「本土」では各家に神棚の形で深く浸透している伊勢信仰も沖縄には見られない。それに対して、沖縄でごく一般的に行われている洗骨改葬という葬法は、「本土」では基本的には見られない。また、沖縄の村落における年中行事の多く、殊に年中行事の基本となる農耕儀礼においては、「本土」の年中行事の月日や内容と対応しない。

沖縄文化には多くの点で中国文化の影響があり、また影響というよりも中国文化と共通のものがあるといってもよいのであるが、このこと一つ取り上げても沖縄の民俗文化は日本「本土」とは大きく異なる。そして、他方では、日本「本土」の民俗文化に深く浸透した仏教が沖縄においては見られない。沖縄における仏教文化は支配者層にのみ影響を与え、民俗社会においては寺院も僧侶も存在しないのが一般的なのである。もちろん、「本土」において近世以降の仏教と人びととの関係を規定した寺檀制度や寺請制度は沖縄の民俗社会にとっては無縁な存在であった。民俗学の研究を新国学といった柳田国男は、ちょうど近世の国学者が「からごころ」「ほとけごころ」を排して、「やまとごころ」を求めて遡り、そこに理想を発見しようとしたように、そのような中国文化や仏教との関係の「本土」と沖縄の相違は重視しなかった。そのため、現実の沖縄と日本「本土」の民俗文化の相違の大きさを充分に認識しないままに、沖縄を日本「本土」と同一の社会・文化であるとしてしまったものと考えられよう。

そして、ネイション、ナショナルの意味を正しく理解していたとしても、日本国家と日本民族と日本列島を同一視して論じたところに柳田国男の最大の問題があった。これは最初に紹介したことであるが、柳田国男は日本人と日本の国そして民族の間に意味の差を与えていない。そして、彼は日本の民俗学について「一国民俗学」という言葉を使用して自分の立場を表明したが、この一国は政治統合としての国家であると同時に、民族としての国であった。再三述べたように、それは彼の現実の社会状況に対する危機感の表明であり、その状況に対して発言しようとする経世済民の学としての民俗学の強調であった。

五　沖縄民族の可能性

日本列島は政治的には一つに統一されており、それが日本国家であることは間違いない。しかし、その現実は日本列島内に居住する人びとをすべて同一の民族とすることを意味しない。ところが、最近の政治的発言においても、日本国家、日本列島、日本民族の同一視が安易に行われ、日本列島内に住む人間を単一の存在に押し込もうとする傾向が顕著に見られる。このような安易な見解は、国家、列島、民族の三者を国家でもなく、まして列島でもなく、民族という語に集約しようとするところに特色を見ることができる。そして、その民族の単一性に根拠を置いてあらゆるものを一つに統合しようとする。日本単一民族論である。その単一の範疇に入らないことが明らかな存在に対しては、日本から排除しようとすることが顕著である。

沖縄の民俗文化をどのように理解するかは難しい問題であるが、それが少なくとも歴史過程としては次第に独自の文化として形成されてきたことは認めなければならないであろう。しかも、それは文化というレベルだけでなく、独自の政治過程をも形成してきたのである。大和朝廷の全国統一の過程とは無縁な存在として独自な政治社会を成立させ、国家をも形成するにいたったことに注目せねばならない(17)。そして、その政治過程がまた独自の文化の発展に大きく影響した。それが、今日の沖縄の民俗文化に示されているのである。

遡源的に思考して遙か昔の同一性をいうよりも、現実の相違とその相違を基礎に置いたアイデンティティの存在に注目せねばならない。ウチナァとヤマトという二つに日本列島を区分し、ウチナンチュとヤマトンチュの二つに日本人を区別する沖縄の人びとの日本認識を正当に評価することが必要に思われる。ところが、日本民族という名の下に国家的統合を図る動向は、ウチナァの独自性を否定しようとする。そして、それを強めるかのように「本土」資本の商品が「本土」的な行事・儀礼を沖縄に広めている。柳田国男がかつて一九一〇年代に民俗学の研究を開始したときに、山人・山民を先住民の末孫として、彼らの独自の文化を明らかにすることで日本単一民族論を批判したことが、今日再評価されてよい状況を迎えている。柳田国男の抱いた危機意識は、今日において最も強く継承されなければならないのではなかろうか。(18) この場合も、『海上の道』の仮説の当否が問題でないのと同様に、彼の山人論そのものを継承する必要がないことはいうまでもないことである。

国民国家の形成は、しばしば民族の統一を基礎に持とうとしてきた。現実には異なる諸民族であるはずの存在を、一つの民族に擬制することが行われた。明治以降の日本もそれを当然のこととして行ってきた。しかし、そのことの悲劇は一九四五年の敗戦によって確認されたはずである。ヤマトとウチナァ、そしてアイヌの三つの民族集団が対等・平等に居住するのが日本列島であり、その人びとを政治的に統合するのが日本国家であるという理解が常識化すべきであろう。列島、国家、民族の安易な同一視が日本を特異な存在にしているのである。この三者のうち、民族は特に文化の問題であり、それが政治とは別の次元のことであることはいうまでもない。そして、日本列島内に複数の民族が存在することを認めることが、その間に差別や区別を社会的に持ち込むことであってはならない。それぞれ独自の文化を形成してきた存在として対等であることを自覚せねばならない。そのことが、さらにこの日本列島に他の多くの民族集団が居住することを認める精神につながっていくものである。日本の民俗学もその認識の一般化に貢献することで「経世済民」の学としての民俗学に再生することになるであろう。

注

（1）民俗学研究所編『民俗学辞典』（東京堂出版、一九五一年、五八二頁）。
（2）柳田国男編『日本人』（毎日新聞社、一九五四年、一頁）。
（3）同書二頁。
（4）柳田国男『民間伝承論』（共立社、一九三四年）。
（5）綾部恒雄「東南アジアの国家と民族―国家の領域的類型とエスニシティの形態―」（『民族学研究』四八巻四号、一九八四年）。
（6）柳田国男『海上の道』一九六一年（『定本柳田國男集』第一巻、筑摩書房、一九六三年、所収）。
（7）定本柳田国男集編集委員会編「年譜」（『定本柳田國男集』別巻五、筑摩書房、一九七一年、所収、六五四～五頁）。
（8）定本柳田国男集編纂委員会編「書誌」（『定本柳田國男集』別巻五、筑摩書房、一九七一年、所収、六一〇頁）。
（9）柳田国男『海南小記』一九二五年（『定本柳田國男集』第一巻、筑摩書房、一九六三年、所収）。
（10）柳田国男「蝸牛考」（『人類学雑誌』四二巻四～七号、一九二七年。後に柴田武・加藤正信・徳川宗賢編『日本の言語学』第六巻、大修館書店、一九七八年再録）。
（11）柳田国男『郷土生活の研究法』一九三五年（『定本柳田國男集』第二五巻、筑摩書房、一九六四年、所収、三一七頁）。
（12）同書三一八頁。
（13）同書三一七頁。
（14）柳田国男『氏神と氏子』一九四七年（『定本柳田國男集』第一一巻、筑摩書房、一九六二年、所収、四三六頁）。
（15）外間守善『沖縄の言葉』（日本語の世界九、中央公論社、一九八一年、二六六～七四頁）。
（16）同書二九二～三頁。
（17）高良倉吉『琉球王国の構造』（吉川弘文館、一九八七年、三五四～八四頁）。
（18）福田アジオ「初期柳田国男の研究と現代民俗学」（『思想』七四七号、一九八六年）。本書第一部第一章。

第四章　近代日本の植民地と民俗学

一　問題の所在

周知のように、日本の民俗学研究は柳田国男という個人の努力によって開拓された。柳田国男の人生のうち三分の二の期間が民俗学開拓のために費やされた。柳田が民俗学と後に呼ばれることになる世界を発見して、研究を開始するのは日露戦争後の一九一〇年代であり、民俗学を確立するのは世界恐慌下において日本社会が危機的状況にあった一九三〇年代前半である。この時期はちょうど日本が東アジアにおいて帝国主義的な植民地支配を展開する時期に重なっている。したがって、日本の植民地主義と民俗学との間はまったく無関係ということはありえない。しかも、柳田国男は、民俗学開拓の初期には明治政府の官僚として政策遂行に深くかかわっており、その点からも植民地支配との関係は深いといえよう。

二　柳田国男と韓国併合

柳田国男と植民地支配との関連については、官僚としての柳田国男の活動という視点から指摘されてきたことである。特に一九九〇年代以降の研究動向は、彼の勤務部署が「韓国併合」という朝鮮半島の植民地化に深くかかわっていたこと、そして彼自身もそれに重要な役割を果たしていたことを明らかにし、植民地主義と柳田国男の深い関係を指摘している。その代表的先駆的な論としてまず船木裕の『柳田国男外伝』（一九九一年十二月）をあげることができよう。船木は柳田国男の官僚としての活動を詳細に跡づけるとともに、その功績を表現する叙勲・叙位の記録をてがかりに、彼の実像に迫っている。韓国併合当時（一九一〇年八月韓国併合条約調印）の柳田は法制局参事官（一九〇二年〜）・内閣書記官記録課長（一九一〇年六月〜）であったが、この職は韓国併合にともなう法制作成にあたっていた。柳田自身も一九一一年六月に「韓国併合ニ関シ尽力其功不少依テ」勲五等瑞宝章を授与されている。また一九一二年には「韓国併合記念章」を授与されているのである。それらの事実から次のように船木は述べている。

これらを通して浮び上がってくるのは、まごうかたない日本帝国国家官僚、それも有能な国家官僚の一つの典型としての姿である。(1)

そしてそれに続いて、先鋭に柳田の韓国併合との関係を指摘したのが村井紀『南島イデオロギーの発生―柳田国男と植民地主義』（一九九二年四月）である。彼はその「あとがき」で次のように述べている。

一人の農政官僚が植民地政策―直接には「日韓併合」に関与して―との関与を通し、柳田国男自身言っているようにその「政策研究」のために興したものが「日本民俗学」であり、なおその破綻を隠蔽するために見いだされた地域がその〝約束の土地〟「南島」沖縄である、というのがここで述べた私の考えである。(2)

柳田国男の二つの側面として、一つは民俗学の開拓者、一つは明治国家の官僚というように把握されていたのが、その内的連関が指摘されるようになってきたといえる。しかし、現在のところ年次的対応に基づく状況証拠によって外在的な把握がされているにすぎない。さらに、そのような植民地主義に深くかかわったことが、柳田の民俗学の学問内容にどのような特質をもたらしたかも必ずしも明らかにされていない。

三　初期柳田国男の民俗学と植民地

そこで、改めて柳田国男の民俗学の形成過程を植民地問題と関連させて確認しておこう。すでに広く知られているように、柳田は一九〇八年の二つの重要な体験（三ヵ月に及ぶ九州旅行、十一月の岩手遠野出身の佐々木喜善との出会い）を契機として山間奥地の人びとの生活と文化に興味を抱くようになり、後に民俗学と呼ばれるようになる研究を開始したと年譜の上では理解できる。山間奥地に現実に暮らす人びとを山民・山人という用語で表現した。その代表的な主張を含む二つの文章を紹介しておこう。

九州旅行の視察記「九州南部地方の民風」（一九〇九年四月）での、新たな理解の表明は以下の通りである。

　要するに古き純日本の思想を有する人民は、次第に平地人の為に山中に追込まれて、日本の旧思想は今日平地に於ては最早殆ど之を窺い知ることが出来なくなつて居ります。従つて山地人民の思想性情を観察しなければ、国民性といふものを十分に知得することが出来まいと思ひます。日本では、古代に於ても、中世に於ても、武士は山地に住んで平地を制御したのであります。（中略）後年武士が平地に下り住むやうになつてからは、山地に残れる人民は、次第に其勢力を失ひ、平地人の圧迫を感ぜずには居られなかつたのであります。言はゞ米食人種水田人種が、粟食人種、焼畑人種を馬鹿にする形であります。此点に付ては深く弱者たる山民に同情を表します。(3)

また「山人外伝資料」（一九一三年）の結論部分では次のように述べている。

　山人とは我々の祖先に逐はれて山地に入込んだ前住民の末である。彼等の生活は平地を占拠して居た時代にも至つて粗野なものであつたが、多くの便宜を侵入民族に奪はるゝに及んで更に退歩した。殊に内外の圧迫が漂泊を余儀なくさせた為に、彼等は邑落群居の幸福を奪はれ、智力啓発のあらゆる手段を失つた。(4)

一九一〇年代の初期柳田の民俗学研究は、平野で定住して稲作農耕に従事する人びととは異なる世界を形成している人びと、特に山人・山民にはじまり、さまざまな漂泊移動の民、さらには差別される人びとを研究する。そして、それらの人びとは平野部に暮らす稲作農耕民とは系譜の異なる先住民の子孫と理解した。すなわち、日本列島の住民は単一民族ではなく、複数の系譜の異なる民族が古くから住んでいること、そしてより古い民族が新来の稲作民によって圧迫されて山間奥地に追込まれたことを指摘したのである。この主張は明らかに柳田の使命感に基づくものであった。

山人・山民の存在については、一九〇八年の九州旅行で獲得された認識であるが、同時に彼自身の近世の地誌類から得た知識がそれを具体的なものにしているばかりでなく、台湾総督府から刊行された臨時台湾旧慣調査会『台湾旧慣調査報告書』(第一部第一回報告書、一九〇三年)、『台湾蕃族調査報告書』(一九一三年〜)を読むことで、イメージを具体化したと考えられる。その点でも、植民地が日本列島内の複数の民族の存在を認識する契機となっているといえよう。

このような山人・山民の存在を主張し、その文化を明らかにしようとする初期の民俗学は柳田国男のどのような使命感を表現しているのであろうか。二つの使命感がそこには存在したと思われる。

一つは、日露戦後に政府が展開した地方改良運動に見られる集権的な国家統合に対する批判である。

もう一つは、韓国併合によって日本の国家がその内部に別の民族を含むことになったことへの歴史的前提を示すことであった。

すなわち、日本はもともと単一の民族ではないことを強調することで、二つの認識を人びとに示そうとしたのである。そのうちの後者は、柳田国男自身が明治国家の官僚として韓国併合にかかわったことと密接に関係している。併合は、一つの国家になることを意味しており、そのなかでの複数の民族の存在は日本の歴史のなかですでに経験していたことを示すとともに、征服された人びとがかつて味わった悲劇を繰り返してはならないことを主張したのである。それは農政学者柳田国男が弱者である小農の立場で農業政策を行うべきことを説いたことと連続している。しかし、実際には再び「内外の圧迫が漂泊を余儀なくさせた為に、彼等は邑落群居の幸福を奪はれ、智力啓発のあらゆる手段を失つた」という現実が展開するのである。柳田国男みずからそれを確認するのは、村井紀が指摘するように、一九一九年の三一独立運動であったと考えられるし、その年末に官僚を辞めて、翌年末には沖縄への旅行に出発するのも、村井とは意味が異なるが、挫折した過去の清算であったと理解することができるかもしれない。

四　確立期の一国民俗学と植民地主義

柳田国男は一九三〇年代前半に、日本の民俗学を一つの体系として完成させた。そこには明らかに一九二〇年代の日本の経済的不況、社会不安、そして世界恐慌の波及による危機的状況があった。柳田国男はこの時期しきりに「学問救世」を説き、民俗学の最大の課題を「何故に農民は貧なりや」(5)に置いた。その学問救世という実践的課題を民俗学においても実現することを期して、彼なりに概念の明確化、方法の一般化、そして研究内容の体系化を行った。その完成した姿が「一国民俗学」である。柳田国男は一九三四年に出した『民間伝承論』において、その第一章のタイトルを「一国民俗学」とした。遠い将来には世界民俗学の成立を意図しながら、一国民俗学を強調した。

この一国とは当時の大日本帝国の支配する全域の意味ではなかった。アイヌの人びととその文化は最初から除外されていたし、その後に日本の植民地となった台湾、朝鮮、そして「満州」も含まれていなかった。『民間伝承論』のなかで「日本は一国一言語一種族の国ゆえ、国内における整理が楽である」(6)というように、日本の国を単一言語の単一民族として把握している。一九一〇年代の山人・山民に注目した研究によって獲得された、日本列島内の住民は単一でなく、複数の系譜の異なる人びとで構成されているという主張とは大きく異なり、日本列島内でも明らかに系譜の異なるアイヌの人びとを排除し、単一民族の神話(7)に基礎を置く民俗学として完成させ、その視野を台湾、朝鮮にまで拡大することはなかった。一国民俗学としての民俗学が、日本列島内の特定の人間のみを基礎にして成立した。すなわち常民の民俗学である。一九三五年に出した『郷土生活の研究法』のなかで、この学風の芽生えを本居宣長の『玉勝間』の一節に求め、自分の主張する民俗学を「新たなる国学」あるいは「新国学」と名付けたのも、一国民俗学の意味であった。

日本の民俗学は植民地を排除して成立し、被支配者に位置づけられた人びととの生活と文化を視野に入れることを方法的に否定した。これは支配者と被支配者の関係を固定する学問であったことを意味する。そうであれば、自らの体系から排除した植民地の人びとの生活と文化を別の民俗学として成立させる方向が当然ながら出てくることになる。台湾、朝鮮、さらには「満州」の民俗学は成立したのであろうか。それに柳田国男はじめ日本の民俗学研究者はどのように関係したのであろうか。柳田の直弟子の動向に注目するとともに、柳田国男の発言から植民地地域の民俗学の成立と日本の民俗学との関係を考えてみたい。

一国民俗学としての日本民俗学から排除されたのはアイヌ、朝鮮、台湾、そしてやや意味合いは異なるが「満州」であった。そのなかでの柳田国男および彼の門弟たちのそれらとの学問研究レベルでの関係はどのようなものであったろうか。柳田国男がそれらの地域や人びとについての独立した民俗学の成立の可能性を明確に論じたことはない。ただ日本民俗学から排除することは、論理的には別の単位の存在することを認めることになるということは充分に認識していたものと思われる。比較である以上は、当然対等な存在であることも理解していた。この点に関連するのは、比較民俗学という考え方である。

朝鮮において『朝鮮民俗』という雑誌が一九三三年一月に創刊され、第二号が翌年五月に刊行された。発行責任者は宋錫夏であり、内容は朝鮮語と日本語の両方の文章が混在していた。ところが、最終号となってしまった一九四〇年十月に刊行された第三号は全文日本語であった。この『朝鮮民俗』の第三号に柳田国男は「学問と民族結合」を掲載している。なお、柳田には別に「比較民俗学の問題」という草稿があり、これも読むと『朝鮮民俗』への掲載を予定して執筆したものであることが分かる。これを送付掲載せずに、より短く簡単にした文章を送って掲載されたのが「学問と民族結合」である。

「学問と民族結合」では、次のように朝鮮民俗学の成立の可能性を指摘している。

今まで我々はあまりにも内地の問題に没頭して居りました。又それ程にも新たに心付くやうな珍らしい事実が次々に現れて来るのであります。しかしもうそろ〳〵外部との比較といふことが、考へられなければならぬ時代になりました。それには隣を接して学問をして居る二つの民族、互ひに心置き無く理解し合ふ状態に置かれて居る者が、先づ提携するのが順序であり、又大いなる強味でもあらうと思ひます。さう言つた条件に置かれて居る国は、幾らも有りさうに見えて実はまだ少ないのであります。(8)

個々の民族が各々自分の民俗学をもち、それを持寄つて全世界の比較をする時が、いつかは到来すべきことをあるいは次のように比較民俗学について予想を述べている。

私などは夢想して居ますが、それは手を空しうして待つて居てもよいほどの、近い未来のこととも思はれません。[9]

日本「本土」と沖縄を一つの単位とする日本民俗学と、朝鮮半島の朝鮮民族の民俗学が別の存在であることを明確に表明し、その比較に始まる比較民俗学の成立を構想している。しかし、それが近い時期に行うようにはならないと柳田は判断している。この一連の文章で、柳田は日本民族に対して独立の存在としての朝鮮民族を考えていることが分かる。しかし、自己の研究として積極的に朝鮮の民俗について触れることはなかった。むしろ安易な比較を批判し、戒めることに重点を置いていた。『朝鮮民俗』用に執筆されながら、ついに発表されなかった「比較民俗学の問題」で次のように述べている。

ところが資料の供給にはいつも我々は受身だから、たとへ待つて居たところで出て来なければ致し方がない。又格別待ち焦れても居なかつたのである。さうして何かといふと其不可解の空隙を補塡する為に、場合方角を全く異にした上代のや丶似よりの文献を引用し、甚だしきは朝鮮満蒙のどんな境涯だつたかも知れぬ人々の記事を、持つて来て空想を支持させようとして居た。私たちも幾分か俑を作つた責任は免れぬやうだか、とにかくに世間をして斯ういふことをするのが民俗学と思はせたこともあるとすれば、謝罪に先だつて大急ぎに之を取消すことに専念しなければならぬ。人間は往々にして斯ういふことをするといふ証拠以上に、今はまだ満鮮の事例などは傍証にもし難い状態である。[10]

一国民俗学の立場を主張する柳田国男は、比較民俗学という方向には慎重であった。したがって、朝鮮の民俗学が存在すること自体は理論的に認めながら、日本人自らが朝鮮の民俗を研究する必要性を感じなかった。むしろそれには懐疑的でさえあった。柳田国男自身が『朝鮮民俗』という雑誌が刊行されていることを、第三号に寄稿依頼されるまで知らなかったようである。そのことを発表しないままに終わった「比較民俗学の問題」で「『朝鮮民俗』といふ雑誌の出て居ることを、迂闊な話だが私などはまだ知らずに居た」[11]と述べている。なお、『朝鮮民俗』に掲載された「学問と民族結合」ではその点が「今度の記念号の計画を承はるまで、迂闊に知らずに居た者がこちらには多いのであります」[12]と表現されて、自分自身のこととはせず一般的な動向としている。柳田国男の朝鮮の民俗への無関心がよく示されているといえよう。そして、柳田国男の直接の門弟たちのなかから朝鮮の民俗学とか朝鮮の民俗研究に向かう人物は一人も出なかったのである。その点川村湊が次のように述べていることに関連する。

植民地支配下の朝鮮においてもありえたかもしれない朝鮮民俗学と日本民俗学との提携、交渉、交流は、『朝鮮民俗』において流産した。それは朝鮮民俗学の反日ナショナリズムより、柳田民俗学の「一国民俗学」という体質のほうが、より大きな責めを負わねばならないだろう。[13]

柳田国男の門弟のなかで二人の人物が朝鮮ではなく「満州」で活躍していることは注目すべきことである。一人は守随一であり、もう一人は大間知篤三である。二人とも東大新人会に属し、転向によって柳田国男の木曜会の有力メンバーとなり、一九三四年から開始された山村調査の主要な担い手であった。鶴見太郎によれば、その守随が満鉄新京支社勤務のため「満州」に渡ったのは一九三八年十月であった。そして、大間知は一九三九年二月に満州建国大学に赴任したとされる。[14]柳田国男の民俗学の確立期に活躍し、その確立に貢献した人物が「満州」に渡っていることを、単なる就職問題としてしまうわけにはいかないであろう。また、大間知篤三の「満州」での活動が、それまでにすでに存在した柳田との相違をさらに明確にしていったというような鶴見の見解も疑問である。柳田国男のもとに通っていながら大学卒業後教員として北京に赴いた直江広治を含めて、柳田国男の門弟たちが「満州」、さらには中国に赴き、そこに研究の場を発見しようとしたことに、柳田国男自身の判断を含めた、日本の民俗学の植民地主義との関係が表出しているように思われる。それは大英帝国とインドやアフリカとの関係に準えることができる、異なる世界の研究である。日本の一国民俗学とは抵触しない距離をおいた地域での民俗学として行われたことだけは明らかであるが、その意図や意味の分析は今後の課題として残されているといえよう。

注

（1）船木裕『柳田国男外伝』（日本エディタースクール出版部、一九九一年、一〇三頁）。
（2）村井紀『南島イデオロギーの発生―柳田国男と植民地主義』（福武書店、一九九二年、二五二頁）。
（3）柳田国男「九州南部地方の民風」一九〇九年（藤井隆至編『柳田國男農政論集』法政大学出版局、一九七五年、所収、二五一頁）。
（4）柳田国男「山人外伝資料」一九一三年（『定本柳田國男集』第四巻、筑摩書房、一九六三年、所収、四六八頁）。
（5）柳田国男『郷土生活の研究法』刀江書院、一九三五年。
（6）柳田国男『民間伝承論』一九三四年（ちくま文庫版『柳田國男全集』第二八巻、筑摩書房、一九九〇年、所収、三四七頁）。
（7）小熊英二『単一民族神話の起源』新曜社、一九九五年。
（8）柳田国男「学問と民族結合」一九四〇年（『定本柳田國男集』第三〇巻、筑摩書房、一九六四年、所収、七三頁）。
（9）同書七四頁。
（10）柳田国男「比較民俗学の問題」（『定本柳田國男集』第三〇巻、筑摩書房、一九六四年、所収、六五頁）。
（11）同書七〇頁。
（12）柳田国男前掲「学問と民族結合」。
（13）川村湊「朝鮮民俗学論」（『思想』一九九四年五月号）。なお、川村湊『「大東亜」民俗学の虚実』（講談社、一九九六年）を参照。
（14）鶴見太郎「柳田民俗学と東大新人会―大間知篤三を中心に―」（『史林』七七巻四号、一九九四年）。

第五章　政治と民俗学

一　政治の欠落

周知のように、日本の民俗学は、それまでの政治史中心の歴史研究を批判し、ごくありふれた生活をおくってきた「常民」の生活史を明らかにするものとして成立してきた。政治権力によって縛られ、規制されて、政治に左右される受動的な生活を否定し、人びとの主体的・能動的生活を歴史的に明らかにしようとしてきたといえる。政治支配のあり方とそれに立ち向かう人びとの闘争をいかに明らかにしようとしても、それだけでは現代に至る歴史の過程を全体像として示すことにはならないという反省は、歴史学においても近年とみに強くなり、フランスのアナール学派の社会史の影響もあって、社会史という新しい試みがなされつつある。その点では柳田国男が今から一世紀も前に、政治史中心の歴史研究を批判して、民俗学を切り拓いてきたことの先駆性は高く評価されねばならない。

日本の民俗学は、柳田国男によって一九一〇年代に着手され、一九三〇年代に確立された新興の学問である。その確立後の民俗学は、民俗事象を全国的に調査して、資料として集積し、その比較のなかから生活の歴史を明らかにするという方法を採用してきたので、個別事象の資料化と、その全国的規模での比較に専念してきた。その関心の対象となった民俗事象は、柳田国男個人の問題意識や関心に対応して、大部分が日本人の神観念とか霊魂観に結びつくものであり、いわゆる信仰の問題であった。一見信仰とは関係のないような事象も、神を迎え祭ることにその出発があったとするのが柳田国男およびその門弟たちの解釈の作法であった。そこには国家、政治権力、政治過程に直接つながるような事象の資料化や問題設定はほとんどなかった。ことに柳田国男の直門の弟子たちには政治に触れることを極度に避ける傾向さえあった。門弟たちの中核部分を構成した人びとが転向の過程で柳田国男の門下に入ったということも大きく関係しているであろうが、それがまた師である柳田国男の意志であると判断していたようにも思われる。

しかし、実は柳田国男は政治の問題に直接触れないことによって、かえって政治を語り、政治を批判していたのである。たとえば、柳田国男の代表的著書の一冊とされる『先祖の話』は、戦争末期の空襲警報の出されるなかで執筆したものであるが、その執筆を促したものは戦地で死んで行った若き兵士たちの死後の幸せの問題であった。戦死者たちの死後の魂のあり方とそれを祀る生き残った人間の務めを説くために、全部で八一節からなる文章が書かれたのであり、そこで民俗学的方法と民俗資料が駆使されているのである。民俗学の成果として柳田国男が提示した日本人の祖霊信仰は「先祖は祭るべきもの、さうして自分たちの家で祭るのでなければ、何処も他では祭る者の無い人の霊、即ち先祖は必ず各々家々に伴なふものと思つて居る」(1)ものであり、その結果最終的に提唱したのは「死者が跡取ならば世代に加へる制度を設けるもよし、次男や弟たちならば、之を初代にして分家を出す計画を立てるもよい。(中略)新たに国難に身を捧げた者を初祖とした家が、数多く出来るといふことも、もう一度この固有の生死観を振作せしめる一つの機会であるかも知れぬ」(2)というものであった。国家としては戦死者の霊についてはすべて解決済みのことであった。いうまでもなく、戦死者を靖国神社に祀りこめることによってである。ところが、柳田国男はそのことを完全に無視して、戦死者を家の先祖として家ごとに子孫が祀ることを提案しているのである。『先祖の話』では完全に靖国神社を無視し、一言も触れていない。戦死者の祀りといえば誰でもが思い起こす靖国神社に触れないことで、国家の制度と政策を批判しているのである。これなどは人びとの生活や感覚をまったく顧慮しない国家に対する柳田国男の痛烈な批判といってよいであろう。

同様のことは、一見まったく政治とは関係のないように見える『海上の道』についてもいえる。『海上の道』は、稲作の担い手としての日本人のこの列島に渡来したコースを南方から沖縄の島々をへてきたとする説を提出したのであるが、それはたんに青年時代の海岸に打ち上げられた椰子の実発見の感動が晩年になって結実したロマンとして理解することはできない。むしろ沖縄を切り離して進められるアメリカとの講和条約締結の動きに対して、沖縄が日本にとって不可欠な一部であることを指摘して批判しようとしたものと解すべきである。柳田国男はたえず日本の政治に対して関心を持ち、政治状況への危機意識が自分の研究課題を作ってきたのである。(3) 柳田国男の研究テーマは時間の経過によって変化するが、それは時々の情勢に対する彼の危機意識の表明だったのである。

ところが、柳田国男の弟子である多くの民俗学者は、柳田国男が直接的に政治や国家に触れないことで、民俗学をまったく非政治的な存在と考えてしまったようである。政治権力や国家の問題は民俗学が対象とすべきものではないという、暗黙の了解ができてしまっているように思われる。そして、民俗学研究者は政治や国家を対象としないことによって、政治に対して無菌状態になってしまった。そのため、無意識、無自覚に政治性を持つことがその研究過程や学会活動では頻繁に生じることとなった。すなわち国家や政治権力の存在やそれが発動する権力行使、その結果としての諸制度を肯定的に了解し、それを前提にすることが当然のこととされるのである。

一例を社会科教育の問題に取って考えてみよう。一九七八年の学習指導要領の改定にともない高等学校社会科に「現代社会」という科目が設けられ、その「現代社会」の一部に「日本の生活文化と伝統」という項が設定された。(4) この「現代社会」の教科書の執筆に際しては民俗学研究者や文化人類学研究者が動員されて、民俗事象を教材としての記述がなされた。この結果、ハレとケとか、祭りと年中行事など、教科書に初めて民俗学的な記述が登場したのであるが、そのことのみをもって民俗学がようやく認められたと喜び、勢いづき、民俗学の発展と考える傾向が見られた。指導要領の改定によって社会科に「現代社会」が設けられた意味や意図、あるいは「現代社会」に「日本の生活文化と伝統」という項が入れられ、「民俗の記述」が登場したことの文部省側の意図や目的を何も検討することなく、ただ国が民俗学を認めてくれたと喜ぶことはあまりに単純であり、結果的には政治的な役割を果たしていることになるといえないだろうか。

これは、柳田国男以降の民俗学が政治を視野に入れずに民俗の研究を進めてきたことによるものであり、大いに反省せねばならない点である。民俗学が政治制度や政治支配から自立して、人びとの生活を考えようとしたのは正しい。しかし、それは政治を視野の外に追い出して完全に忘れてしまうことではなかったはずである。民俗学も当然のことながら研究内容として、国家、政治権力、政治過程、政治運動などをどのように組み込み、どのように民俗学の問題にするのかを検討せねばならない。ここではそのための予備的な作業として、政治と民俗の関係について二、三考えてみたい。

二 民俗における政治の作用

民俗学は、従来においても決して政治に無縁なのではない。民俗学は民俗事象を調査して民俗資料に転化し、それを分析することで意味ある解答を出そうとする学問であるが、その調査分析の対象となる民俗事象そのものの一部に政治は含まれていた。たとえば、従来の一般的な民俗調査項目であれば、必ず村寄合についての調査項目が掲げられているが、この村寄合は間違いなく政治の問題である。ムラの意志決定がどのようになされるかを明らかにするのが村寄合の項目であり、それを具体的な問題に即して調査すればムラの政治過程の調査ということになる。このような政治の問題は従来の社会伝承とか村制・族制の調査項目のなかに少なからずあるといえる。たとえば、階層・家格の問題もそうである。しかし、これらの政治を調査項目として含みながらも、その調査結果は政治を問題としているという意識は乏しく、また外からも政治を研究対象としているとは考えられてこなかった。それは、一つには寄合を取り上げても、また家格や階層を調査しても、そこに矛盾・対立・抗争などの動きを発見してこなかったからであり、また一つには個別のムラ内部で完結した閉じられた世界での政治の問題であり、それより上位の、あるいは広域の政治を明らかにしたり、展望したりすることが少なかったためである。

　ムラやマチより上位の政治は、市町村とか都道府県あるいは国としてのそれであるが、その政治過程そのものは民俗ではない。これは現代の政治だけがそうなのではなく、過去においてもそうであった。いかなる時代のものであれ、政治権力そのものは民俗学の対象ではない。民俗学にとっては、「地方」であれ、「中央」であれ、政治権力の権力の行使が政治過程として展開するとき、それが個別地域の人びとの生活のなかで伝承されてきた民俗にどのように関係するか、あるいは地域の民俗が政治過程にどのような特質を与えたかを考えることに意味があるのである。その民俗の外にある権力行使としての政治と民俗との関係については、次のように考えられるであろう。

政治が民俗を規制し、改変する

従来、政治と民俗の関係というとき、もっとも一般的に考えられてきたのは、政治が民俗を規制し、改変するという関係であろう。この視点は多くの人びとの常識となっているといってよいのではなかろうか。このこと自体を研究テーマとした論文や研究書はほとんどないが、さまざまな説明において民俗の変化なり廃絶の要因として政治の作用が持ち出されている。たとえば、神社祭祀における小社の祭りがなくなってしまったのは明治末・大正初年の神社合併によるものであり、(5)また伝統的な若者組が解体してしまったのも青年団の組織化によるもので、(6)いずれも政府が展開した、いわゆる地方改良運動という政治の一部であるという説明である。同様のことは、明治初年の神仏分離・廃仏毀釈が地域の神仏のあり方の改変になったという説明にも窺える。(7)また、明治初年に出された多くの法令・通達のなかには、民俗を規制するものが数多く含まれていることも知られている。(8)同様の意味では、近世の幕府法令や藩法のなかにも民俗的な行事や儀礼を禁止したり規制する主旨のものが多く含まれていることも判明している。(9)

これらは、政治が法令や制度として具体化した結果のなかに民俗と関連するものがあるということであり、その法令・制度が実施されることによって民俗は規制され、改変され、あるいは廃絶されてしまったという理解に終始している。そこにおける政治は非常に静的なものであり、法令や制度として示されたもののみが民俗と関連するのである。しかし、そのような法令や制度を政治権力が作り出す政治過程も重要なはずである。法令や制度を出すに至る過程で、民俗が権力にどのように認識され、どうして規制すべきものとして把握されるに至ったのかが、政治と民俗のもっとも重要な関係であろう。結果として法令や制度によって民俗が規制されたということよりも、規制されるに至る政治過程に注目し、それを民俗との関連で把握し、民俗学の問題として明らかにすべきであろう。

近世において若者組が活躍したことはよく知られている。そして、一八二八年（文政十一）に若者組禁止令が幕府の出先機関である関東取締出役から出されたことも知られている。しかし、なぜ同年に至って若者組禁止の命令が幕府から出されるようになったのかを、それに至る政治過程のなかで位置づけることは必ずしも行われてこなかった。伝統的な歴史学の立場からすれば、それは幕藩体制の動揺・解体に対応して幕府が行った「文政の改革」という政治改革の一部を構成するものということになろう。(10)民俗学が問題にするとすれば、時の権力者に若者組の活動がどのようなものとして認識されるようになったのかを、若者組の活動の実像との関連で考察することでなければならない。この若者組と密接に関連するが、近世における休日の増加に対する領主側の抑制・統制策も、このような政治による民俗の規制の例であろう。(11)

以上のように、政治と民俗の関係を考えるのであれば、その研究課題はすでに多く知られている。また、研究案内を意図した書籍類に、この視点から選択された近世・近代の法令類が収録されており、その利用も行われている。(12)そして、これらの研究にほぼ共通する視点は、民俗にとって政治はそれを規制し、廃絶する方向のものであり、マイナスの存在として理解することである。それはもちろん一つの正しい認識であるといってよいであろう。民俗を拠点にして政治を批判的に見ることになるからである。しかし、同時にその視点はしばしば過去を理想化する作用をもつことにも注意する必要があろう。

政治が民俗を維持する

政治は民俗を規制し、改変し、廃絶するという視点がもっとも一般的な視点であり、そのような立場での調査研究は少なくない。この視点は、多くの人びとにとってはあまり奇異に感じない立場である。民俗は古いものであり、不合理なものであり、時には理解困難な病理的なものであるという感覚を抱いている人は少なくないはずであり、その人びとにとって民俗を規制したり、改変したり、廃絶することは前進であり、進歩であり、合理的である。多くの民俗学研究者の立場が政治の作用をマイナスと見るのに対して、一般の常識はその逆であり、政治の作用をプラスと考えているように思われる。いずれにしても、政治と民俗は常に対立し矛盾する存在という認識が共通しているのであるが、果たして政治と民俗はそのような位置関係にのみあるのであろうか。

民俗の伝承は、特定の社会がその成員に対して一定の規制力を働かすことによってなされるものであるが、その規制力の一部として、あるいは規制力そのものとして、政治が登場するという可能性はないであろうか。この場合は当然ながら、第一の視点と同様に、民俗としての政治ではなく、民俗の外に存在する政治である。政治が特定の民俗を政治支配にとって望ましいものと判断し、その維持存続を権力的に図ることは当然予想されることである。政治権力が意図的に民俗の解体や消滅を阻止しようとすることもあったのではなかろうか。しかし、この視点からの民俗の調査研究はほとんど皆無に近いといってよいほど少ない。

近代の歴史において、政治がしばしば伝統的な倫理や行動規範を強調し、それを制度の基礎に置こうとすることがあった。その代表的なものは、一九三〇年代の「経済更生運動」である。そこでは「醇風美俗」とか「隣保共助」という言葉がしきりに使用され、それにともない村落社会の伝統的な人間関係や社会組織が高く評価されて、行政の末端に位置づけられた(13)。すなわち「醇風美俗」や「隣保共助」という掛声のもとで民俗が維持されてきたといってよいであろう。社会の分化と対立の顕在化するなかで、その対立を隠蔽するために地域の連帯、結集が強調される。そこに民俗の有効性が政治権力によって認識されることになる。これは人びとの対権力闘争が激化するなかでも見られることであろう。

また、日常的な秩序を特定の時と場において解消し、無礼講的な状況を出現させる祭礼等の民俗がやはり権力から承認され、むしろ保護を与えられる場合さえあるが(14)、これも日常的な支配がもたらす不満や不平を発散解消する役割を果たすものであり、支配維持のための安全弁として機能していたといってよいであろう。

このような政治が民俗を維持するというときには、民俗自体には変化がないので、それを維持存続させる作用を及ぼしている政治権力や政治過程を民俗学として認識することはほとんどないといってよい。民俗が伝承されているのは当然であり、それはその伝承母体としての地域自らの伝承力によるものと、検討することなく判断しているのである。

政治が民俗を創出する

政治が民俗を創出するという視点は、先の二つに比べてさらに弱いものであり、研究成果を事例として示すことも困難である。しかし、政治が民俗を創出することは可能性としてはいくらでもあることといわねばならない。

その一つに、政治権力が作り出した制度が民俗として定着するということがある。近世に幕藩権力が相互監視・連帯責任の組織として設定した五人組、あるいはそれを再編成して継承した明治初年の伍長組、さらには戦時体制下の隣保班などは、それが支配制度として権力的に強制されて実施されているだけの段階は、民俗と把握することはできないであろう。しかし、結果として、制度として機能しつつ、地域の生活に密接に関係して民俗となっている場合とか、制度としては解消して後も地域に定着して、一つの民俗として伝承される存在となった場合もある。関東地方の村落においては、ムラの基本的な組織の一つとしてクミアイ（組合）と呼ばれる近隣組織があるが、これは現在では互助組織としての面のみが見られ、行政とは無関係の民俗的な組織といえる。しかし、その組織を過去に遡らせると、近世の五人組の編成に接続するのである。所によっては、五人組ではなく、明治初年の伍長組が、わずか数年の制度をへて、民俗として定着している。いずれも、生活互助組織としての近隣組織は村落にとって不可欠な存在であり、その組織として上から編成された制度が利用されたにすぎないということになろうが、そのような経過で登場した社会組織はやはり政治制度とは無縁ではなく、「政治が民俗を維持する」で示したような「隣保共助」のモデルとしてたえず思い起こされる存在なのである。

より直接的に政治が民俗を創出するということもある。たとえば、近世の領主が神社を勧請して新しく祭りを始めるという例は各地にある。その祭礼は領主側の領民統合の意図をもって創出されたものであり、政治が民俗を創出する例といえよう。各地に見られる御霊信仰系の神社や寺院のなかには、政治が民俗を創出したものとして位置づけられるべきものが少なくない。伊予宇和島の和霊信仰は、山家清兵衛を祀ることを領主側が行うことで一般化したものと考えられ[15]、また有名な佐倉惣五郎を祀る宗吾霊堂も領主の保護によって発達したものである[16]。あるいは日本全体を覆うことになった靖国信仰もこの一つの例かもしれない。戦争が多くの新たな民俗を生み出したことは知られている。街角にたって多くの人の助力を求める千人針、あるいは弾丸避けの祈願、また武運長久祈願などであるが、これらも戦争という名の政治が作り出した民俗といえよう[17]。

三　政治における民俗の作用

前節で述べたことがらのいずれも、政治が民俗に関与するというものであるが、民俗は受動的な存在に置かれている視点である。民俗は一方的に政治に規制されたり、維持されたり、創出されたりする存在にすぎない。これでは民俗はあまりに情け無い存在といわねばならない。当然のことながら、逆の関係もまた考えねばならない。民俗を伝承する主体を考えた場合、伝承主体が民俗を通して政治に作用することは充分にありうることである。

民俗は政治を規制し、改変する

政治権力に打撃を与え、政治の改変を迫るのは人びとの激しい闘争であるというのが一九八〇年代までの常識であった。土一揆・百姓一揆・打ちこわし・自由民権運動などはそのようなものとして大きな存在であった。歴史研究の重要な研究課題は、これらの闘争を研究することであった。それに対して、民俗は闘争の足を引っ張るもの、闘争を後退させるものとしてマイナスのイメージで語られてきたといえる。このことは歴史研究者の認識としてだけでなく、民俗学研究者のなかにもそのように表明する人がいる。たとえば百姓一揆を取り上げた場合、歴史学はその高揚過程を明らかにするが、民俗学はその鎮静過程に注目するという見解がそれである。[18] このような考えは、民俗は政治に対して何らの影響も与えず、また政治の変化に関係のない存在であり、民俗は単に政治から一方的に作用を受ける存在と考えるものである。

しかし、民俗そのものが政治に作用し、政治を規制したり、改変することもあるのではなかろうか。民俗を伝承し、それを実修することが、政治権力の意図をくじき、規制するという側面があるものと予想してよいであろう。すなわち抵抗としての民俗、闘争としての民俗である。もちろん民俗そのものは政治権力に対して物理的に迫るものではない。自分たちの世界で民俗を実行していることが、結果的に政治過程に大きな影響を与えるということである。たとえば、古くからの入会慣行を維持し続けることが、政府の計画や意図をくじいてしまうということは、各地の事例としてよく知られている。また上からの神社合祀に対して、昔からの祭礼を神社跡地において続けることで、神社合祀を形骸化させてしまった事例も各地にある。[19]

民俗が政治を維持する

民俗は世代を超えて伝承されている事象である。その限りにおいては明らかに保守的なものである。過去中心型の行動規範が民俗であるといってもよいであろう。したがって、民俗を実行することは、しばしば過去を肯定する立場に一致する。民俗が伝承され、実行されることによって、政治の過去中心の指向性はその基盤を与えられる。民俗はそれゆえに保守政治に基盤を提供する。民俗行事の場に選挙の立候補予定者が来て挨拶することは各地でしばしば見られることであるが、その候補者は多くがいわゆる保守系の人物である。さらに選挙運動自体に民俗は活用される。[20] 近年の「ふるさと」を強調する政治動向を支える一つが民俗である。

民俗が政治を創造する

まったくといってよいほど考えられてこなかった問題であるが、民俗が政治を生み出すという可能性も検討してよいであろう。もちろん、先に指摘した政治が民俗を規制し、改変するというのは、いわば民俗の伝承がそのような規制なり改変という権力的発動を呼び起こしたという点で、民俗が政治を創造したといえる。しかし、それは民俗に対する政治作用を呼び起こしたものであり、政治過程や政治制度そのものが民俗を基盤に展開してはいない。それに対して、民俗を基盤に政治が生み出されることが問題にされねばならない。その点では、すでに中世史の研究成果が出ている。

中世に頻繁に行われた徳政は、地発という民俗慣行をその基盤にもっていたという指摘[21]である。また平安京の警察権を握っていた検非違使が街の清掃を任務にしていたのであるが、それはケガレに対するキヨメの役割を担っていたことであり、ケガレ・キヨメの民俗がこのような検非違使を制度化したということができよう[22]。

四　資料操作法の問題

政治は絶対時間の上に展開する。政治過程も政治制度も特定の時間を持っており、その変化がごく一般常識でいう歴史を形成している。多くの教科書的歴史書が描くところのものは政治中心の構成になっていることは周知の事実である。いかにその政治のあり方が類型的であっても、相対年代で政治史を考えることはない。それに対して、民俗は基本的には絶対年代をもって画することが出来ない存在である。しかも研究資料としての民俗は、民俗調査によって獲得された現代生きて存在する事象である。その示す内容が過去からの歴史的展開の結果を含んでいるものであったとしても、絶対時間としては基本的には現代という時間しか持っていない。絶対時間としての過去の特定の時間を、研究資料としての民俗がもっていることは原則的にはないといわねばならない。そうであれば、絶対時間として過去を示している政治と相対時間としての過去を示すにすぎない民俗は簡単に結びつく存在ではないことになろう。資料操作の方法上において矛盾する存在となる。政治と民俗の関係を考えることが必要であり、重要であるとしても、その方法上の難点を解決しなければ研究は不可能といえる。

政治の過程なり制度を絶対時間としての現在に持ってくることは不可能である。例えば、近世の享保の改革とか、あるいは特定の藩の藩政改革を現在に持ってきて、現在の民俗と結びつけて政治と民俗の関係として解釈することは不可能なことは明らかである。政治は絶対時間としての過去に固定しておくことが前提である。したがって、政治と民俗の関係を考えるためには、民俗を絶対時間としての過去において把握することが不可欠となる。ところが、現在人びとによって担われ伝承されている民俗を、民俗調査によって把握することのみで民俗資料を獲得するだけでは、絶対時間としての過去は登場しない。絶対時間があるとすれば、せいぜい現存の人びとの体験として登場する過去のみである。近世とか近代のある段階の民俗を、現在の民俗調査で把握することは不可能である。当然のことながら、民俗を資料化する方法の変更を考えねばならないし、それにともない資料操作の方法の変更を考えねばならない。

政治と民俗の関連を明らかにするためには、絶対時間としての特定の時間のなかで民俗を把握することが要求される。それは、過去のある段階を現在として民俗を把握することである。しかし、現代の調査者自身が特定の過去に入っていって、当時の人びとの行為・態度・知識としての民俗を、現在民俗調査という方法で行っているように直接的な観察とか聞き書きをして把握することはできない。必然的に、過去の特定の時間における民俗を間接的に把握することになる。それは、特定の時間をともなって民俗を記録したものを資料とすることであり、その最も有力な素材は文書・記録ということになろう。すなわち、文書・記録に書き記された民俗を取り出すことで、ある特定の時間における民俗を把握するのである。(23) これはいわば伝統的な文献史学の方法に依拠することである。幸いなことに、日本の地域社会は中世末ないし近世初頭以降は無文字社会ではなかった。ムラやマチには文字を読み、文字を書く人間が少なからずいた。そして、支配も文字を媒介にして行われた。確かに量的には少ないが、村方・町方の文書に民俗に関係する記述がないわけではない。支配のための文書である検地帳や宗門改帳、その他の文書が、作成当時の民俗を間接的ではあるが含んでいることに注意せねばならない。

柳田国男は、安易に文書・記録などの文字資料を利用することを門弟たちに禁止したといわれる。それは民俗調査によって獲得され、現在という絶対時間をもつ民俗資料を比較研究することで、その事象間の相違のなかから相対時間としての過去を認識する方法として、民俗学を確立しようとしたからである。その方法の確定のために、比較の材料として混在させることで、そこに示された絶対時間に引きずられ兼ねない文字資料を排除したことは賢明であった。しかし、民俗学が民俗の世界から完全に絶対時間を排除することは不可能であり、また無意味である。むしろ、民俗の意味を解釈する際に絶対時間を導入することが必要な場合も少なくない。相対時間による類型的序列とか様式的変遷が絶対時間によって裏付けられる場合も多いであろうが、また絶対時間によって覆されることも充分にありうるからである。ここで考えた政治と民俗の問題も、絶対時間のなかで民俗を位置づけることで研究でき、また民俗の意味も明らかになる事柄である。

民俗学が民俗の研究において絶対時間をも組込むことは、必然的に絶対空間を重視することになる。伝統的な民俗学においては、民俗調査されて資料が獲得された場所は、比較の基準にはなっても、その場所自体が重要な存在ではなかった。単なる地点を表示するだけの地名表記であり、それは周圏論的解釈に必要な相対的な位置関係を示すものにすぎなかった。そして、その調査された場所に即して民俗事象を解釈したり、その伝承してきた社会内部で位置づけたりすることは方法上存在しなかった。それに対して、絶対時間で民俗を把握する場合は、当然ながらその絶対時間に対応する絶対空間にも注意しなければならない。特定の空間において特定の時間に展開した民俗であることを明らかにすることで、民俗の変化、民俗と政治の関係を把握できることになるのである。民俗を伝承している特定の社会において、現在の民俗を民俗調査によって把握するだけでなく、そこにおける絶対時間としての過去の民俗をも把握し、その両者の関連性をつけることで地域の民俗の展開過程が総体として明らかになるのであり、そこには必然的にその地域に展開したさまざまなレベルの政治との関係も登場してくることになろう。(24)

注

(1) 柳田国男『先祖の話』一九四六年（『定本柳田國男集』第一〇巻、筑摩書房、一九六三年、所収、七頁）。
(2) 同書一五二頁。
(3) 福田アジオ「初期柳田国男の研究と現代民俗学」（『思想』七四七号、一九八六年）。本書第一部第一章。
(4) この「現代社会」の教科書の内容分析は「高校・大学における民俗学関連の授業―日本民俗学会第三期学校教育特別委員会報告―」（『日本民俗学』一七〇号、一九八七年）でなされている。
(5) このことについては多くの個別研究があるが、包括的な研究としては、米地実『村落祭祀と国家統制』（御茶の水書房、一九七七年）、森岡清美『近代の集落神社と国家統制』（吉川弘文館、一九八七年）がある。
(6) 佐藤守『近代日本青年集団史研究』（御茶の水書房、一九七〇年）、平山和彦『青年集団史研究序説』上・下（新泉社、一九七八年）、多仁照広『若者仲間の歴史』（日本青年館、一九八四年）。
(7) 安丸良夫『神々の明治維新』（岩波書店、一九七九年）。
(8) 「府県史料（民俗・禁令）」（『日本庶民生活史料集成』第二一巻、三一書房、一九七九年、所収）。
(9) 『御触書集成』や『徳川禁令考』などの、幕府法令集や各種の藩法集を参照。なお、それらによる研究の例としては、水江漣子「天和の江戸市中と町触」（『芸能史研究』五九号、一九七八年）、牧田勲「江戸期における祭りと新儀停止原則」（『六甲台論集』

三一巻二号、一九八四年）など。
(10) 森安彦『幕藩制国家の基礎構造』（吉川弘文館、一九八一年）第二編第三章参照。
(11) 古川貞雄『村の遊び日』（平凡社、一九八六年）。
(12) 上野和男他編『民俗研究ハンドブック』（吉川弘文館、一九七八年）、庚申懇話会編『石仏研究ハンドブック』（雄山閣、一九八五年）などに、それぞれ触書・法令・通達などが収録されている。
(13) 一九三二年（昭和七）十月六日付けの「農山漁村経済更生計画ニ関スル農林省訓令」は「農村部落ニ於ケル固有ノ美風タル隣保共助ノ精神ヲ活用シ其ノ経済生活ノ上ニ之ヲ徹底セシメ以テ農山漁村ニ於ケル産業及経済ノ計画的組織的刷新ヲ企図セザルベカラズ」としている（農林省『農山漁村経済更生計画樹立方針』一九三二年、一一二頁）。
(14) 例えば、江戸の天下祭といわれた神田祭、山王祭はその代表であろう。薗田稔「祭りと都市社会」（『國學院大學日本文化研究所紀要』二三集、一九六九年）参照。
(15) 石崎正興「和霊信仰試論」（『民俗学評論』四号、一九七〇年）、宮田登『近世の流行神』（評論社、一九七二年）。
(16) 児玉幸多『佐倉惣五郎』（吉川弘文館、一九五八年）、横山十四男『百姓一揆と義民伝承』（教育社、一九七七年）など。
(17) 喜多村理子『徴兵・戦争と民衆』（吉川弘文館、一九九九年）、岩田重則『戦死者霊魂のゆくえ』（吉川弘文館、二〇〇三年）など。
(18) 宮田登「日本民俗学批判についての一私見」一九六六年（『原初的思考』大和書房、一九七四年）。
(19) 鈴木通大「神社合祀後における〈分祀〉について」（『神奈川県立博物館研究報告』一〇号、一九八二年）、森岡清美前掲『近代の集落神社と国家統制』第八章、など。
(20) 選挙と民俗の深い関係は、杉本仁『選挙の民俗誌』（梟社、二〇〇七年）に具体的に描かれている。
(21) 勝俣鎮夫『一揆』（岩波書店、一九八二年）。
(22) 丹生谷哲一『検非違使』（平凡社、一九八六年）第一章。
(23) この問題に近世史研究の立場から迫ったものに塚本学の研究がある。塚本学「民俗の変化と権力」（福井憲彦編『歴史のメトドロジー』新評論、一九八四年）、「近世史研究と民俗学」（『徳川林政史研究所研究紀要』昭和五十九年度、一九八五年）など。
(24) 松崎憲三編『近代庶民生活の展開―くにの政策と民俗』（三一書房、一九九八年）参照。

第六章　民俗学と歴史認識

一　民俗学の目的

民族文化・民族性・エートノス

民俗学の目的という問題を、正面から議論したことはこの数十年の間にはなかった。民俗学の概説書や辞典では民俗学の説明をするなかで、その目的とか方法を記述してきたが、それをめぐっては学界として議論の俎上に載せることはなかったといえる。したがって、ここで改めて民俗学の目的ということを大上段に振りかぶってみても、その検討材料は必ずしも多くない。ここでは今までに個別的に述べられてきた民俗学の目的、あるいは特質に関する見解を取り上げてみよう。この場合、近年の民俗学研究のなかでの意見や説明に絞っておきたい。

民俗学の案内書である佐野賢治・谷口貢・中込睦子・古家信平編『現代民俗学入門』（一九九六年）には、民俗学の目的に触れる記述が散見する。たとえば巻頭の「民俗学の目的と課題」という章では、まず次のような説明が見られる。

民俗学は、民俗つまり民間伝承を対象として、そのもつ意味について分析的考察を行い、生活文化を再構成する学問であるといえる。民俗学が日常生活のあり方を重視するのは、それが民族文化の基層をなしており、この部分を究明することが日本文化の全体像を明らかにすることに寄与できると考えるからである。(1)

ここでは生活文化を再構成することが民俗学の目的であるとしているが、生活文化の再構成とは何のことであろうか。何の説明もない。それに続いて、民族文化の基層という、より一層理解困難な言葉が綴られている。さらに、同じ章に別の研究者が執筆した次のような文章がある。

民俗学は民間伝承を素材にして、日本人の民族性、エトノスを明かにしていく学問だとされる。(2)

この文章は、他人事のように民俗学を説明しているが、この筆者もそれを承認していることは後に「民族のエトノス究明を目的とする民俗学」と述べていることで判明する。しかし、ここでいう民族性、エートノスが何を指しているかまったく説明がない。民族文化という表現と民族性、エートノスという言葉の間にはそれほどの距離はないように判断できるが、その関係も示されないし、また議論の対象となっていない。民俗学にとって所与としての存在かのような扱いである。

無限大に遠い民族性

民族文化、民族の基層文化、民族性、エートノスなどの表現で、民俗学の目的や性格を説明することはこの半世紀近い民俗学の一つの動向である。和歌森太郎は概説書『日本民俗学』(一九五三年)の冒頭で次のように民俗学を定義している。

日本民俗学は、今日見聞し得る諸々の民間伝承の比較研究を通じて、日本人の心性、生活文化の特色を把握しようとする学問である。(3)

また、一九五四年の石田英一郎の民俗学批判と広義の人類学に入るべきだという提案を受けての、民俗学の性格をめぐる議論のなかで、桜井徳太郎は次のように主張している。

日本民俗学は、日本民族が送つてきた伝承生活、または現に送りつつある伝承生活を通じて、日本民族のエトノスないしフォルクストゥムを追求するところに、その学問的目標をおく。ここでエトノスとかフォルクストゥムということの意味は、民族の特質、あるいは本質と解してよかろう。またウルチュープスつまり祖型と解してもよい。日本民族の日本民族たる所以、であるから、民族性というのが至当であるかも知れない(4)。これで明らかなように、すでに一九五〇年代に主張されたことが現在も繰り返されているのである。それでは、この目的は半世紀近い間に少しは達成されたことが確認できるのであろうか。早くも一九五八年に関敬吾が民俗学をエートノス追求の学とする説に対して、次のように指摘した。

われわれが現実の民俗調査・社会調査において、このエートノスなるものを抽出すべき材料をいかにしてとらえるか、われわれの調査技術の現段階においては、その片鱗をもとらえることはできないだろう。エートノスを設定することは研究者に安心感を与えるかもしれないが、民俗学は実証科学である。その結果はだれも知り得るものでなければならない(5)。

この関の指摘は今でも充分に当てはまることである。この半世紀近い間で、民俗学の研究過程のなかで、あるいは研究成果に基づいて、日本民族の民族性、エートノス、あるいは心性、また民族文化の特質を明らかにしたり、論じたりしたものは見られない。あるいは民族性、エートノス、民族文化とはいかなるものかについて民俗学として議論したこともない。民俗学の研究活動がいかに進んでも、目標にはまったく近づいた感じがしないような、遙か無限大の遠くに目標を設定することは、「安心感」を与えるだけの効能しかないであろう。個別具体的な研究およびその集成によって達成できる目標が設定されて、はじめて民俗学の方法も議論できることになる。民族文化、民族性、エートノス、あるいは基層文化などという空疎な題目を民俗学の目的とすることはやめなければならない。そのためにも、日本において民俗学はどのような課題を担って登場してきたのかを、改めて確認する作業から始めよう。

二　民俗学の性格

一九世紀進化主義と民俗学

民俗学は、一九世紀後半にヨーロッパにおいて登場した学問である。一九世紀後半は進化主義の時代といってよいであろう。民俗学もその流れのなかで誕生した一つの学問であった。民俗学に先行して人類学が成立していたが、それは人類の悠久なる歴史を、自分たちの文明社会を最高の到達点として、人類の諸文化をそれに達する諸段階と位置づけて、人類史を一線的な進化の過程とした。世界各地のさまざまな文化を人類進化の各段階に位置づけることは、人類はすべて同じ存在であることを強調することであり、新しい人類理解を示して、自己中心的な狭い人類理解を壊したが、常に自分たちの文化を最高のものとし、ほかの文化を遅れているものとする差別の観念を植えつけることになった。進化主義人類学は、たとえばL・モルガンの『古代社会』に示されるように、日常的なありふれた現象である親族呼称や結婚方式も、世界各地の異なる様相を示すことによって人類史の大きな材料になることを教えてくれた。

民俗学は、このような進化主義人類学と深い関係をもちつつ登場した。一九世紀イギリス民俗学の代表的研究者G・L・ゴムの『歴史科学としての民俗学』（一九〇八年）はそのことをよく示している。人類学が世界規模、人類規模での比較研究をすることで、地域差のなかに人類進化の諸段階を発見したのに対して、民俗学は自分たちの文化のなかでの残存を手がかりに、人類進化の古い段階を明らかにしようとした。すなわち、断片化して意味もわからず行われている行事や儀礼の一部にキリスト教化する以前の異教徒時代の名残を発見し、言い換えれば文明以前の姿を文明社会の残存に見ようとした。その場合、自分たちの文明社会以外の諸文化と自分たちの文明のなかに断片化して残っている残存とを等価値に置いた。J・フレーザーやG・ゴムの立場はそうであった。アジアやアフリカの事例とともに、イギリスはじめヨーロッパの各地の行事や儀礼が資料として活用された。民俗学は歴史を明らかにする学問として登場した。ただし、ゴムの目指したのは現在に至る進化の諸段階よりも、キリスト教以前の異教徒時代を明らかにしようとする面が強かった(6)。

民俗学の二つの道

民俗学を表示するフォークロアという語はもともとなかった。人工的な言葉として一八四六年にイギリスで作り出された(7)。一九世紀後半に次第にその姿を整えてきたが、その背景には社会の大きな変化があった。産業革命が進行し、古きよきものが急速に消滅していくという危機感がその背景にあった。消え行くものを懐かしむ風潮が民俗学成立の背景にはあった。これはイギリスで顕著であった。また大陸では、ナポレオンの侵略下で民族意識が高まり、自民族の文化を認識しようという動向が出てきた。特にドイツでそれは強く現れた。したがってともに進化主義的認識による歴史研究として形成された民俗学であり、ともにロマン主義の流れのなかにあったが、異なる様相を示して展開した。必ずしも民族とか国家を枠組みとせず、キリスト教世界さらには人類全体を対象とするイギリスの民俗学と、民族の伝統や特質を歴史的に明らかにしようとするドイツやオーストリアの民俗学に大きく別れていった。

日本の民俗学の成立

日本の民俗学はいうまでもなくほとんど柳田国男の独力で作り上げられた学問である。一九三〇年代に確立した民俗学には色濃く柳田国男の思想あるいは価値観が組み込まれている。しばしば柳田国男論というべき立場からは、民俗学は柳田国男の思想を表明する方法だったとするような理解がされ、また実際に柳田国男の民俗学研究の成果を彼の思想を把握するために読み解くことが行われる。確かに、日本の民俗学は柳田国男の個人の思想や使命感と密接に関連して成立してきた。民俗学の目的は何かという点も柳田国男の主張を無視してはできない。ここでも民俗学の目的という課題を柳田国男の主張を検討することで考えたい。

柳田国男は、一九世紀から二〇世紀初頭に展開したヨーロッパの民俗学や人類学を学びつつ、それらを咀嚼してほぼ完全に消化して、自分独自の民俗学を完成させた。しかし、ヨーロッパの民俗学から継承した側面は大きい。その最大のものが、民俗学は歴史を明らかにする学問ということである。これは柳田国男の初期の民俗学ですでに明確に示されていたが、確立期の一九三〇年代の民俗学において、より一層顕著に示された。民俗学の方法論を論じ、その学的全体像を示した三〇年代中頃のいくつかの著書で歴史を目的とすることを強く主張している。一例をあげれば、『郷土生活の研究法』の序文にあたる「郷土研究とは何か」で次のように研究の目的を述べている。

郷土研究の第一義は、手短かに言うならば平民の過去を知ることである。社会現前の実生活に横たわる疑問で、これまでいろいろと試みていまだ釈き得たりと思われぬものを、この方面の知識によって、もしやある程度までは理解することができはしないかという、まったく新らしい一つの試みである。平民の今までに通ってきた路を知るということは、我々平民から言えば自ら知ることであり、すなわち反省である。(8)

柳田国男の民俗学は「平民の過去」を知ることとし、それが現代の生活に横たわる疑問に解答を与えてくれるのであり、したがって民俗学は自己省察すなわち反省の学問であるという。ここに民俗学の目的を議論する原点があるというべきであろう。

三　目的としての歴史

方法だけの新しさ

柳田国男は、歴史を明らかにすることを目的に、民俗学という新しい学問を作り上げた。このことは「郷土研究とは何か」だけでなく、『郷土生活の研究法』全体を通して主張していることである。したがって、彼の言葉を借りれば、「自分たちの一団が今熱中している学問は、目的においては多くの歴史家と同じい。ただ方法だけが少し新しいのである」(9)ということになる。柳田国男のこの主張は終始一貫変わることはなかった。柳田国男にとって必要だったのは歴史であり、その必要な歴史を明らかにする方法として民俗学は存在した。現代の生活のなかに見られる疑問はことごとく過去に形成されたものであり、それを知り、理解しなければ、現在を理解できないという立場であった。人びとが悩み、苦しんでいる問題の生じた原因は必ず過去にある。それを明らかにするのが歴史の研究の目的であるとした。しかし、旧来の歴史研究は必ずしもその期待に応えてくれる学問ではなかった。旧来の歴史研究が専ら文字資料、特にそのうちの計画記録に依拠することから生じた限界であった。柳田国男は厳しく計画記録に依拠する歴史研究を批判した。文字資料の限界を指摘し、新たな資料の利用を主張することによって民俗学は成立した。一九三〇年代、すでに試みられ、その方向に向かっていた文字資料のうちの偶然記録の活用を評価し、さらに一歩進めて、採集記録による歴史研究を提唱したのである。これが民俗学である。民俗学の目的と方法を柳田国男は次のように説明している。

我々が知りたがっている歴史には一回性はない。過去民衆の生活は集合的の現象であり、これを改めるのも群の力によっている。それをただ一つの正しい証拠によって、むやみに代表させられては心もとなくて仕方がない。

こんな問題こそは実例を重ねてみなければならぬ。古く伝えた記録がなければ、現に残っている事実の中を探さなければならぬ。そうしてたくさんの痕跡を比較して、変遷の道筋を辿るような方法を設定すべきである。[10]

これで分かるように、民俗学は歴史を明らかにするのが目的であるが、その歴史は限定的なものである。すなわち「過去民衆の生活」の歴史である。柳田国男がくり返し述べているのは、「平民の過去」[11]、「我々平民の歴史」[12]などというように、少なくとも確立期である一九三〇年代前後には平民、民衆、そして常民という言葉に集約された人びとの歴史を明らかにする研究として民俗学を位置づけている。

危機意識と目的

確立期の柳田国男に従えば、民俗学の目的は常民の歴史を明らかにする学問である。しかし柳田国男の研究関心は彼の危機意識とともに変化した。[13] 一九三〇年代には農村恐慌の最中での農業・農村・農民の困難な状況出現の歴史的条件を明らかにする学問として民俗学を位置づけ、強く主張した。常民は、村落支配者・地主層と一時的居住者である職人や宗教者を除いた農村居住者の大多数を占めるごく普通の農民を指していた。[14] 没落の危機に瀕している彼ら常民の置かれた状況を歴史的に明らかにするのが民俗学であった。最大の課題は「何ゆえに農民は貧なりや[15]」であった。

それに対して、第二次大戦後の柳田国男の危機意識は、アメリカ占領下での日本人のアイデンティティ喪失の危険性に向いていた。民俗学を、人びとに沖縄を含めた日本人の一体感を促す学問として考えた。したがって、農村居住者のみが歴史を明らかにする対象ではなく、日本人そのものの存在を歴史的に明らかにすることが緊急の課題であった。特に一九五〇年代前半には、日本の「独立」に際して沖縄を切り離し、武力による占領ではなく、自らの意思によってアメリカの施政権下に置こうとする日本「本土」の人間に対する憤りをもって、沖縄と日本「本土」の一体性を日本人のルーツを明らかにすることを通して人びとに訴えかけた。それが『海上の道』である。[16] そこでは特定の存在形態を示す限定的な常民は、民俗学の対象でも課題でもなくなった。日本人そのものが問題であった。民俗学の目的は、日本人の歴史を明らかにする学問となった。柳田国男は戦後には常民という用語をほとんど用いないこと、そして彼の編で出版された書物に『日本人』（一九五四年）という書名の本があることにそれは示されている。

いつでも、その時期の日本の置かれた状況に対する危機意識が研究関心の基礎にあった。危機意識の変化とともに研究の対象や問題も変わり、主張する内容も変わった。しかし、一貫していたのは歴史を明らかにすることであった。解決を迫られている問題の原因、あるいは淵源を歴史的に明らかにすること、あるいは忘れてしまっている問題を自覚させることで解決へのヒントを示そうとした。したがって、その歴史は懐古趣味の歴史ではない。また好奇心に対応する起源論としての歴史ではない。現実の問題に結びつき、現実の問題の発生の原因、条件を説く歴史である。すなわち、「現代科学」としての歴史研究である。この点に関しては、歴史研究はすべからく現代科学であるという反論がおそらく従来の歴史研究の立場から出されるであろう。民俗学のみが現代科学としての歴史研究を独占することはない。現代の問題を解決するために歴史を明らかにするという立場は、民俗学も旧来の歴史研究も共通するものである。しかし、明らかにする歴史像は大きく異なっている。

断絶の歴史・連続の歴史

旧来の歴史研究、すなわち一般に歴史学と呼ばれる学問は、現在残された文字資料を専ら用いて歴史的世界を組み立てる。問題意識がいかに現代に発していても、個別研究は現代と切り離して、途中を飛び越えて過去の特定の時代に限定して歴史像を作る。現代の村落社会に残され保存されている文字資料を読み、分析して、たとえば近世の年貢収取の特質や生産と年貢との関係を析出する。言い換えれば、過去の特定の時間のなかに資料を戻し、その時間のなかでの人びとの活動や組織・制度を明らかにするのが歴史学である。近年までの権威ある歴史学は、変化を重視してきた。特に変革というべき急激に、しかも根本的に社会が変化することに関心を抱いてきた。ごく短い時間のなかで大きく変化する過程に歴史学の関心は集中していた。変革重視の歴史学は断絶の歴史学である。変革の積み重ね、言い換えれば断絶の累積が歴史である。

民俗学は、上の世代から継承されて今日実際に人びとによって行われている行為、保有している知識、判断基準となっている観念などの事象に依拠して研究を行う学問である。これらの事象を総称して民俗という。民俗すなわち行為・知識・観念は、比喩的にいえば生きている事象である。歴史研究の依拠する資料がいかに現代のものであっても、それは死んだ事象である。特定の過去の時間のなかで作成され、意味を持っていたものが、その後の変化で意味をなくし、過去を教えてくれる資料としてのみ価値を見出され、保存されているものである。民俗は日常の生活のなかで人びとが行為として行い、知識として保持し、価値を判断しているものである。したがって過去を示すために保存されているのではない。人びととの現在の生活を保証するために保持されている事象である。柳田国男が指摘したように、そのような現代の事象が過去を教えてくれる。

当然その過去は、現代から一足飛びに特定の過去を教えてくれるのではない。現代につながる過去を連続として示してくれる。民俗学が明らかにする歴史は、現代と断絶した歴史ではない。過去と現代が連続した歴史である。あえて時代区分を入れて説明すれば、江戸時代に形成された事象が江戸時代で消えてしまうのではなく、明治年間にも人びとの行為として示され、現在でも行われたり、あるいは江戸時代から現代まで通して観念として人びとの間で保持されていることは多い。そのような時代を超えて連続する事象を通して描かれる歴史が民俗学である(17)。

累積としての現代

過去の特定の時間のなかで形成された民俗が次の時期にも継承され、累積されていく。そのくり返しの結果として現代がある。したがって、民俗は過去に原型があるとか、過去には豊富であったという理解ではない。民俗は時間の経過とともに生成され、蓄積されてきたのであり、時間が下がるほどに豊かになってきたのである。民俗の変化や変貌、あるいは変質・解体も歴史の過程としてみれば、累積としての歴史である。変化・変貌・変質にも意味を見出し、歴史として描くのが民俗学である。(18) 民俗学は不変のもの、固定したもの、原型を明らかにするという理解は、柳田国男自身が起源論追究として批判したように、民俗学が成立期から否定してきた一つの強い認識である。不変のことがらとか、本来の姿とか本質があるとかという考えは排除されなければならない。ところが柳田国男自身がしばしばそのような立場にたった説明をしたため、民俗学ではいつの間にか悠久なる昔に完形品があるかのような理解が一般化し、それが断片化しながらも一貫して存続してきたという考えを普及させた。その結果、昔から変わらない固定的な事象のみに関心を示し、固有信仰という表現に代表されるような、日本固有のものを求める幻想に囚われてしまった。

民俗学は過去からの連続としての歴史、すなわち累積としての歴史を明らかにする。個別の研究においても、現在の問題から出発して、過去へ遡り、過去から現在までの連続した時間での累積した歴史を描き出す。その連続と累積は、すでにのべたように、変化しないことを意味するものではない。過去から連続する時間のなかでの変化した様相を追求する。柳田国男及びその直系の民俗学研究者は、それを地域差によって実現しようとした。所変われば品変わるという姿に時間を発見し、地域差を時間差に置き換えた。比較研究法といい、また重出立証法と柳田国男が命名した方法である。しかしこの基本的な理解は一九世紀人類学が獲得していたものであり、それに同一文化内での比較という地域的限定を加えたのが柳田国男の比較研究法である。この認識と方法には問題は多い。

それに代わって、個別地域のなかでの民俗を通して地域における歴史の累積を解きほぐし組み立てる方法が提唱された。古くは『山村生活の研究』批判として提出された山口麻太郎の地域民俗学であり、(19) 第二次大戦後では桜田勝徳の民俗継承体に着目する研究に示され[20]、一九七〇年代に地域民俗学という名称で展開した[21]。また福田アジオの個別分析法も基本的には個別地域での歴史構築を目指したものである[22]。

民俗学は、常に現在を明らかにする歴史研究である。過去を現在から切り離して研究するものではない。民俗学は現在から出発して、過去を追究して、現在に戻ってくる。民俗学の研究成果はどのような研究であれ、現在を基点として、現在を明らかにするものでなければならない。現在は過去からの累積として存在する。それを把握し、分析して歴史過程とその結果としての現在を明らかにする。これは民俗学の学問全体の性格としてもいえるし、また個別具体的な研究についてもいえる。

現在は固定した存在ではない。歴史の累積としての現在は、また未来に向かって歴史を蓄積していく過程でもある。したがって、歴史を蓄積していく運動を資料化できることになる。民俗事象を、一定の方法で把握して固定し民俗資料に転化することではじめて分析可能になり、歴史像を組み立てることが可能になるのであるが、その資料化の過程で動態的に事象を把握する。そうすれば、現在を単なる過去からの累積とし、その帰結は変化のない固定した存在とするあり方を廃棄することができる。世代を超えた過去の時間との関係で現在を把握するだけでなく、今生きて暮らしている時間のなかでの動態として把握することが必要である。言い換えれば運動としての民俗を把握位置づけることである。それによって歴史の累積としての現在に歴史を創りだす未来への運動をも接続させて、大きな時間を明らかにできるのである。

国家と民俗学

たとえ多くの問題を内包していても、柳田国男の地域差に時間を発見し、比較によって歴史を組み立てる方法は重要な認識を示している。すなわち比較の範囲を何らかの形で限定するということである。かつての人類学のように人類のあらゆる文化を比較して人類史を究明するのではない。比較の範囲は日本であった。柳田国男がいう一国民俗学である。当時の日本の植民地だけでなく、アイヌ民族を除き、沖縄を重要な存在として位置づけた一国民俗学であった。歴史を共通にする地域をそこに表示している。民俗学において日本を一つの存在として把握する考えは、近代の国民国家を下から、すなわち民衆の側から構築する歴史認識といえる。国家や政治権力による歴史形成ではなく、人びとの生活のなかで形成された歴史の単位を自己の民俗学の研究範囲としたのである。一国民俗学という主張は現代の民俗学としては採用できないが、柳田国男がその先に、あるいは将来に世界民俗学を想定したように、一国民俗学で完結するものではない。

しかし、世界民俗学の構成単位は国ではない。世界各地の一国民俗学を集積することで世界民俗学になるという理解や主張は間違いというべきであろう。歴史形成の単位を国家に設定した柳田国男の認識は、明治国家の官僚としての経歴と深く関わっているものと思われる。そして、そこから離れることができなかったのが彼の限界であった。民俗として表出された歴史形成の単位は国家ではない。生活文化の共通する範囲は国家に規制されつつも、独自の世界を示してきた。日本列島を一つとして考えない立場、沖縄を日本の単なる一地方とせず、独自の文化さらには一つの民族として把握する立場、さらに日本列島内のいわゆる日本「本土」も一つと考えない立場を民俗学としても重視し、その存在を許容することが新しい民俗学の目的を作り出す。国家に呪縛されない視点を獲得し、国家を超えて真の人類規模の民俗学に近づく道筋を作り出す可能性を追究することとなる。そのことによって改めて国家を相対化できるのであり、国家を民俗との関係で把握できるようになる。民俗は国家や政治権力と無縁に存在するのではない(23)。民俗は政治権力によって規制されたり、否定されたりするだけでなく、国家や政治権力によって作り出される民俗もある。そのような民俗を受け身で考える関係だけが、国家・権力と民俗の関係ではない。逆に民俗が国家や政治権力を規制し、否定し、あるいはまた支持し方向づけることもある。それを認識できて、初めて明治以来深く国家に取り込まれてきた日本列島に住む人びとの自立は可能になる。民俗学研究は国民国家の幻想をはずし、人びとの歴史形成の単位を明らかにしなければならない。そして自らの歴史形成の単位のなかで歴史像を組み立て、そこから国家、政治を把握し、位置づける必要がある。これはまた民俗学が柳田国男を超える道でもある。

現代の事象で、過去の事柄である歴史を明らかにするという目標設定は、かつての人類史の再構成を目的とする進化主義人類学への批判が、そのまま当てはまると考える人は多いであろう。歴史の再構成はフィクションであるという批判である。人類規模での歴史の再構成は間違いなくフィクションである。関連性のない世界各地の文化から脈絡なく個別要素を抜き出して、その比較から歴史を推測して組み立てる方法は、虚構の歴史を記述するだけのことである。柳田国男も認識していたように、歴史形成の単位は文化を共通にする社会である。柳田はそれを郷土としての日本に求めたが、それのみではない。狭くは日常生活で人びとの間に面識関係があって生活を共通にする個別地域社会であり、より広くは民俗の伝承を共通にする地方であり、広くは言語を共通にする地域である。さらに広域的な歴史形成単位も浮上してくるであろう。歴史形成単位を明確にすることによって虚構を排除して、実態として歴史を把握するのであり、そこに民俗学の目的がある。

四　目的としての「経世済民」

「経世済民」

柳田国男が一九三〇年代を中心にしきりに強調したことは、「世のため人のため」「学問救世」ということであった。

これは現在では「経世済民」という語に集約されて、柳田国男論の一つの中核的なテーマとなっている。ただし柳田国男は文中で「経世済民」という言葉を一度も使用していないと思われる。柳田国男と「経世済民」とを結びつけたのは柳田国男論である。そして柳田国男論の隆盛は「経世済民」を普及させ、あたかも柳田国男自身が用いたかのように扱うこととなり、この語によって柳田国男の学問の特質を表現するまでに至った。[24]ところが、逆に民俗学ではこの問題はほとんど論じられることがない。民俗学の社会的使命としての学問の目的が議論されない状態が久しく続いてきた。民俗学は何を明らかにするのかが論じられることなく、個別調査・研究が自己目的化してしまっている。

すでに述べたように、柳田国男の研究は危機意識に基づく使命感によって押し進められた。それは一九一〇年代から一九五〇年代まで一貫していた。柳田国男が膨大な著作を著し、日本の社会や文化の多方面にわたって研究し、論じたのは、半世紀に及ぶ民俗学の研究期間において、刻々と変化する社会の状況に対峙して、当面の問題の歴史的背景、歴史的蓄積を明らかにして提示しようとしたからである。単に個人的な興味関心が変化した結果ではない。「経世済民」の実践として研究が展開していたことを示している。

柳田国男が開拓した研究課題を、民俗学の範囲とする必要はまったくないことは明らかであろう。柳田国男が残した研究対象は彼の危機意識に基礎をおく使命感に基づくものである。柳田国男が結果として示した研究対象としての事象ではなく、彼の自らの危機意識による課題設定という学問のあり方と学問の方法を継承することで、新たな研究課題、研究対象を開拓設定すればよいのである。

実践的課題と民俗学

大上段に振りかざせば、民俗学の目的は「経世済民」にある。[25]すなわち現実の社会で解決を迫られている問題について研究することで、解決に資することである。民俗学は歴史的世界を認識し、それを通して現在を理解することを目的の第一義とするが、その基礎にはかならず第二の目的として実践性があるといわねばならない。民俗学の実践をいう場合、しばしば民俗学そのものの研究とは別に、その応用としての実践を提唱される。もちろんそれも実践の一つのあり方であり、否定されるべきものではない。しかし、応用としての実践のみで、民俗学研究そのものは現実の社会と無縁な存在にしてしまうのは、日本において柳田国男という個人の努力で作り上げられてきた民俗学の登場の理念を消してしまうことになる。まさに晩年の柳田国男が表現した「民俗学の頽廃を悲しむ」[26]状況である。

民俗学の研究も、柳田国男が主張したように、現実問題解決のために貢献することを目的としなければならない。現実問題は必ずしも政治や経済の問題だけではない。生きて暮らしていることのなかに発生するあらゆる問題である。そして、そのなかでもしばしば重要な意味をもつのが政治や経済である。実際に生じている政治・経済問題に対する自己の問題意識から対象に焦点をあてて、それを解決するための前提としての歴史認識、さらにはその基礎に存在する歴史知識を獲得する研究として民俗学を再生させることが、民俗学の初志に戻ることであり、それが現代に要求される民俗学の役割でもある。そうでなければ、民俗は政治と無縁であり、民俗学は非政治性の学問とされることで、今までもそうであったように、かえって国家や権力に搦め捕れて特定の政治的役割を与えられることになるであろう。[27]

注

(1) 谷口貢「民俗とは」(佐野賢治他編『現代民俗学入門』吉川弘文館、一九九六年、四〜五頁)。
(2) 佐野賢治「比較の視野」(同書二二頁)。
(3) 和歌森太郎『日本民俗学』(弘文堂、一九五三年、一頁)。
(4) 桜井徳太郎「日本史研究との関連」(『日本民俗学』四巻二号、一九五七年)。
(5) 関敬吾「日本民俗学の歴史」(『日本民俗学大系』第二巻、平凡社、一九五八年、一五四頁)。

（6）甲元真之「ゴムの方法」（『国立歴史民俗博物館研究報告』二七集、一九九〇年）。
（7）ウィリアム・トムスが一八四六年に雑誌『アセニウム』に投稿した書簡のなかで初めて用いた語である。その書簡はDundes, Alan,ed. *The Study of FOLKLORE*,1965に再録されている。
（8）柳田国男『郷土生活の研究法』一九三五年（ちくま文庫版『柳田國男全集』第二八巻、筑摩書房、一九九〇年、所収、一〇～一一頁）。
（9）柳田国男『青年と学問』一九二八年（ちくま文庫版『柳田國男全集』第二七巻、筑摩書房、一九九〇年、所収、一三九頁）。
（10）柳田国男『国史と民俗学』一九四四年（ちくま文庫版『柳田國男全集』第二六巻、筑摩書房、一九九〇年、所収、四三〇頁）。
（11）柳田国男前掲『郷土生活の研究法』一〇頁。
（12）同書二三頁。
（13）福田アジオ「柳田国男の民俗学研究と危機意識」（『社会思想史研究』一九号、一九九五年）。
（14）柳田国男前掲『郷土生活の研究法』一五〇頁。
（15）同書九四頁。
（16）福田アジオ「日本単一民族論再考」（川田順造・福井勝義編『民族とは何か』岩波書店、一九八八年）。本書第一部第三章。
（17）アナール学派の社会史が強調する「長期波動の歴史」に通じるものである。社会史の発展は、民俗学の目的・方法・対象などを再考させる大きな契機となっているはずであるが、今のところ必ずしも民俗学の側からの社会史を視野にいれた方法論は見られないといってよい。なおアナール学派社会史の主張及び特色についてはジャック・ルゴフ他『歴史・文化・表象』（二宮宏之訳編、岩波書店、一九九二年）参照。
（18）かつて和歌森太郎は、歴史学と民俗学の関係について、前者は問題解決過程を明らかにし、民俗学は解決されずに残された問題を扱うとしたが、この立場を採用しない。民俗学が明らかにする連続としての歴史、累積としての歴史も問題解決過程を取り上げ解決された結果として累積された歴史を明らかにする。和歌森太郎「民俗資料の歴史学的意味」（『歴史研究と民俗学』弘文堂、一九六九年）参照。
（19）山口麻太郎「民俗資料と村の性格」（『民間伝承』四巻九号、一九三九年）。
（20）桜田勝徳「村とは何か」（『日本民俗学大系』第三巻、平凡社、一九五八年）。

(21) 宮田登「地域民俗学への道」(和歌森太郎編『日本文化史学への提言』弘文堂、一九七五年)。
(22) 福田アジオ「歴史学と民俗学」(『民俗学評論』八号、一九七二年)。
(23) 福田アジオ「政治と民俗」(桜井徳太郎編『日本民俗の伝統と創造』弘文堂、一九八八年)。本書第一編第五章。
(24) 福田アジオ「経世済民・学問救世」(『柳田国男事典』勉誠社、一九九八年)。
(25) もちろん「経世済民」は儒学における用語であり、治者として上から民を救うという観念であるが、その意味で「経世済民」というのではない。「世のため人のため」ということであり、現実社会に関わって課題を認識し研究することをいう。
(26) 『定本柳田國男集』別巻第五(一九七一年)「年譜」の昭和三十五年(一九六〇)五月十三日の項に「千葉市の教育館で、『日本民俗学の頽廃を悲しむ』を講演」と記されている(六六一頁)。この注目すべき題目の内容は原稿の形で残されなかったと推測され、柳田国男の各種著作のなかに入れられていない。したがって、柳田国男が悲しんだ頽廃の内容は久しく不明であった。ところが、この年譜の記事に対応する千葉での講演の設定に関係し、講演に列席して記録をとっていた菱田忠義がそれを公表して、なお当日の実際の題目は不明だが、内容は明らかになった。それによれば、以下のような事態が「頽廃」だったものと思われる。すなわち、「学問は国のためにならねば、する必要はないと思う」が(中略)、「単刀直入にいうが、今日流行の民俗学は奇談・珍談に走り過ぎる」という点であろう。晩年の柳田国男が初志を失っていなかったことがわかる。柳田国男の講演記録とそれにまつわる事情については、千葉徳爾「柳田国男の最終公開講演『日本民俗学の退廃を悲しむ』について」(『日本民俗学』一九四号、一九九三年)参照。
(27) 岩竹美加子編訳『民俗学の政治性』(未来社、一九九六年)参照。日本の民俗学の研究雑誌にこの書物に収録されたような論文がまったくといっていいほど、掲載されないことを充分に反省してみる必要があろう。

第二部　民俗学の方法

第一章　周圏論と民俗学

一　疎遠な関係

民俗学と方言地理学は非常に近い関係のように思われている。あるいは当事者たちは互いに親しい関係だと錯覚しているともいえる。しかし、現実に発表される近年の論文などの内容傾向をみれば、両者の密接な関係を窺わせるような論考はほとんどない。ことに民俗学の世界では、方言地理学に問題を提起したり、あるいは波紋を投げかけるような研究はこの数十年の間にほとんどなかったといえる。それにもかかわらず、両者が互いに近く親しいと思われたり、自分たちもそう思うのは、明らかに柳田国男の論文「蝸牛考」（『人類学雑誌』四二巻四～七号、一九二七年）、著書『蝸牛考』（一九三〇年）があるためである。

そこで、少し冷静になって考えてみると、「蝸牛考」および『蝸牛考』で出された方言周圏論は、方言と冠しているように、あくまでも方言の分布に関する仮説である。柳田は論文「蝸牛考」で次のように述べている。

そこで私の考へるには、若し日本が此様な細長い島で無かつたら、方言は大凡近畿をぶんまはしの中心として、段々に幾つかの圏を描いたことであらう。従つて或方面の一本の境線を見出して、それを以て南北を分割させようとする試みは不安全である。同時に南海の島々と奥羽の端とを比較して見ることが至つて大切であり、又土佐や熊野や能登の珠洲の如き半島突角の言語現象は、殊に注意を払ふべき資料であると信ずる。何となれば我々の想像の円周は、往々にして斯んなあたりを、今一度通過して居るかも知れぬからである。[1]

これで明らかなように、方言周圏論は民俗についての仮説ではない。方言周圏論は方言を冠している限りでは、柳田国男の方言研究であり、方言地理学上の仮説を提示しているものであると了解すべきであった。ところが、多くの民俗学研究者にとっては、民俗学と柳田国男の関係はほとんど完全に一体化しており、柳田国男が執筆したものはすなわち民俗学の研究と考えてしまう傾向があった。言語地理学上の重要な仮説が、ほとんど確認されることもなく民俗学の仮説とされてきた。そのため、両者は近く親しいという錯覚をひきおこしたのである。この錯覚は民俗学研究者だけでなく、国語学・方言学研究者にもあったと思われる。

柳田国男の方言周圏論が民俗学の仮説になるためには、民俗周圏論あるいは文化周圏論にならなければならなかった。仮に方言を取り上げ、その分布から解釈し、一定の仮説を出すにしても、それと民俗との関係をつけ、民俗事象の解釈として把握しなければならなかったはずである。しかし、そのような努力はほとんどなされず、方言周圏論のまま民俗学の有力な仮説の扱いを受け、それを通して民俗学は方言地理学に非常に近い兄弟の学問かのように思い、思われることになってきた。しかし、思い違い、あるいは錯覚であるといわねばならない。

柳田国男の方言周圏論の形成については別に論じたことがあり、[2]また方言周圏論そのものの検討は柴田武「方言周圏論」[3]はじめいくつもあるので、本章では民俗学にとって周圏論がいかなる意味を持つか、また仮説としてはどのような問題があるのかを検討し、方言地理学の研究に参考として供したい。

二　柳田国男における方言周圏論と民俗

方言周圏論はまた民俗学の有力な仮説であるとする錯覚については、柳田国男に責任がある。晩年には、『蝸牛考』はあくまでも方言についての研究であるとし、その適用を方言に厳しく限定していたという。(4)ところが、方言周圏論と同様の考えを、ほかの民俗学上の記述にも表明していた。もちろん、そこでは方言周圏論とか周圏論とはいわず、内容本位に説明しているだけであるが、そのことがかえって柳田国男以後の研究者に、方言周圏論を民俗学上の重要な仮説と考えてしまう傾向を生み出した。以下にそのような文章を紹介しよう。

最初のものは、有名な『先祖の話』での記述である。ここに明白に、古い民俗は列島の周辺部に見られるという仮説を「中央と交通の最も少なかった国の端々において、真似も言い合わせもせずに一致して存するものは、まず一応は古い世から伝わったものと私は見るのであるが(5)」という表現で述べている。そして、四国の土佐で盆の期間中門口で燃す火をホーカイということを紹介し、これに関連する主として西日本の例を出し、次いで東北地方の盆の墓前のホカイの行事を示して、その関連性を示唆し、「ホガウまたはホカイするという動詞は、今でもまだ厳粛なる昔のままの意味で、弘く東西の各地に行われているのである(6)」としている。これなどは明らかに民俗の周圏を述べている。『先祖の話』での説明は、日本列島の周辺部に見られるものが古いという考えを提出しているが、なぜそうなるのかは説明していない。その点を明確に述べた文章を次に紹介しよう。有名な「聟入考」（一九二九年）の文章である。これは柳田国男の確立期の文章であり、最初「史学対民俗学の一課題」というサブタイトルを付けて発表したように、民俗学の積極的意義を歴史学に対して主張した理論性の高い論文である。

都市の生活が始まってからは、新しい文化は通例その中に発生し、それが漸をもって周囲に波及して、次々に一つ前のものを、比較的交通に疎い山奥や海の岬に押し込める。そうして古いものほど記録と縁が薄いから、比較の機会が乏しくて、棄てておくと皆孤立してしまう。(7)

柳田国男の数少ない理論的著書である『郷土生活の研究法』(一九三五年)では、「遠方の一致」と題する節で、まず「沖縄の発見」の意義を説いたうえで、「文化変遷の遅速」というゴシックの見出しの下に次のように述べている。

次になお一つの我々の実験は、いわゆる計画記録の最も豊かであった中央の文化が、かえって最も多く変遷していたことと、それから距離の遠くなるに比例して、少しずつ古い姿の消えて行き方が遅くなっているということであった。これは机の上でも必ずしも想像し得ぬまでのことではないが、実地に当ってみた者ほどにその感は痛切でない。山奥や岬の外や離れ島は顕著な例であるが、ただの平野でも中央の影響の久しく行き届かなかった方面には、今はまだいろいろの残留が見出される。(中略)この南北双方の遠心的事情に、著しい一致のあることが心付かれ始めた。人知れず永く存していたことが立証せられようとしている。(8)

ここで柳田がいう「実験」は、現代の一般的な用法ではない。「実験」は「実際の経験」の意味であり、彼が好んで用いた民俗学を特色づけるキーワードの一つといってよい。ここでは中央とそこからの距離が大きい地方とでは「変遷」に遅速があることを説いているが、その遅速をつくるのは「中央の影響の久しく行き届かなかった」ことに求めており、やはり中央からの伝播に周圏の出現の要因を認めている。

このように、柳田国男は当時の多くの論文の導入部で、文化は中央の都府で発生すること、都府からの距離が大きくなるにつれ、新しい文化の到達が遅れ、古い姿が残存していることを説き、地域差から時間差を明らかにすることが可能であると主張していた。したがって、用語としては用いていないが、周圏論が民俗あるいは文化についても適用できることを述べているといえる。なお、柳田の周圏論に関する文章については、平山和彦「柳田国男の周圏論」(9)を参照されたい。

三　方言周圏論から文化周圏論へ

以上のような説明をたびたび読んでいた柳田の門弟たちが、方言周圏論はまた同時に民俗事象に関する仮説であると思ってしまったのは無理もないことであった。柳田の門弟のなかでもとくに忠実にその考えを継承しようとした倉田一郎が、方言周圏論を文化の周圏論に拡大しようとしたのも、柳田の文章を正しく読んでいた結果であるといえよう。倉田一郎は言語現象に関心を抱き、「地方に分布してゐる詞こそは、これを時間的にみれば、曾ては中央にも行はれ、ひとたびは地方に波及して、古きになづむ田舎びとの伝承によつて、今日まで保存された記録なき国語史なのである」(10)と述べて、方言周圏論を紹介していたが、さらに『農と民俗学』（一九四四年）で方言周圏論が文化周圏論でもあることを以下のような「文化の周圏」という言葉で説明した。

文化の周圏とは、古代はとにかく少なくも畿内あたりが文化の中心になって以後、中央からは新しい文化の波がつぎつぎに四方へと圏波のように拡がり、遠方にゆくほどその波及力がにぶることによって、中央から遠ざかるほど、古い文化が沈滞する結果を生ずる現象をさすのである。こうして遠隔の地は中央に近接の地域よりも古風を存し、山村や離島が濃厚となったのである。(11)

倉田一郎は理論的に柳田国男に忠実な研究者であった。柳田国男が設定した重出立証法という用語を、柳田から習って初めて用いたのも倉田一郎であった。倉田は一九三五年の『山村生活調査第一回報告書』のなかで「山村社会に於ける異常人物の考察」という注目すべき表題を掲げて中間報告をしたが、早くもその文頭で「資料への民間伝承学の方法―主として帰納的な重出立証法―に於て考究を加へたいと思ふ[12]」と述べている。前年の一九三四年に重出立証法という用語が初めて柳田国男『民間伝承論』の「我々の方法」で登場したばかりであり、それを早速に採用しているのである。柳田国男の方言周圏論を文化の周圏に拡大しているのも、柳田の記述を日ごろから熱心に読み、その吸収に努めていたことの現れであり、柳田の考えや主張と一致するものといえよう。

第二次大戦後、方言周圏論が民俗周圏論としての意味を持ちうることを最初に説いたのは和歌森太郎『日本民俗学概説』（一九四七年）であろう。その「日本民俗研究の方法」において、方言周圏論を紹介しつつ、「民俗の地方差は民俗の時代差といふことと応ずるであらうとの観方を促す[13]」と述べ、結論的には「とにかく、民俗を研究し、民俗史を構成するこの学問の方法として、右の周圏論的観方は一つの有力な指針を与へるであらう[14]」として、方言周圏論が民俗周圏論でもあることを認め、重視している。しかし注意されるのは、周圏論的観方と表現し、周圏論をそのまま適用するのではないという姿勢を表明していることである。民俗学は民俗史を構成する学問という当時の和歌森の立場との関係で、周圏論をそのまま全面的に適用することには慎重であった。適切にも「或る意味で民俗学研究の結論を方法に用ゐる、といふ奇妙なことになるので、実はそれきりで民俗史を描写することははゞかられねばならない[15]」と述べているのである。

周圏論という仮説を世間に広く知らせることになったのが、民俗学研究所編『民俗学辞典』（一九五一年）の「方言周圏論」の記述であるが、そこでは「蝸牛考」によって方言周圏論を紹介し、さらに『人類学雑誌』の「蝸牛考」の説明（本章で最初に引用した部分）を引用紹介したうえで、以下のように述べている。

そしてこの主張は、単に言語現象だけに関係するものではなく、民俗の諸種の伝承に関しても適用されるものである。新文化の中心地の周辺に、文化的距離の近遠によつて、同一種の民俗が伝承せられ、国の南北の資料的一致、遠隔地資料の一致は民俗資料の諸部門に共通する現象である。この意味で方言周圏論は、民間伝承周圏論を背後に持つものであり、方言研究に画期的意義を持つたばかりでなく、民俗の研究にも示唆するところが多い(16)。

この解説は方言周圏論が、方言だけでなく民俗にも適用されることを説いている。周圏論の拡大がいよいよ本格化したことを示す記述である。

これを明確に「文化周圏論」と呼んだのは牧田茂であった。牧田は概説書『生活の古典』（一九五二年）のなかで方言周圏論を紹介し、その意義を文化周圏論であると解説した。民俗学の方法について説明するに際して、「いなかほど古風」という見出しを掲げ、以下のような説明を記した。

ところで、古風なものほど交通の不便な山の奥や島かげの村に残つているということについては、民俗学を研究する上において、一つの前提ともなつているものですから、少し説明しておきましよう(17)。

として、灯火の歴史を例示する。都会では電気であるが、田舎にいけば石油、さらに種油や魚油であり、それは今に対して昔を示しているということを説き、しかも模式図を掲げ、そこには「時代差が地方差になつてのこつている」という説明まで付けている。そして結論として「とにかく交通の不便な、中央から遠く離れた土地ほど、古い姿を残しているというのが民俗のありかたなのであります。それはちようど、高い山に登らないとみられない高山植物が、寒い国へ行くと平地にもみられるのと同じで、時代相という時間的な高さが、地域相という空間的なひろがりの中にみられるということなのです」と断言している。以上のような説明をした上で、「文化周圏説」という見出しを立て周圏論を説明する。東北と九州という日本列島の両端に非常に似通った民俗、すなわち同じ時代相の民俗が残っていると述べ、続けて柳田国男の「蝸牛考」を述べる。

柳田先生の『蝸牛考』という書物は、全国のかたつむりの方言を集め、それを詳しく分類して研究することによつて、方言は東海方言とか近畿方言とか機械的に分割すべきものでなく、新語が生れると、同じことを表現する古い言葉はその周辺におしやられて行くという現象があつて、それはあたかも静かな池に石を投げた時に波紋が周囲へ拡がつて行くのと似ているとして「方言周圏論」という説を唱えられたものでありますが、これはかならずしも言語現象だけでなく、民俗の残り方についても適用されるのであります。やがては、もつと詳しく文化伝播の系統が研究されて、日本の文化の地方へ浸透して行つた様子が明るくされる日がくるだろうと思いますが、今日のところではこの文化周圏説を以て民俗学における有力な一つの前提としているのであります(18)。

このような文章には、入門書として分かりやすく解説しようとするあまり、かえって疑問が生じるという面があるが、方言周圏論が明確に文化周圏論に拡大されており、そのことに大きな自信があることを示している。しかし、周圏論の言語から文化への拡大の根拠はほとんど何も説明されておらず、直結されてしまっている。

以上の経過をへて、周圏論は文化周圏論、あるいは民俗周圏論となり、民俗学の基本的方法かのように扱われることとなった。千葉徳爾は「民俗周圏論の展開」(『日本民俗学会報』九号、一九五九年)、「民俗周圏論の検討」(『日本民俗学会報』一二七号、一九六三年)等で、積極的に民俗周圏論という用語を採用し、方言周圏論とは異なる解釈を試みた。そして『日本民俗学会報』六〇号(一九六九年)が「民俗学の方法論」を特集した際に、そのテーマの一つとして「重出立証法」、「文献資料と民俗資料」と並んで「周圏論」を取り上げ検討したことが完全に民俗周圏論の民俗学の世界に定着したことを示していた。その「周圏論」では、福田アジオが周圏論の歴史を、当初の方言周圏論から倉田一郎・牧田茂らによって文化周圏論に展開し、その後千葉徳爾らによって種々検討が加えられるようになったと指摘し、平山和彦が周圏論の問題点を正当にも言語の問題として検討するとともに、文化の概念を再考して、問題提起を行い、それに対して小川徹・小野重朗・井之口章次が意見を表明するものであった。そこで表明された意見は周圏説を全面的に肯定する見解ではなく、種々の問題点を指摘しつつも、その有効性を認めるのが基本であった。言い換えれば、周圏論はすべての事象に適用される法則なのではなく、限定した事象に対して有効な仮説であるとするものであった。

四　文化の中央発生と伝播

文化の中央発生

周圏論は、文化の中央発生説と文化の地域間伝播説がかたく結びついた学説である。したがって、周圏論を検討するために便宜的に文化の発生の問題と文化の伝播の問題の二つに分けて考えるのが分かりやすいといえる。

たしかに文化の中央発生説は一つの常識である。この場合の中央は柳田がしばしば「都府」と表現したように、政治的中心地である。この政治的中心地から新しい文化が次々に生まれるという考えには、周圏論を前提にしたとき、いくつかの疑問が浮かび上がってくる。まず第一に、さまざまな文化、あるいは限定して民俗が果たして中央で発生したといえるかという問題である。柳田国男自身が、漁業のような問題には周圏論は適用されない旨発言していたというように、[19] 事象によっては中央部での発生を考えることができないものもある。もちろん、政治的中心において新たに登場し、そこから周辺に拡大していくものもあったことは想像に難くない。たとえば、流行現象として登場する服飾などにはその傾向が強いであろう。また政治制度や政治権力に結びついた事項の場合には、政治的中央から全国化したという可能性が大きい。しかし、日常的な生活文化において、中央発生を想定できる事象はそれほど多くない。

またしばしば疑問として出されるのは、文化の発生地としての中央は常に同じかという問題である。仮に中心から次から次へと、ある文化が発生するとしたとき、長い年代を通して、中心が常に同じだったといえるのかという疑問が指摘できる。この疑問は早い時期から出されていた。日本における政治的中心は大きくは京都から江戸へと移った。したがって、文化が政治的中心で新たに発生するとしても、古代・中世と近世では異なることになる。周圏論の上でいえば、同心円の中心は常に同じかという問題である。このことは誰もが時代によって中心が異なるということを了解するであろう。

文化伝播

周圏論における文化の伝播説もまた一つの常識的理解である。文化が隣接地域へ伝わり、それが繰り返されることで遠方まで及ぶという考えは疑問の余地がないように思われる。確かに、現在の広域的な分布が特定の場所からの伝播の結果であったと考えられる事象は少なくない。

しかし、伝播説の問題点の第一は、それぞれの地域は伝播の通過地点と考えられてしまうことである。ある事象に周圏的分布が見られたとしても、それは現在たまたまそのような分布を示すのであって、時間の経過のなかで伝播が進めば、違った様相の周圏的分布が見られることになる。

逆に見れば、特定の周圏的分布がなぜ見られるのか、その地域における意義を明らかにしない点が問題である。特定の地域が特定の民俗を保持しているのはなぜかについての解答を用意せずに、伝播の過程でたまたまこの姿を示しているにすぎないという、非常に消極的な地域の把握に陥ってしまうことになる。伝播してきたものが、その地において世代を超えて継承されているのであるから、その地域において時間的な幅をもって存在しているのである。単なる移ろい行く一齣としての地域ではないことは明白である。

周圏論において、かつて中央で発生したある事象が、現在中央から離れた遠くの場所に存在していると確認できるのは、大きな距離を移動する形で伝播したにもかかわらず、その姿や形を変形させていないからである。このことには重大な疑義を生じさせる。すなわち、この仮説は、伝播は変化をともなわない、あるいは引き起こさないという前提の下で作り出されているのである。ある事象が隣接地域へ伝わる際に、それが伝わってきた地域がまったく無抵抗に受容したことを想定した解釈である。

果たして伝播してきたものに対して、拒否その他の反応をするということはなかったのであろうか。伝播を伝わる力のみで考えるのが周圏論であるが、それを逆転させて伝えられる側に視点を置いて考えた場合、伝播に対して拒否・選択・改変・受容という四つの対応が想起されなければならない。

拒否は文字通り伝播してきたものをまったく受け入れない。したがって伝播してきたものがそこで伝播が止まることになる。個別の村落や都市が拒絶する程度であれば、伝播する力は迂回してさらに先に伝播して行くであろうが、拒否する側の地域が共通した条件のもとに存在すれば、広域的に拒否反応が示されることもあり得る。そうであれば、伝播自体がそこで終わることになる。

また、伝播してくる事象に対応した側が選択して受け入れる可能性も考えなければならない。伝播に対して、地域の条件に適った事象は受け入れるが、地域に条件が欠けるものは拒否するということになる。一連の事象であっても、その一部分のみが選択されて受け入れられ、その他の部分は拒否される。伝播という現象が部分伝播して伝わることになる。それが伝播の過程で繰り返されれば、中央から離れた所での伝播の結果は、中央から出発したときの姿のごく一部のみが伝わったにすぎない。

そして、おそらくもっとも一般的な対応が、伝播してきた事象に対する改変であったのではなかろうか。時間と距離の二つの経過のなかで伝播は行われるのであるが、その二つの要素は、対応する側の条件が伝播させる側とはすずでに異なることを意味する。対応する側が自分たちの条件に合わせて改変してしまうことは必然である。改変しなければ、地域の生活のなかに位置を占めることができず消えてしまう。一種の周圏論ではあるが、解釈の方法が異なるものに、フィンランド学派のカールレ・クローンの考えがある。クローンは『民俗学方法論』で次のように述べている。

伝承の原形の伝播を云々するのは間違ひである。世代から世代へ伝へられ、国から国へ移つてゐるものは、原形ではなくつぎつぎに発生した原形の諸変化である。

とにかく、前に述べた自己訂正といふことが、発生した諸変化の大部分を直接に廃棄したり抹殺したりするから、原形はそれの今日の後継者に於て知ることが出来る。単にその少数の諸変化が広く伝播し、更に少数のものが他の変化を生ぜしめ、それがまた伝播する。(20)

クローンの理解は、周圏的分布がみられるばあい、中心においては原形を維持して伝えられているが、そこから離れるにつれて改変の度合が大きくなり、変化した姿が示されているという。新旧とは意味が異なるが、柳田国男以来の周圏論とは逆の考え方であり、中心に原形、周辺に変化形という説である。クローンはその仮説によって昔話の発生地を確定しようとした。ここに示された、伝播は必ず変化をともなうという考えは重要であり、無視できないものである。

したがって、伝播にともなうそのままの受容という第四の対応は必ずしも一般的とか原則であるということはできなくなる。周圏論の解釈の前提は、伝播が改変や選択をともなわず、出発地の姿を遠く離れた所でも保つというものである。しかし、それは伝播に対応する個別地域がよほど条件的に適っている場合に限定されるであろう。

文化の中央発生説とかたく結びついた伝播説が周圏論である。周圏論はこの二つの面から見て非常に問題が多いことが明らかとなった。それを総括すれば、伝播してきた事象に対応する地域の問題が解釈に欠落しているということになる。要するに、地域の主体性・選択性・創造性が完全に無視されている仮説ということである。周圏論で明らかにされる歴史は中央文化受容史であり、自らの文化を創造し、維持するなかで中央の文化を拒否したり、選択したり、改変したりするという主体的な歴史ではないことを反省しなければならない。

五　周圏的分布の意味

伝播によらない周圏的分布

柳田国男の周圏論は、前節で見たように、言語を含め、文化の中央都市発生説と文化の伝播説が結びついてセットになっている仮説ということができよう。しかし、注意して読んでみると、柳田にはこれとはやや異なる解釈による周圏論の説明があることが知られる。例えば、一九三五年の「日本民俗学講習会」で民俗学の特色を述べた「採集期と採集技能」では、次のように説明している。

我邦は南も北も遡れば却つて多くの一致を見、ただ地形と中央からの距離の多少とによつて、其変遷の歩みに遅速あるを見出すのみである。個々の郷土は時を同じくして、同じ一つの道筋の上の各丁場を例示してゐる。去年一昨年の都市の流行が、今頃漸く小さな町には入つてゐる様に、島や山村の生活ぶりとても、無論改まつてはゐるが改まり方が遅く、多くは平野の人々の通つたあとを歩いて居るかの如き姿がある。(21)

あるいは『国史と民俗学』（一九四四年）に収録された「史学と世相解説」で以下のように説明している。

世の中の変り目と申すものが、もしも屏風などを折り返すように、国内そっくりと一ぺんに改まり切るものでありますならば、前代の痕は残りませぬから尋ねてみようもないのですが、我々の生活ぶりは後れ先だっているのであります。日本のような地形の変化に富み、島もあり岬もあり、谷あいもあるという国でなくとも、都府から遠くなって行くほどずつ、新しい文化に附いて来る歩みが遅くなります。その数多くの例を並べ比べてみますならば、世が改まり生活方法の変って参った足取りもほぼわかり、そうして向うの一端は今もまだかなり古い処に、止まっていることが明らかになります。(22)

都府からの距離によって新しい文化についてくるのが遅れるといっているが、その新しい文化が都府から伝播するという考えは明確には示されていない。本文ではこのような説明の後に具体例として灯火の歴史を提示している。これらの文章では、文化の中央発生の考えは明確ではなく、それ以上に文化の伝播説は採用されていない。変遷の歩みに遅い速いがあって、中央と地方で差があり、それが地域差を出現させているとする。遠く離れた南北の一致も、中央からの伝播の結果ではないことになる。中央では生活の変化の速度が早く、地方では変化の速度が遅いことが、周圏の様相を現出させるという考えである。

方言周圏論は、基本的に伝播説である。中央から新しい単語が周囲に伝播して行くが、それがいまだ到達しない所には、それより古い形態が存在すると考える。中央でそのような新しい言語は何回も発生して周囲へ伝播すれば、その波状伝播が、中央からの距離に応じて分布をいくつもの同心円として出現するとした。これが方言周圏論である。しかし、民俗事象さらには文化として考えたときには、仮に現状としていくつもの同心円が描き出される周圏的分布であっても、それが中央からの波状伝播と判断することには不安を覚えることは柳田国男も同じであったろう。伝播がなくても、分布が周圏的に出現することがありうるという考えである。

先進・後進と周圏論

すなわち中央と地方が、歩みに遅い速いがあるという考えである。この考えは柳田国男自身も採用していることは引用した文章によって窺うことができる。そして、旧来の歴史研究の認識とも一致する面を持つ。第二次大戦後隆盛をみた歴史研究は、進歩発展の概念で歴史を強烈に描き出した。その際に注目されたのが地域差であった。社会は均等には発展せず、地域差があるという不均等発展の考えである。多くの人びとが親しんだ先進・後進の枠組みが歴史理解の常識となってきた。先進地域と後進地域があり、後進地域は歩みが遅く、古い形態を維持している。しかし、いずれは先進地域の姿になるのであり、その点ではどこでも、誰でも同じ歴史の過程を歩むとする。このような日本列島における先進・後進の理解は周圏論と対応する。周圏論を歴史発展の先進・後進の相違と理解できると考えてもよいという見解が出されてもよかったはずである。

しかし、柳田国男の周圏論をそのような可能性を持つ仮説として提出されることはなかった。現代において地域差を先進・後進と理解し把握することは有効性を失ったことは明らかである。しかし、周圏的分布が見られる事象について伝播説ではない捉え方の枠組みが考えられてよいであろう。かつて千葉徳爾は「民俗周圏論の展開」で、民俗事象が周圏的に分布するのを伝播で解釈するのが妥当かどうか検討し、周圏論の新たな可能性を考えようとした。[23]その後、千葉徳爾は「民俗周圏論の検討」において、民俗の周圏的分布について注目すべき見解を表明した。

これを一言でいえば、単純な文化事象の隣接性伝播ではなく、歴史的に形成された地域の構造がうけとめたもの、または形成してゆくものとしての民俗事象であって、その分布が巨視的に周圏的なのは、地域構造そのものが巨視的に周圏的だからであるという考え方なのである。[24]

民俗の周圏的分布は文化伝播では説明できず、「国家権力による国土の地域的組織化」を表現していると考えた。国家あるいは権力の問題が民俗の地域差を作り出しているという見解は当然伝播説ではなかった。

千葉の考えはその後学説としては紹介されるが、研究として継承されることはなく、具体的に検証されることも、理論的に検討されることもなかった。文化の中央発生説と伝播説に大きな問題があることが明らかになった以上、周圏的分布が見られるという事実を無視せずに、それをどのように理解するか新しい解釈の枠組みを作る必要がある。その際に千葉の試みは非常に重要な意味を持つことは間違いない。また古典的であるが、柳田の方言周圏論形成の基礎にあったチューネン圏を再び思い出してよいであろう。

日本列島に地域差があることは明白であり、個別の事象においても限定された分布が見られたり、濃淡があったりすることも常識となっている。そして周圏的分布が見られる事象も存在する。これらは何を意味するかを考察することは不可欠な課題である。その場合、小縮尺の白地図に記入した分布から周圏を把握するのではなく、人びとの生活が具体的に把握できるレベルで事象を位置づけ、解釈を試み、その基礎の上に分布を把握する必要がある。個別地域の特質の集合としての大きな地域差があると考えるのである。文化の周圏的分布の説明は、方言周圏論の機械的適用でないことだけは間違いない(25)。

注

(1) 柳田国男「蝸牛考」二(『人類学雑誌』四二巻五号、一九二七年)。
(2) 福田アジオ「方言周圏論と民俗学」(『日本民俗学方法序説』弘文堂、一九八四年)。
(3) 柴田武「方言周圏論」(『講座日本の民俗』第一巻、有精堂、一九七八年)。
(4) 千葉徳爾「民俗周圏論の展開」(『日本民俗学会報』九号、一九五九年)。
(5) 柳田国男『先祖の話』一九四六年(ちくま文庫版『柳田國男全集』第一三巻、筑摩書房、一九九〇年、所収、一一〇頁)。
(6) 同書一一二頁。
(7) 柳田国男「聟入考」一九二九年(ちくま文庫版『柳田國男全集』第一二巻、筑摩書房、一九九〇年、所収、二一七頁)。
(8) 柳田国男『郷土生活の研究法』一九三五年(ちくま文庫版『柳田國男全集』第二八巻、筑摩書房、一九九〇年、所収、八二〜三頁)。
(9)平山和彦「柳田国男の周圏論」(『伝承と慣習の論理』吉川弘文館、一九九二年)。
(10)倉田一郎『国語と民俗学』(青磁社、一九四二年、二頁)。
(11)倉田一郎『農と民俗学』一九四四年(岩崎美術社、一九六七年、三六〜七頁)。
(12)倉田一郎「山村社会に於ける異常人物の考察」(『山村調査第一回報告書』一九三五年、三二頁)。
(13)和歌森太郎『日本民俗学概説』(東海書房、一九四七年、三四頁)。
(14)同書三七頁。
(15)同書三九頁。
(16)民俗学研究所編『民俗学辞典』(東京堂、一九五一年)。
(17)牧田茂『生活の古典』(角川書店、一九五二年、五一〜二頁)。
(18)同書五四〜五頁。
(19)千葉徳爾「民俗周圏論の検討」(『日本民俗学会報』二七号、一九六三年)。
(20)クローン、関敬吾訳『民俗学方法論』(岩波書店、一九四〇年、一九二頁)。
(21)柳田国男「採集期と採取技能」一九三五年(後に「実験の史学」と解題して『定本柳田國男集』第二五巻、筑摩書房、一九六四年に収録、五一一頁)。
(22)柳田国男『国史と民俗学』一九三五年(ちくま文庫版『柳田國男全集』第二六巻、筑摩書房、一九九〇年、所収、五四四頁)。
(23)千葉徳爾「民俗周圏論の展開」(『日本民俗学会報』九号、一九五九年)。
(24)千葉徳爾「民俗周圏論の検討」(『日本民俗学会報』二七号、一九六三年)。
(25)方言地理学における方言周圏論研究については、佐藤亮一・小林隆・大西拓一郎編『方言地理学の課題』(明治書院、二〇〇二年)、小林隆編『柳田方言学の現代的意義』(ひつじ書房、二〇一四年)などで新しい動向を知ることができる。

第二章　歴史民俗学的方法

一　民俗学と歴史民俗学

歴史民俗学という用語は存在するし、それを表題とした論文もある。(1) しかし、歴史民俗学とはいったいどのような方法や目的を持つ学問なのかは必ずしも明らかでない。ただ漠然と、歴史を明らかにする民俗学という意味に使用されているにすぎない場合も少なくない。あるいは人によっては、文書・記録という文字に記されて過去から残された文字資料を使用して研究する民俗学であると理解しているかも知れない。また歴史民俗学は時代という絶対的な時間のなかで、民俗を位置づける研究と考えている人もいるであろう。後者の二つの理解は少し専門的なそれであり、大方は初めの理解であると思われる。しかし、いずれにしても民俗学の前に歴史を接頭語として置いて表現することは、民俗学の開拓者柳田国男にいわせれば、無駄な屋上屋を重ねることになり、無意味であるということになるはずである。

なぜならば柳田国男の民俗学は、もともと歴史を明らかにするために登場してきた学問だからである。柳田国男は民俗学と歴史学は別物ではないことを強調した。たとえば「自分たちの一団が今熱中して居る学問は、目的に於ては多くの歴史家と同じい。只方法だけが少し新しい(2)」という表現にそれはよく現れている。歴史を明らかにする方法が、新しいから別の民俗学という学問として成立しているという見解である。その方法とは、しばしば引用され熟知されているように、「古く伝へた記録が無ければ、現に残つて居る事実の中を探さなければならぬ。さうして沢山の痕跡を比較して、変遷の道筋を辿るやうな方法を設定すべきである」(3)というものであった。したがって、柳田国男が考え、開拓した民俗学は、現在の民俗事象を調査し資料化して、その比較研究から過去の歴史を再構成する方法としての学問であった。その限りでは歴史民俗学といっても差し支えないかも知れない。しかし、柳田にいわせれば、民俗学という用語のなかにすでに歴史は含まれていたのであるから、それでは屋上屋であることは間違いない。

民俗学自体が柳田の見解を正当に継承すれば歴史を明らかにする研究法である。そうであれば、歴史民俗学という用語は完全に消してしまっていいのであろうか。そうではないところに問題が生じる。民俗学の特質は、先の柳田の説明に明らかなように、現在の事象(現に残って居る事実)によって過去の歴史(変遷の道筋)を明らかにするところにある。柳田は一九三五年の日本民俗学講習会で「採集期と採集技能」と題して講義をしたが、その論文は後に「実験の史学」と改題された。その実験の意味は「素養ある者の、計画あり予測ある観察のことである」(4)として、「採集実験」とも表現している。このような現実の事象を「採集実験」して歴史を明らかにするのが民俗学である。この基本的性格に民俗学を限定すれば、当然ながら異なる民俗学の成立する余地が充分にあることになる。すなわち過去の事象(過去から残された資料に表現された事実)によって過去の歴史を明らかにするという方法である。これが歴史民俗学という用語を適用すべき研究法である。しかし、過去から残された資料に表現された事象で過去を明らかにするのはいわゆる歴史学である。歴史民俗学ではないはずである。やはり、歴史民俗学という以上は、歴史学とか歴史研究とは異なる方法でなければならない。

現代の事象で過去の歴史が明らかにできるのは、事象が超世代的に過去から伝承されてきたからである。そのような超世代的に伝承されてきた事象を民俗と呼び、民俗を資料化して研究するのが民俗学である。民俗は現在人びとの行為や知識また意識として示される事象であり、それを一定の方法で把握して資料化することによって、研究は行われる。その資料化の方法の中心は文字化である。民俗を記述し、その記述された民俗資料を研究する。もちろん、研究の過程が記述のなかに含まれる場合も少なくない。分析をともなう記述がそれである。一定の方法で事象を把握して記述することは、民俗学の方法の一部として不可欠なものである。そうであれば、民俗事象を記述することが過去においても行われたことに注意しなければならないであろう。それは民俗という事象として記述されたわけではない。もちろん民俗学という学問のために記述されたのでもない。しかし、過去に書き記されたもののなかに、現在の民俗学の立場から見れば明らかに民俗事象として把握できるものが記述されている。日記・書簡・紀行文、さらにはさまざまな文書のなかにである。歴史民俗学とは、過去から残された資料のなかに民俗調査の方法に依拠せずに、記述表現された民俗事象によって過去の歴史を明らかにする方法をいうのである。

柳田国男がかつて歴史研究の資料を拡張すべきことを主張し、計画記録から偶然記録へ、そして採集記録へと資料論を展開させた(5)。かつて歴史研究の中心的な歴史資料として存在した、六国史、『吾妻鏡』、『徳川実紀』はじめ、歴史研究者が座右におき、史学科の研究室には必ず備えられている「国史大系」に収録された記録がいわゆる計画記録である。それにたいして執筆者が意図せずに歴史事象を記録して、それがたまたま現代に残っているのが偶然記録である。今や歴史研究の研究資料は偶然記録が大きな比重を占めている。同様に考えれば民俗学においても民俗調査によって生産される計画記録のみに価値を置くのではなく、偶然記録の方へ資料の拡張することも必然的であるといえる。

民俗学における計画記録はもちろん、民俗調査という一定の方法で行われた結果として記述された民俗資料である。それは実際に現地に赴き、そこで聞き書きや観察、その他の方法で民俗事象を把握し記録した結果である。しかし、あらかじめ計画した方法で調査することは多くの時間と労力を必要とし、結果として各人が多くの場所で調査を行うことはできない。民俗学の計画記録は自ずと限られることになる。民俗学の成立以降、毎年多くの研究者が多くの村落を対象に民俗調査を実施し、その結果を記述して報告してきた。その数量は膨大なものになるが、しかし日本列島の村落・都市に比較すればごくわずかにすぎない。そうであれば、民俗学にとっても、民俗の記述を意図しない人間がたまたま日記に、紀行文に、あるいは書簡に民俗事象を記述していれば、その欠を補うことになるし、より一層重要なことはその記述された時点での民俗事象を把握することができる。民俗学における偶然記録としての記述資料をもっと重視して然るべきであろう。

民俗とは自覚されずに過去に記録された民俗資料で、歴史を明らかにする学問が歴史民俗学である。したがって、この過去に記録されたものを文献と呼べば、それは文献民俗学ということになる。もちろん、ここでいう文献は文字で書き記されたものだけを意味しない。さまざまな図像をも含むことは当然である。また紙に書かれたものだけに限定しない。いわゆる金石文も対象であることはいうまでもない。柳田国男は、民俗学の研究に過去に書き記された文書・記録を混在させることを戒め、民俗学は採集記録である民俗資料で研究すべきことを門弟たちに説いたという。したがって、文献民俗学という立場は認められるはずはなかった。柳田国男以降の民俗学においても、文献を使用して研究したものは邪道として、ほとんど評価されることがなかった。そのため、文献民俗学という主張がされることはなかった。しかし、その意義は以下のように少なくないのである。

二　歴史学と歴史民俗学

歴史学は、方法的には幅広い資料で研究する学問である。たとえば、有名なベルンハイムの『歴史とは何ぞや』（坂口昂・小野鉄二訳、岩波文庫版）の第三章「史学の研究手段（方法論）」において、資料（史料）として観察、報告、そして遺物をあげている。報告には口碑（歌謡および物語、伝説、宗教伝説、逸話、流行語、俚諺）が含まれるとしているし、さらに遺物の一つとしての残留物として、「現存のあらゆる種類の状態、習慣、風俗、制度」も位置づけている。(6)したがって、概論の上では、歴史学は民俗事象も研究の資料にしてきたことは間違いない。しかし、現実の歴史研究は、ときには二等資料（史料）とか三等資料（史料）というように、それらの資料は価値の低いものとして扱い、研究の論証過程での採用を避けてきた。歴史研究は基本的に文字資料に根拠を求めてきた。民俗学の立場からは、しばしば文献史学と呼ばれることになる。

歴史学が、文書・記録に最大の価値を置き、もっぱらそれのみで研究するのは、文書・記録が歴史事象の生起した時間を確定してくれるからである。過去のある事象が何時何処で生起したのかを確定して示してくれるのは、過去から伝えられた文字で記載された文書・記録である。同じ文書・記録であっても、生起した事象に最も近い時間に書かれたものが最も価値をもち、そこから時間が経過してから書かれた文書・記録は、低い価値しか与えられない。そこには、文書・記録によって歴史事象の起こった時点を復原する研究が、歴史研究であるという考えがある。たとえば、鎌倉の将軍から出された地頭補任状という文書によって研究するのは、鎌倉時代の地頭職の内容とそこに滲み出ている将軍・御家人の主従関係や幕府の権力基盤についてである。あるいは近世の検地帳によって分析して示そうとするのは、検地当時の百姓の田畑所持の規模であり、その統計処理による階層構成、そしてそれに窺われる農村構造である。同様に、宗門人別改帳の記載内容によって明らかにしようとするのは、江戸時代の寺檀関係や家族構成、あるいは通婚圏についてである。どのような文書であれ、また研究課題であれ、文書・記録に書き記された当時のことを明らかにするのが原則である。そして、記録された時間の異なる文書・記録の間の記述の相違に注目することで、変化や発展、あるいは衰退とか変質・解体の過程を明らかにしようとする。多くの文書・記録を時間系列のなかで分析するのである。

歴史民俗学は、文書・記録にたまたま書き記された過去の民俗事象を研究しようとする。それは、単に書き記された当時の民俗を復原する研究ではない。もちろん、近世の日記や随筆、あるいは村方文書に書き記された当時の村落社会における民俗の様相を明らかにすることも重要な研究であるし、そのことがまた現在の民俗調査の成果に基づいて研究をする民俗学の研究を補強することにもなる。しかし、もしも文書・記録に書き記された民俗事象によって記録された時点での様相のみを復原する研究であれば、資料批判も資料分析も伝統的な歴史学の方法で充分に果たすことができる。特別に歴史民俗学ということはない。

それを歴史民俗学というのには、やはり民俗の性質に注目しての研究であり、本質的に民俗学であることが前提である。すなわち、超世代的に伝承されてきた事象の研究でなければならない。現在の民俗事象が超世代的に過去から伝承されてきたことに根拠を置いて、その民俗事象の研究によって過去から現在にいたる歴史的展開を明らかにするのと同じように、文書・記録に民俗が記録された時点よりも遙か前からの伝承であることに注目して、それ以前から文書・記録に書き記されるまでの間の歴史的展開を明らかにしなければならない。そして、それに加えて、文書・記録に記録された民俗事象がその後も伝承されたことを予想し、ときには現代の民俗との関連を考えなければならない。いずれも、民俗の超世代的伝承性に着目しての研究である。したがって、歴史民俗学は、過去に文書・記録に偶然に記録された民俗事象によって、伝承的側面としての歴史事象を明らかにする研究の方法である。

日本における社会史流行の一つの契機となったジャック・ルゴフの講演「歴史学と民族学の現在─歴史学はどこへ行くか─」は、「新しい歴史学」すなわち社会史の特質を三点に要約して提示した(7)。第一は、歴史を長期波動において把握するという考え方である。長い時間をかけて変化していく歴史の諸相を重視する立場である。第二は、日常的な物質文化を重視する立場である。とかくエピソード的にしか扱われない事象を歴史のなかに正当に位置づけるべきことを主張した。そして、第三の特質は、新しい歴史学は「深層歴史学」であり、身体の歴史と心の歴史の両面から把握しようとする。その心の歴史とは心性の歴史である。この三つの特質をもつ新しい歴史学は、過去のある段階の歴史を明らかにしようとすれば、その当時の民俗事象を無視することはできないであろう。柳田国男の民俗学が、現代の民俗事象によって歴史的世界を認識しようとしたときに、その歴史の内容はこの三点を含んでいたし、その三点を示す資料は民俗資料として豊かに存在していた。たとえば、有名な「木綿以前の事」や『明治大正史・世相篇』の記述にそれは如実に示されている。したがって、過去のある段階の社会史の研究は、当時の民俗を重要な資料としなければならない。そして、当時の民俗を把握するためには、たまたま当時に記録された文字資料に依存せざるをえないことを示している。歴史民俗学は、いわばその点では新しい歴史学としての社会史のことでもある。

三　歴史民俗学の特質

民俗学は、現在人びとによって行われ、また保有されている民俗によって、過去の歴史的世界を認識する方法である。そのために柳田国男が採用したのが比較研究法である。地域差のなかに時間を発見する方法である。このことは、あくまでも現在の事象によって歴史を描くことになる。歴史といっても、過去の実年代とか時代を明示して変化、変遷あるいは発展をいうことはできない。民俗学が研究の成果として提出するある民俗についての変遷の諸段階について、多くの歴史学研究者あるいは歴史に関心をもつ人びとはしばしば、それはいつごろのことかという質問をする。

ある形態から別の形態に変化したことを民俗学は常にいうのであるが、それに対する質問はその変化が過去のいつ起こったのかという素朴な疑問から発せられるのが普通である。その質問への回答は、今も地方によっては古い段階の形態が実際に行われているのだから、時代で切ることはできないとするのが一般的な対応であった。確かに全国的規模での資料の集積とその類型化と比較から導き出される変遷の道筋は、あくまでも類型間の序列としての変遷の過程であり、そのような変遷が事実だとしても、類型間の移行や変化の時期は土地によってまちまちであることになる。むしろ、その土地によって変化の時期が異なるので、時間が地域差として示されているのであり、民俗学成立の最大の根拠といってもいいすぎでない。

全国的規模で比較することに方法の中心を置いていた段階は、それでもよかったであろう。しかし、今日では全国的規模での比較研究、すなわち重出立証法が民俗の変遷過程を明らかにするという前提は疑われ、その方法を採用した研究もとみに少なくなっている。研究の多くが個別の地域における民俗の相互連関の分析か、特定の地方における民俗の地域差を根拠においての分析である。このような個別地域や地方での民俗の研究であれば、その土地ではいつごろそのような変化が起こったかということは実年代的に示すことが可能になるし、またその土地の実年代的な歴史との関係は当然ながら考慮される必要が出てくるであろう。

従来の民俗学の研究は、民俗を総体として扱うことはしてこなかった。民俗総体としての変化、変遷を論じてはこなかった。個別の民俗事象を研究対象として、その民俗の変遷の諸段階を類型間の序列として論じてきた。たとえば屋敷神の変遷、婚姻方式の諸段階、労働組織の歴史等のようにである。その個別の事象の変遷が、他の事象の変遷と対応していたのか、あるいは相互に影響したり、規定しあったりしていたのかという点については不問にされてきた。確かに柳田国男の論文においては、たとえば婚姻方式の変遷と家族生活の歴史の相互連関が説かれている。しかし、柳田以降の民俗学の研究では、そのような相互連関した変遷はほとんど明らかにされてこなかった。それは、個別民俗事象の変遷がそれぞれ各類型の間の序列によって示されるが、別の民俗事象の諸類型との関係について明らかにする方法がないからである。また複数の民俗事象を合わせて類型化する方法も提示されていなかった。したがって、各民俗事象の変遷過程を相互に関連させる共通の尺度が用意されていなかったのである。個別民俗事象の変遷過程に相互連関をつけることができる共通の尺度は、地域と時間であろう。

伝承の地域を同じくする民俗事象の間には、何らかの関係を予想してよい。ある民俗の各類型あるいは各段階の示す空間的な分布が、他の同様の民俗の諸類型の分布と同じであったり、類似しておれば、そこに何らかの関係のあることを推測させる。しかし、類似した分布はしばしば見られるが、分布が一致するということはほとんどない。したがって、地域が絶対的な共通の尺度にはならない。分布の相違とかずれがなにを意味するのかは単純には答えをだせない。それに対して、時間は絶対的な位置をもつ。

実年代という時間は、個別に展開してきたように見える民俗事象の変遷過程に、共通の尺度を与えることになる。旧来の歴史研究が実年代にこだわり、実年代を指標に文書・記録を並べて考察するのも、個別資料に表現された事象の間の関連をつけるためであった。時間に逆転現象はない。早い時間に起こった事象が時間の後の事象が起こるについて影響したり、関係したりすることはあり得るが、逆は不可能である。時間の尺度を共有することによって、個別事象間の相互連関が把握できる。歴史研究はそのため文書・記録の示す実年代を重視してきた。同様に、民俗学においても、民俗事象の変遷過程の相互連関を把握するための共通の尺度があってよいはずである。共通の尺度によって個別民俗事象の変遷の諸段階の間に関連がつけられるとすれば、民俗総体としての変遷、すなわち民俗として把握できる事象の歴史も明らかにできることになる。

絶対的な時間としての実年代を尺度にもつことによって、民俗事象の相互関係や民俗事象の総体としての変遷を明らかにすることになれば、その視野のなかに必然的に入ってくるのは時代であろう。時代とは何かをここで論じる余裕はないが、現実の歴史研究における時代は基本的には政治体制の諸段階によって区分されている。中世と近世そして近代という時代区分、あるいは鎌倉時代、室町時代、戦国時代、江戸時代等という時代は、いずれも政治権力の相違を指標にした区分である。そのような時代区分は、日本列島のなかにさまざまな地域差を持ちながら、一様に一つの政治体制で覆っていた段階から、次の政治権力が全国的に支配するようになる段階へ移行したことを、時代の移行として把握している。その時代区分と民俗相互の関連した変遷、民俗総体としての変遷との間の関連性は必然的に論じられることになろう。そこに政治権力、政治支配、政治抗争等を研究内容から排除していた民俗学が、新たにそれら政治の問題を組み込んだ内容を持つことになる。(8) 歴史民俗学は、政治支配を視野に入れた民俗学という特質を帯びる。

旧来の民俗学のもつ問題点の一つとして反省しなければならないことに人間不在ということがある。民俗学は名もなき人びとの日常的な営みを歴史的に明らかにすることを課題としてきたが、その研究対象は常に集合的な事象、類型的な事象としての民俗であった。そのため、個別具体的な人びとの行為とか知識そのものが対象にはならず、伝承者と呼ばれる特定の人物を通して、その人物の具体的な体験を聞くのではなく、その対象地域の理念としての行為や知識を把握してきた。このムラでは婚礼はどのような儀礼をするのか。このムラの盆行事はどのようなものか。ほとんどすべての調査内容はそのようなムラとしてのあるべき民俗、あってほしい民俗であった。したがって、民俗を担う人びとも個別具体的に存在する人間ではなく、集団や組織として把握され、処理されてきた。名前を特定できる個人が民俗の担い手として把握され、位置づけられることが乏しかった。それは、その生きている具体的な人間の人生の歩みのなかに民俗を位置づけるという、短い時間の歴史を明らかにすることは考えていなかったことによる。今日民俗を担っている人びとの経験の時間よりも遙かに永い、父祖の時代あるいはもっと遠い時間の経過を研究の視野に入れていた。そのため、現在の生きて民俗を担っている人びとは、必然的に研究の過程では消え去ることになった。民俗事象のみが、担い手の生きた時期よりも遙か古い世代まで遡った歴史を示してくれるのである。

そして、民俗を行為として行うことがどのような喜怒哀楽をともなったかは、そこでは完全に抜け落ちていた。意識・感覚・感情、さらには思想とか信念というべきものは、柳田国男の著書・論文に示された以降には、民俗学の研究において把握され、提示されたことはほとんどなかった。しかも柳田国男の提示した民俗を担う人びとの感覚とか意識も、民俗の担い手のものではなく、基本的には柳田自身の信念とか経験に基づく一種の感情移入にすぎないものであった。実は従来の民俗学は、方法的に感覚・感情・意識等を研究成果として提示することができなかった。なぜなら、民俗学は現代の民俗事象を把握し分析することで、過去の歴史的世界を把握認識するのであるが、今日の生活で民俗を担っているときの人びとの感覚・感情・意識はあくまでも現代のものであって、民俗事象が過去を教えてくれるとしても、その感覚・感情・意識が過去においてもともなったとはいえないからである。

過去に記録されて残された資料を研究の素材とする歴史民俗学は、その文書・記録に書き記された人びとの個別具体的存在を浮かび上がらせる。誰が何時何処でそのような民俗を行ったのかが文書・記録には記録される性格を持っている。たとえば、名主日記に書かれた記事にしばしば若者組の活動が出てくるが、その場合に若者組の一員である誰が何をしたかということから一つの事件として展開し、その事件のなかで若者組が活躍し、村役人とも関わりも持つようになるというものが多い。そのことが名主日記に民俗が登場する理由である。そして、しばしばそこには人びとの感情が示されている。怒り喧嘩をした記事、あるいは楽しみ騒いだ記事、恨み悶々とした状態の記事、悲しみ打ちひしがれた様相の記事等が出てくる。民俗を担うことがいかなる感覚・感情・意識をともなったかを特定の過去の時間で示してくれる。生きた人間が、その人間としての感覚・感情・意識をともなって民俗を行為として行っていたことが判明する可能性があるのである。歴史民俗学は、生きた人間を把握し、その感覚・感情・意識をも含んで統一的にとらえられる可能性を与えてくれる。

四　歴史民俗学的方法と民俗文字資料

歴史民俗学的方法とは、すでに述べたように、過去に文書・記録に偶然にも文字や図像で書き記された民俗事象を把握して、その書かれた時点での民俗の様相を明らかにすることが第一段階の作業であり、ついでその時点を現在とした歴史的世界を民俗学として認識する作業に入る。すなわち、書き記された当時から遙かな昔まで遡る歴史を民俗学的に明らかにする。これが第二段階である。他方、その第一段階の結果を現代の民俗の研究のなかに組み込み、現代の民俗事象の調査分析によって出てくる解答に対して実年代を与え、時代性を与えるという作業も重要な歴史民俗学の役割である。今日、歴史民俗学ということを名乗らなくても、実際にこのような形で文書・記録を現代の民俗事象の研究のなかに混在させたり、民俗事象の分析結果を解釈する過程で活用したりすることはしばしば行われている。

民俗調査の方法に従わずに、民俗事象を記録した文書・記録等の資料を、民俗文字資料と呼ぶことにする。たまたま民俗事象が文字や図像として記録されたものであり、民俗資料のうち偶然記録に属するものである。それにはどのような種類があり、いかなる存在形態を示すのであろうか。いうまでもなく、民俗事象はあらゆる機会に偶然記録されてきた。文書・記録の執筆者が意図せず、あるいは意識せず記述してしまったことは多い。たとえば六国史にも民俗の記載はある。また、『吾妻鏡』や『徳川実紀』にも民俗はしばしば記載されている。柳田国男がイタコとかイチコと呼ばれる漂泊移動する女性の宗教者の存在を明らかにするのに際して「吾妻鏡巻二治承五年七月八日の条に『相模国大庭御厨の庤の一古娘召に依り参上す』とあり。この一古は即ちイチコなり」(9)としているように、『吾妻鏡』を利用している。同様に、近世に将軍も呪術的な捨て子の対象になっていたことを、平山敏治郎はやはり『徳川実紀』の記事を使用して明らかにしている。(10)しかし、これら「正史」に登場し記載されている民俗事象はごく断片的なものである。民俗の行われる条件や相互関係を教えてくれることは少ない。それは、編纂された記述であり、その編纂者が直接その民俗を担った訳ではないからである。

民俗に直接関わり、あるいは民俗を担って、その経験したり見聞した行為を自ら書き記した資料は、執筆者は意図しないにもかかわらず、民俗を豊富に、そして時には民俗の相互関連や民俗の伝承母体をも明らかにする形で記述してくれている。たとえば日記はその代表的な資料である。中世の日記はその大部分が公家や僧侶のものであり、その記述内容に大きな限界がある。しかし、たとえば瀬田勝哉が明らかにしたように、戦国期の公家山科言国の日記『言国卿記《くにきょうき》』は、盗賊のために傷つき死亡した息子の葬儀からその後の供養の過程を記して、当時の京都の葬墓制を具体的に記述しており、当時の民俗についてさまざまなことを教えてくれる。(11)埋葬の前日に「口寄」が行われること、四十九日前日には「ナガレ灌頂」が行われ、そして遺体を葬った所の「ヲサメ所」と卒塔婆を建てる「ハカ所」が、まったく異なる地点であることなどが判明する。特に「ヲサメ所」と「ハカ所」の記述は両墓制の歴史性に再考を促すものであろう。

このような日記の記事が、当時の生きて行われていた民俗を具体的に教えてくれることは近世に入りますます多くなる。近世にはすでに百姓も文字を知り、ムラも無文字社会ではなかった。最初は支配権力との関係で文字は使用されたが、早い速度で一般化し、文字を使って自分たちの生活を表現するようになっていった。特に村役人や地主層は、日記を記し、また書簡を書いて知人・友人や親類に送り、時には歌や詩を書いた。近年は各地で村役人の書き残した日記が翻刻され、文字資料として利用可能になってきている。そこには村役人という立場による限界はあるが、民俗を担ったり、関わった際の具体的な行動が記されている。当時の民俗を具体的に把握することができる。(12)近代になればなお一層民俗を担う人びと、民俗に関わった人びとが自ら書き記したものは多くなる。学校教育も時には生活を作文として書かせることがあったし、ムラの寄り合いが自らの記録を作成するようになる。あらゆる事象が書き記され、残される機会が多くなった。

以上の民俗文字資料は、過去に書き記され現在に残されている資料から、特定の時間における民俗事象を事実として復原するものである。過去に実際にあった行為としての民俗を、資料を通して把握するものである。しかし、この限りでは一般の歴史研究と変わりない。むしろ民俗学にとって重視されねばならない民俗文字資料は、歴史研究が排除してしまった資料ではないだろうか。その点では、たとえば偽文書や贋物である。それは意図して嘘や偽りを書き記したものである。それを歴史的事実として採用することは勿論できない。しかし、その嘘や贋は民俗事象の一部である。特定の時間に、まことしやかに語られ、記述され、描かれたことは、当時の人びとが信用したり、信仰したりしたことである。人びとが信用したり、信仰したりするのは、その内容があり得ると判断されるからであり、そこにはそれ以前からの民俗としての伝承の裏付けがあるのである。そして、その嘘や贋のなかに、人びとの意識や感覚あるいは願望が示されている。偽文書や贋物こそが民俗学的方法による研究を、大いに必要とする民俗文字資料といえよう。(13)

最後に敢えて付け加えれば、過去に書き記された資料のなかにあるもののうちどれを民俗事象と判断するかは、あくまでも現代の民俗に対する認識なり経験に基づいていることを忘れてはならない。過去に書き記された資料が、自ら民俗であるかどうかをレッテルを貼って示してくれてはいない。民俗調査という一定の方法で無限の事象から選択してきたものが民俗事象である。その民俗事象を基準にして過去に書き記された無限の資料群について判断をし、民俗事象を書き記した資料を選択してくるのである。それが民俗文字資料であり、それを対象にして分析研究するのが歴史民俗学的方法である。やはり民俗文字資料は、民俗学にとっては偶然記録なのであり、研究上は従属的な位置を与えられる。

注

（1）たとえば桜井徳太郎「歴史民俗学の構想」一九七二年（『霊魂観の系譜』筑摩書房、一九七七年、所収）、宮田登「『歴史民俗学ノート』（桜井徳太郎編『日本民俗の伝統と創造』弘文堂、一九八九年）。
（2）柳田国男『青年と学問』一九二八年（『定本柳田國男集』第二五巻、筑摩書房、一九六四年、所収、一〇一頁）。
（3）柳田国男「国史と民俗学」一九三五年（『定本柳田國男集』第二四巻、筑摩書房、一九六三年、所収、二七頁）。
（4）柳田国男「実験の史学」一九三五年（『定本柳田國男集』第二五巻、筑摩書房、一九六四年、所収、五一七頁）。
（5）柳田国男『郷土生活の研究法』一九三五年（『定本柳田國男集』第二五巻、筑摩書房、一九六四年、所収）。
（6）ベルンハイム、坂口昂・小野鉄二訳『歴史とは何ぞや』（岩波書店、一九二六年、一六七頁）。
（7）ジャック・ルゴフ、二宮宏之訳「歴史学と民族学の現在」（『思想』六三〇号、一九七六年）。
（8）福田アジオ「政治と民俗」（桜井徳太郎編『日本民俗の伝統と創造』弘文堂、一九八九年、所収）。本書第一部第五章。
（9）柳田国男「『イタカ』及び『サンカ』」一九一一〜二年（『定本柳田國男集』第四巻、筑摩書房、一九六三年、所収、四七四頁）。
（10）平山敏治郎「史料としての伝承」（『民間伝承』一五巻三号、一九五一年）。
（11）瀬田勝哉「一青年貴族の死」『週刊朝日百科日本の歴史』別冊九号、朝日新聞社、一九八九年）。
（12）福田アジオ「民俗資料としての日記」（竹田旦編『民俗学の進展と課題』国書刊行会、一九九〇年）。本書第二部第三章。
（13）このことに注目した研究の先駆的な成果が、柳田国男「史料としての伝説」一九二五年（『定本柳田國男集』第四巻、筑摩書房、一九六三年、所収）であろう。

第三章　民俗資料としての日記

一　計画記録と偶然記録

計画記録から偶然記録へ

柳田国男は、旧来の歴史研究の問題点の一つとして、利用する資料の狭さを指摘した。すなわち計画記録にもっぱら依拠して研究が行われてきた点について批判した。そして近年になりようやく資料の拡張が行われ、偶然記録が利用されるようになってきたことを進歩として高く評価している。そして、偶然記録まで資料を拡張するのであれば、もう一歩進んで採集記録をも利用すべきだと主張し、採集記録による新たな郷土研究、すなわち民俗学を提唱した。(1)その柳田国男の主張は、その後民俗学という一つの独立した学問として発達した。民俗学は、各地で伝承されている民俗事象を資料として、それを全国的規模で集積して、比較する研究として主張され、考えられた。その方法は、あくまでも現に人びとによって行為や知識として示される民俗を採集することを前提としていた。民俗採集とか民俗調査が不可欠な作業となり、全国各地の民俗に関心を有する人びとは、民俗を採集して柳田国男、あるいは「中央」の機関誌に報告する役割を担った。そして、その過程では文字にすでに記録された民俗、すなわち文書・記録に記載されている民俗を資料として報告したり、研究に利用することは排除された。採集された民俗資料と、文書・記録に登場する民俗を混在させて研究してはならないというのが、柳田国男の指導だったといわれる。

民俗資料の拡張

しかし、従来のオーソドックスな歴史研究が、古くからの資料である計画記録の利用から偶然記録の利用へと拡張することによって、研究内容を大幅に拡大し、しかも研究成果においても大きな発展があったことを知っているのであるから、民俗学の研究においても同様のことを試みることは無意味ではなかったはずである。民俗採集とか民俗調査と呼ばれる行為によって文字化された民俗資料は、民俗学の研究のために計画的に記録されたものであり、いわば民俗の計画記録である。計画記録であることは、一定の方法で調査され記録されて規格化されていることであり、それゆえに研究の手続きとしての比較研究に耐えられる質を保有する資料ということになる。その点では、歴史研究における計画記録とは異なる重要な意味を有する。過去の人間が後世に残したい、伝えたいという取捨選択の結果として存在する歴史の計画記録は、現代的課題に応えてくれる内容でないことは普通である。それに対して、民俗の計画記録としての調査結果の記述は、現代において研究する人間の問題意識に基づいて一定の方法で記録されたものであり、その内容は研究内容を高めるものである。

しかし、計画記録としての民俗資料は、調査された時点での民俗事象を記述するのが基本であり、時間的深度において必ずしも大きくないという弱点がある。過去に遡って調査をし、民俗の計画記録を作成することは至難の技といわねばならない。そして、計画記録の二つめの弱点は、記録作成のための調査対象になった所だけが記録を有するという点である。従来、民俗の伝承母体として村落を想定してきた。したがって、民俗調査は村落を単位にして行われてきた。日本列島に村落がどれほど存在するかは明らかではないが、おそらく農林水産省による農林業センサスの農業集落の数一四万というのは、村落総数をほぼ示しているものと想像される。そのような記録作成対象となりうる可能性のある村落に対して、現実に民俗調査で計画記録としての民俗資料を把握できている所はごくわずかにすぎない。全村落の悉皆調査などは不可能である。民俗の計画記録は、日本列島全体からみればごく一部のものである。

民俗の偶然記録

偶然記録とは、その記録者が意図することなく記録して現代にまで伝えてしまったものをいう。歴史研究における偶然記録は、後世に歴史的な事象を残すことを意図せずに書き記されたり描き出されたものが、たまたま現代にまで残っているものである。現代の歴史研究の基本史料は、むしろそのような偶然記録に依拠している。古代史は六国史の記述に頼る傾向が現在でもある程度あるが、それは偶然記録が乏しいからである。それでも、偶然記録としての正倉院文書や、各地から発掘される木簡を活用する程度は急速に高まってきている。中世以降であれば、最早計画記録は歴史研究の二次あるいは三次資料といっても過言ではない。近世の政治史研究にあっては、『徳川実紀』を基本史料にして研究することはほとんどない。その点では、柳田国男の段階とは大きく異なり、現在では歴史研究における計画記録、偶然記録の位置づけは逆転している。むしろ、偶然記録のなかに研究者が分け入り、そのなかから意味ある資料を捜し出すという努力がなされているのである。いわば民俗学における調査に相当する行為である。一定の方法で偶然記録のなかから意味ある資料を系統的に集め、記録する作業である。現代の問題意識に基づいての資料の選択であり、それは民俗調査と同じ役割を担う。

民俗における偶然記録も、歴史研究にとっての偶然記録と同じである。民俗調査という計画に基づいて民俗事象が把握され記録されたものではない。たまたま何らかの機会に民俗事象が文字化して残されているものである。民俗調査の方法に従わずに民俗事象を記録した文書・記録等の資料を民俗文字資料と呼ぶことにする。たまたま民俗事象が文字や図像として記録されたものである。民俗学も、民俗の計画記録から資料の拡張を行うべきである。民俗調査という行為にのみ頼って計画記録で研究するのでは、民俗学の研究も今まで以上には進展しないであろう。偶然記録としての民俗文字資料をも研究資料として大いに活用しなければならない。

しかし、歴史研究と異なるのは、民俗の計画記録が研究資料としては第二次資料になってしまうことはない点である。民俗の計画記録は、研究のための計画記録であり、伝承母体において相互連関して存在する民俗を把握するところに特色がある。個別の民俗事象をばらばらに切り離して記録することがかつての民俗調査の結果の記述であったが、それを否定し、相互関連するものとして把握し記述するのが現在の動向であり、そこにまた計画記録としての特色がある。また、調査する主体の眼が民俗を意識的にとらえ記述する点にも特色がある。それらの点は、いかに豊富な記述を含む偶然記録であっても不可能である。しかも文字資料は、過去に遡れば遡るほど階層性を示し、偏在することは勿論である。したがって民俗学においては、民俗の計画記録と偶然記録の位置づけが逆転することはないであろう。しかし、計画記録、すなわち民俗調査の結果としての記述のみが唯一の資料の存在形態であるとすることは反省し否定しなければならない。民俗学においても計画記録から偶然記録への資料の拡張をはかるべきである。

ここで初期柳田国男の民俗学研究が、民俗調査の結果としての計画記録がいまだない状況で、やむを得ず各種の文字資料を利用していたことを思い出すべきであろう。その随筆や地誌類に大きく依存した当時の研究は、民俗調査の結果に基づかないという限界を示しつつ、やはり豊かな内容を明らかにし、民俗学の形成に大きく貢献したことは間違いない。一九三〇年代の確立期の民俗学は、そのような初期民俗学の文字資料依存を脱したが、逆に文字資料の利用を禁止するかのような状況にまで進んでしまった。今日、あらためて初期柳田の民俗学研究が再評価され、その問題意識の確認と継承が意味をもつことは明らかになりつつあるが、あわせて依拠した資料の存在形態も確認し、現代でのその価値を評価することがあってよいように思える。

民俗資料としての日記

偶然記録としての民俗文字資料にはさまざまな形態があるが、その一つとして注目されるのが日記である。毎日経験したこと、行ったこと、見聞したことを文字で記して残したものが日記であるが、そこには日記を記した人間の関わった民俗が当然のことながら書かれている。もちろん日記を書いた人間の関心とか性向によって記述内容は異なってくるが、しかし具体的な民俗が書かれている。ときには詳細に記述され、民俗調査以上の内容をもつものさえある。しかし、そのような日記の民俗資料としての活用はあまり行われてこなかった。ところが、近年各地の地方史研究の成果として主に近世の日記類が紹介され、利用可能な形で翻刻されている。名主や庄屋の日記、文人の日記はしばしば意図しないで民俗を豊富に記述している。それらを活用して、特定の時間と空間のなかで展開した民俗を把握すべきであろう。

本章は、その試みとして、近世の二つの日記を取り上げて紹介しつつ検討し、その日記に書かれた民俗がどの程度資料的価値があるかを考えようとするものである。

二　駿河船越村名主日記

船越村と名主日記

駿河国有渡郡船越村は、現在の静岡県静岡市清水区船越である。ここの名主を勤めていた高塚仁右衛門が日記の形で、村内の出来事や近村の事件等を書き記した『年中大概記』を残している。これは一八一六年（文化十三）から一八四六年（弘化三）までの三〇年間の日記である。ただし原本は現在所在不明であり、一九三五年に当時の清水市史編纂係佐藤実郎の筆写したものが、一九七六年に川崎文昭の手によって翻刻されて広く知られるようになったものである。日記といっても必ずしも毎日その日に起こったことや見聞したことを書いたものではなく、おそらくメモ的に書いていた日記を一月ごとに整理して『年中大概記』にまとめたものと思われる。たとえば、毎日記事があるわけではないこと、また各月の晴れの日と雨降りの日を、月末にまとめて日を記載していること等はそれを推測させる。

さて、この日記を見ると、現在民俗調査によって調査され記述されるような事象が多く記されている。以下でそれらを拾い出しながら紹介しておこう。

雨乞いの民俗

その月の晴雨の日数を毎月末に記載していることに示されるように、水に対する関心が強いムラであった。それは大沢川の流れにたよる灌漑地域ではあるが、河川の長さは短く、降水量が少ないとすぐに水不足になる土地であったためである。溜池を設けていたが、それは補助的なものにすぎなかった。そこで日記にしばしば登場するのは雨乞いである。一八一八年（文政元）の七月に次のような記事が出てくる（文中の●は雨、○は晴を示す）。

九日　此節てり

草薙雨乞卅六ケ村若者小供大勢行故弁当八升酒五升

十一●　雨沢山降

十二○　シメリ節句

雨乞雑用

一金壱両三分二朱　礼

一金四両壱分永百拾文　諸色

此割高九千六百五十二石(2)

この記事から、当時のこの地方の雨乞いの様相が随分と分かってくる。まず雨乞いを現在の有度山麓の三六ヵ村の村々が連合して行っており、それに参加するのは若者と子供たちだったことが判明する。その雨乞いに出る者の弁当と酒はムラ持ちであった。そして、雨乞い全体の経費は、参加したムラの村高に比例して負担した様子も知ることができる。しかし、その雨乞いの具体的な方法については、この部分では明らかでない。そこで頁を繰って読み進むと、以下のような興味深い記事が出てくる。

文政四年七月

朔日◯（中略）此節てり続き、今度雨乞として龍そう川へ牛の頭を入ル、右世話村北脇、渋川、吉川、七つ新屋右村ゟ廻状廻し、入用割合

然処、六月廿五日ゟ七月廿七日迄卅二日目、漸雨降

廿七●(3)

ここで、初めて雨乞いの一つの方法を知ることができる。雨乞いのために牛の頭を川に入れるというものである。その川は龍爪川であるというが、これはこの地方を見下ろす形で姿を見せている龍爪山を水源とする川で、その龍爪山は別名時雨峯ともいわれ、雨を降らせる山とされている。山麓の村々では龍爪山に対して雨乞いをしたのであるが、その一つの方法が牛の首を龍爪山に捨てるとか、納めるという方法であったと伝えられている。龍爪山は牛が嫌いなため、山に牛首が捨てられると、それを洗い流そうとして大雨を降らせるという説明である。そして、山麓のムラである俵峯では牛を飼わなかったという。しかし、龍爪山に牛首を捨てるとか納めたということを実際に行った記憶や経験はどこにもなく、ただそうすると雨が降ると伝えられているにすぎない(4)。ところが、この日記のわずかな記事

によって、かつては実際に雨乞いの方法として行われていたことが判明するのである。供犠として牛を殺すという民俗は、伝説として語られることがあっても、実際の民俗として行われたことは他地方でも確認することはほとんど不可能である。その点で、この名主日記のたまたまの記事は貴重なものといえよう。

虫送りと村落内の対立

雨乞い以外にも、さまざまな共同祈願が行われていた。もっとも多いのは虫送りである。一八二八年（文化十三）七月二十二日の記事に「虫送り　せかき、金壱分二百文入用掛ル」(5)とあるのを最初として、たびたび登場する。そのなかで注目される記事を紹介すれば、一八一九年（文政二）六月十日の虫送りは以下のように記されている。

十日〇　稲作虫付、龍爪山根ぎより火をもらい明炬にて虫送り(6)

これによれば、虫送りに際しても龍爪山が大きな役割を果たしている。同様に龍爪山の禰宜から火をもらってきて、それで灯した松明をかかげて虫を送った。このとき、鉦太鼓で囃して虫送りをしたことが、一八二四年（文政七）七月二十七日の記事にも出ている。次に一八二五年（文政八）六月、七月の以下のような記事に注目してみよう。

六月
廿八日　虫送り、法印二人、明松送り
廿八日〇シメリ節句
稲作虫付、割元迄届ケル
七月
十七　田畑虫増長りうそう禰宜へ代参三人行、火をもらい今晩ゟ毎夜虫送り
十九　盆ゟ虫増長、稲作次第におとろへ、十九日村中虫除信心参りニ所々ニ出ル

廿日　草薙明神ニ夜三日虫除きとう始ル村中参詣スル
廿一　諸勧化、物もらい止札立ル

　虫除祈禱

七月上旬ゟ田方うんか虫付、盆時分五六日の間多分に増長致し、虫除種々と致し、魚油毒ゑ油等壱反分へ凡五合又ハ六七合位い入、虫を払ひ落ス、右之通り二三度も致し候所ハ宜敷様子なれ共、早稲穂をふくみ候故払ひ落ス事も覚束なく、是ハ明松にて焼ころすか宜敷あるべしと村方小前相談いたし候処、是迄毎夜明松送りにて松も遣ひなくせ、地親ゟ明松もらい度よし願出ける、然処高持相談いたし、虫焼ころす事多分ニ明松の入事なるべし、左候ても善悪もい（如）何計がたし、此儀ハ外ニ致し様も有べし、今一応相談致スべしと小前へ申聞、夫ゟ相談いたし直し、百万偏（遍）をくる積りニ相成、廿八日ゟ村中二分ケニ相成、代り〳〵昼は野をくり歩行、夜の地蔵堂にてくり、八月朔日迄三日三夜修業致し終日玉泉寺僧堂へ出てせがきよむ(7)

この年の虫害は非常に大きく、人びとがその除去に苦労したことが分かる。最初はムラが一丸となって共同祈願をしているが、次第に階層間の矛盾が顕在化してきたことが窺われる。このことは行事や儀礼の様式的把握にとどまる民俗調査では、よく明らかにできない点である。やはり具体的な時間のなかで展開した、個別事例としての民俗を把握できる日記の意義は大きいといえよう。

若者の活躍

この日記には、しばしば若者組が登場する。若者組がどのような活動をし、村役人といかなる関係をもち、村落運営でどのような役割を担っていたかが具体的に記されている。若者組のことは、この日記では単に「若者」とか「若者共」と表現されている。この若者組が村役人に休日の実施を要求し、それを実現している。一八一六年（文化十三）

正月十七日の条に「若者願イ節句」と出てくる。若者組の活動は村落秩序を壊すものとして村役人から警戒された。しばしば不景気を理由に、若者組の活動に制限が加えられ、また若者組自身が自己規制をしている。たとえば若者組の加入・脱退にともなう儀礼についてであるが、一八二三年（文政六）の二月の次のような記事である。

二日○　山出入村方困窮ニ付儀理事其外費成事ハ致さす、若者離れは酒壱本婚礼のおかた見ハ一切致さす積り諸事費なる事不致様取極(8)

とあり、また一八二五年（文政八）正月にも次のような記事がある。

廿七
定

一村方困窮ニ付当年ゟ五ヶ年間義り事幷願い節句止メニ致ス

一博奕賭の諸勝負不致様厳敷今度江戸御屋敷より申越、右之趣村方へ申聞、組切ニ吟味致し、急度相守り、若宿なと致し候者有ハ見付次第其組合へ申付家を打つぶし可申積り

一五ヶ年義り事止ニ付、若者の儀り事も止、御かた見ハ不致積、若者入ハ酒壱升ニ肴見合、且又若者離れも右同断、付合ハ若者離れ致してハ一切不致積り、右之趣名主ゟ□申聞取極る也(9)

当時船越村では若者組の付き合いのことも義理事と呼んでいたことが分かり、その具体相も知ることができる。ここで簡素にすることが決められている若者離れについては一八二四年（文政七）正月の記事に具体的な事例が記されていて、この取決め以前の様相を教えてくれる。

廿四日　浅右衛門婚儀ニ付、若者はなれの印シ、若者不残よび酒茶漬にてふる舞(10)

これが若者の義理事であった。先の「定」に出てくる「御かた見」は若者たちが婚礼の場に出かけて嫁を見ることをいい、それに対して席を設けて酒肴を振る舞うことであった。船越村では結婚を契機にして若者組から脱退したの

である。西日本に一般的ないわゆる青年型若者組であったことが判明する。

村の事件と民俗

このような民俗的な行事や儀礼が日記に記され、近世後期のこの地方の民俗として間違いなく行われていたことを確認できることはもちろん重要なことであるが、それに加えて重要なのはむしろ具体的人間の行為として民俗が確認できる点である。特定の状況で特定の固有名詞をもった人間が行うなかで、民俗がどのように出現し、実行されているかを知ることができる。これは民俗調査においても可能であり、また現に近年の民俗調査ではその方向が指向されつつあるが、しかし全体としては民俗調査はたてまえとしての民俗あるいは理念型としての民俗を把握することばかりに専念してきた。具体的な人間が登場して、行為として示された民俗を記述することは少なかった。そのことからいえば、日記に記された民俗の多くは、たてまえや理念型ではなく、現実に行われた個別具体的な行為のなかに含まれている民俗である。

一八二一年（文政四）三月の記事に出てくる次の事件は、具体的な人間の行為として示された民俗の一例である。まず記事の全文を紹介しよう。

茂左衛門娘、溜井へ自水したる一件

茂左衛門娘かね、北村義右衛門与内証事有之、然処かね縁談の儀に付、次右衛門友八両人掛り内証事縁切致し候処、夫ゟ二三日過て十七日晩方ふら〳〵と出、一向行方知れす、夫ゟ皆々方々さかし候内大堤の方へ行候由見かけたる者も有之よしにて夫ゟ大堤新堤今泉境迄さかし候得共相分らす、然処大堤北中ほどにぞうり片々ぬき捨あり、何者の捨たるとも相知れす、若や入水致し候事も有間敷やと猶又大溜井再応尋ね、長き竿の先へ古かたくまてなどを結付て水中をかきさかし見れば、漸夜半時分の頃かき当り引出し、死かい改見候処、袂に石を入仕度致し死たるてい也、堤へ引上介抱致し見れ共相不叶、夫ゟ内江届ケル、然ル処義右衛門方ハ縁切ハ致したる事なれ共夫故に死たる様子ニ付、両親も気の毒ニ思ひ、葬礼の節位はい持さす積りニ相成、則義右衛門茂左衛門方へ参り、茂左衛門与親子の盃を致し、義右衛門位はいを持葬礼、入用仁右衛門方ニて皆致ス

十八日　葬礼

十九日○大堤清めとして法印二人呼、大堤に棚をしつらい堤の水少し出し払祈禱スる、きとう終りて水とめる(11)

恋人のいるかねという娘が、その関係を絶たれて別の男との縁談話が進められたのに対し、それを悲しんでか、それとも抗議してかは明らかでないが、用水池の大堤に飛び込んで自殺した事件である。行方不明になったのが十七日の晩方で、おそらく数時間の探索の後遺体が竹竿の先にかかって発見されたものと思われる。葬儀はその翌日に執行された。この悲しい事件の始末の過程にも民俗が示されている。

まず、葬儀には必ず位牌持ちが設定されていたことが判明し、この場合には恋人であった義右衛門が位牌持ちをすることになったことが注目される。各地の葬儀においても、誰が位牌を持つかでその施主なり後継者が社会に示されるのであり、葬列において最も重要な役割である(12)。当時も葬儀には位牌持ちが不可欠であり、それを持つことが施主の表示であったと思われる。恋人であった義右衛門は関係を絶っていたが、やはり位牌を持つことを申し出たのである。

そして、次に注目されるのは、位牌持ちになるために、娘の親と親子の盃を交わしていることである。茂左衛門家の一員となる儀礼をしている。さらに注目されるのは、死者を出してケガレてしまった大堤にたいする処置である。葬儀の翌日に修験者二名を呼んで、清めの祈禱をしていることが判明する。用水池の水を水門から流しながら祈禱をした。この記事などは具体的なムラの事件のなかで、民俗がどのように実際に行われていたかが明らかになるもので

あり、固有名詞をともなった民俗の記述となっている。具体的な人間の行為としての民俗を教えてくれる。

三　駿河山之尻村名主日記

山之尻村と名主日記

駿河国駿東郡山之尻村は、現在の静岡県御殿場市山之尻である。『山の尻村の「名主日記」[13]』はすでに有名な存在である。一九七七年に内田哲夫はじめ御殿場市史編纂関係者の手によって翻刻され、多くの研究者がこの記述を活用している。それだけ豊富な内容を有する名主日記である。この日記は山之尻村の名主であった滝口家の当主が四代にわたって書き継いだもので、一七七三年（安永二）から一八五五年（安政二）までの八〇年間が記述されている。内容的にはもちろん名主としての職務に関係しての記事が中心であり、御用留としての性格も有している。しかし、読み進むと、そこには山之尻村で起こったさまざまな出来事が書かれ、日常生活が生々しく描かれている。

村とムラ

山之尻村の特色は、一つには支配の単位としての村（藩制村）が一つの集落ではないし、また一つの村落としても存在しないことである。山之尻村の範域は広く、その内部にいくつもの集落があり、それが各家の維持存続にとって不可欠な村落として機能している[14]。そのことは日記の記載にもよく現れている。名主が役目柄、村内のさまざまな事件を記載しているが、その事件に関係した百姓を記す際に単に名前だけでなく、その百姓の肩書として必ずのように居住する村落名を記している。そのことによって、山之尻村の内部編成が把握でき、また村落運営と藩制村との関係について具体的に知ることができる。例えば、一八二四年（文政七）の日記には多くの「配分」（破産処分）が記載さているが、その対象の百姓を示すときに、「印ノ勘左衛門大借ニ付、配分仕候」、「うとう木嶋左衛門配分仕候[15]」というようにである。この印ノは印野、うとう木は控木のことで、いずれも山の尻村のなかのムラのことである。あるいは村内の事件を記すときにも、関係者の肩書としてこのムラ名が出てくる。これは一八二五年（文政八）の出来事であるが、次のように記載される。

一文政八酉年六月、うとう木忠左衛門娘かく、六月廿七日暮合ニ風と罷出、東田中神主民部殿へ欠込ニ参リ、彼是六ツケ敷御座候、右女之義ハ、今ハ下合九右衛門悴忠助女房と相成、檜畑ケ久右エ門家ヲ借屋仕、罷居中候ハバ、欠込ニ参リ申候処、彼是六ツケ敷御座候[16]、

この記事で分かるように、人名には必ず居住するムラが記されている。このなかで東田中は山の尻村とは別の藩制村で、東田中村とすべきものである。他の地名はすべて山の尻村内のムラ名である。ここには新たに「下合」と「檜畑ケ」が出てくる。下合は本村とも呼ばれ、山の尻村のなかの最大の集落であり、中心部にある。

支配単位としての運営はもちろん村役人中心に行われる。名主以下の村役人は領主との関係では山の尻村全体を掌握した形になっているが、村内の生活に関しては直接個別の百姓を把握し、行政を行っていたのではない。名主以下の村役人が領主からの命令や規制を受けて、具体的な制度や命令を百姓に出す時には、より実効性のあるものにするために各ムラを活用しなければならなかった。次の記事はそれを示している。

文政八酉年十月諸職人日雇取ノ定メ、
一上職人十日壱分也、
一中職人より相対ニ而可仕候事、
一田鋤方江諸扱一日五拾六文づつ、

一秋男月弐貫文づつ、
一田植一日四拾八文づつ、
一常々男雇人月壱貫五百文、
一五月男廿日勘定、
一常々女月壱貫文づつ、
一子供鼻取弐拾文づつ、
右之通五ヶ年之内諸向一同取定、村方筋惣代ニ而申渡し置申候、下合曽右衛門・印ノ太郎右衛門・一本木十右衛門・小麦山与右衛門・うどう木茂左衛門殿へ申付置候、以上十月廿八日也、(17)

ここでは各ムラの代表のことを「村方筋惣代」と表現し、その筋は下合・印野・一本木・小麦山・控木の五つであることを示している。これは現在のムラに対応している。日記に出てくる檜畑は、今日の村落組織においても小麦山に含まれているのである。五つのムラが日常的には生活組織として存在し、支配や行政もそのムラを前提にし、それに依存して行われていた。したがって、何か事件があったときにも内済への努力がまずムラ内で行われ、それが不可能な場合にはじめて村役人が登場し、最後には領主が出てくるのである。もちろん、このような藩制村内にいくつもムラがあるという姿は東日本の傾向であり、近畿地方や北陸地方では異なる様相を示していた。

同様のことは次のような事件に際してより一層明瞭となる。一八三七年（天保八）の秋、山の尻村では盗難が相次いだ。そこで村役人と惣百姓が寄り合いをして協議した結果、犯人を投票で決める入札の実施ということになったのである。以下のようにそれは行われた。

左候得ば、外ニ致し様もなし、人々内分之入札と致し見可申筈ニ御座候、其上ニ而勘弁致し可申候と内札入申候処、うとふ木筋ニ而藤五郎江入申候、印ノ筋ニ而太兵衛後家入、一本木筋ニ而林助入申候、嶋右衛門入申候、尤一・弐枚づゝ之札ハ庭ニ御座候、是ハ跡ニ而聢と申付置べし、相談じ致し申候、右嶋右衛門義ハ林昌寺江寺入致し候ニ付、差置申候、藤五郎義ハ六ツケ敷御座候ニ付、先長キ勘弁ニ致し置可申候、当分置申候内ニ、十六日夕方ニ中丸蓮静寺様江寺入致しニ付、蓮静寺より三郎左衛門方江人参り申候、（中略）右太兵衛後家・同林助ハ平《（閉）》門を申付、締切致し申付置申候、十六日晩直ニ平門若物□し申候、外ニ少々づつ之札ハ、小麦山ニ而伊右衛門、一本木ニ而常右衛門・市右衛門・房右衛門・長左衛門、下合ニ而平右衛門、右此六人ハ弐枚づゝ、札之御座候ニ付、役前ハ内分ニ而済し、其組親ニ而向後心得違無之様と組親ニ而申付置申候、此時村方取締りハ、下合勇右衛門・うとふ木忠助殿・印ノ佐助・一本木ニ而伝右衛門・小麦山ニ而勝右衛門ニ御座候、取締人五人ニ御座候、(18)

盗難事件の犯人探しの方法として、村人による投票が実施されたのである。それは各ムラ（筋）ごとに行われ、犯人と思われる人物が票数によって決められた。その結果、票を多く投じられた人物は「寺入」をすることで謹慎し、またそれをしない者は閉門という制裁措置がとられた。閉門の執行は若者組が担った。そして、入れ札の枚数が少ない人物はそれぞれの組親から説諭された。村内の犯罪を取り締まる取締人はやはり各ムラごとに設けられ、山の尻村としては合計五人いた。このような犯人決定の方法は近世において採用されたが、その実施単位は支配単位としての村ではなく、その内部のムラ（筋）であったことが判明する。

一般的な村方文書を見ているだけでは、このような藩制村内のムラの存在はほとんど窺い知ることはできないであろう。多くの近世史研究者が無前提に近世の支配単位としての村（藩制村）を、村落共同体と把握して説明してきたことにそれはよく現れている。過去の特定の時代における村落が、支配単位とは別に存在したことを教えてくれるのはこのような日常生活を記した日記である。逆に、民俗調査は現在の村落組織として、このようなムラの存在を把握していたが、それが過去の特定の時代にいかなる意義を有していたのかは明らかにできない。その点でも、現在の民俗調査の結果に時代性を争えるものとして日記の記述は重要である。

共同祈願の民俗

日記に出てくる記事の多くは、名主の職務上処理した事項であるが、そのなかに祈禱とか日待ちあるいは神立という記事が多く、近世村落がいかに神仏信仰や呪術的行為によって村落の安全を図っていたのかが分かる。解決を迫られている問題があると、それを神仏への祈禱か呪術的行為によって解決しようとする。その代表は日和乞いである。この地方は降雨量が多く、水不足よりも、悪天候の日が続くことの方に悩まされた。一八一七年（文化十四）の夏は雨降りが続いた。そこで、以下のように共同祈願を実施した。

　四月六日
一　天気雨降り申候ニ付、当村教蔵寺ニ而御題目ヲ村中ニ而信心仕候得ば、早々朝ハ天気ニ相成申候、
　右同年五月十五日
一　天気雨降り申候ニ付、難義仕候、村中教蔵寺ニ而信心仕候、早々朝ハ天気ニ相成申候、(19)

山の尻村の寺檀関係は日蓮宗が多数を占めているので、共同祈願は題目を唱える方式が基本であった。村内の教蔵寺に集まって一生懸命題目を唱えたのである。しかし、それが効果を発揮するとは限らなかった。一八二〇年（文政三）五月から六月にかけての長雨はそのよい例であった。

　文政三年辰ノ年
一　五月九日より雨ふり出し申候処、殊外大雨ニ而、一同難渋仕候、依之当村方ニ而も色々信心仕、村中教蔵寺ニ而信心仕候処、又々大山江も村中代参ニ而壱軒ニ付露用銭拾弐文ヅ、取集メ、勝右衛門・伴右衛門両人之者

五月廿五日ニ遣し申候、又々村方若者中も教蔵寺ニ而一度ヘ一日信心仕候ハ、首々ほぼふニ而色々御信心仕候得共、一向雨やまず、村々麦作幷其外麦をい申候、誠ニ難渋仕候、さえん幷品々之作物皆くさり申候、大麦・小麦共大不熟仕候、依之種うしない仕候、誠ニ五月九日より雨降り出し申候処、六月九日迄之内一向雨之無キ日ハ一切無御座候、依之畑仕付等も大キ引延ニ相成、土用六月十日ニ入申候処、半分土用迄も畑仕付ニ取掛り居申候、尤十日之日、少々朝より天気ニ御座候、(20)

それにしても寺における祈禱は熱心に行われていた。この祈禱のことを日和乞いと呼んでいたことが日記の記載によって判明する。日和乞いと出てくるのは一八二二年(文政五)五月の記事である。

一　五月上旬頃は雨天気ニ而、麦作取上ゲ難相成申候ニ付、十二日一同日和乞仕候、教蔵寺ニ而信心仕候、以上、(21)

日和乞いと並んで多い山の尻村の共同祈願は風除けの祈願である。激しい暴風雨が襲ってくると、やはり日和乞いと同じように寺に集まり信心を行った。一八一六年(文政十三)閏八月はその例であった。

一　閏八月三日八ツ頃より同四日一日朝五ツ時頃より大風吹出し、同雨も同様ふり積候て、殊外之大風雨ニも難儀仕候、依之村中呼集、教蔵寺ニ而信心仕候、其夜四ツ頃迄も風吹、其内天気も好相成申候、明五日は天気好御座候、(22)

この暴風雨は山の尻村の二軒の家の屋根を吹き飛ばし、また多くの木が折れ、また作物にも多大の被害を与えた。共同祈願として注目されるのは、「神立」と記載された多くの記事である。一例を示せば、一八二九年(文政十二)八月に次のように記載されている。

一　当村百姓代新右衛門家之内ニ而痢病相煩候ニ付、組内・近所願出候て、役前申出候は、右新右衛門殿内ニは悴仙右衛門・同弟・同女房・同新右衛門女房共家内四・五人も相煩候間、左候得ば、一同ニ難渋仕ニ付、表向願ニ付、取上ゲ、役人相談仕、直々廿七日晩近所与右衛門宅ニ而仕度仕、大神立仕候、尤外ニもこし入被下候間、願之者等も御座候処、谷石武兵衛・一本木平吉都合三軒こしヲ入申候、尤外ニも村内ニも少こし相煩申候者も御座候、是ハ皆々よろしく御座候ニ付、こしハ入不申候、以上、

右神立参り祈願之僧之事

久成寺留主当村妙典寺之僧千応院と申僧壱人・同下僧弐人・同教蔵寺ニ而儀本と申僧壱人、

〆御僧方弐人ニ御座候、

当村妙典寺諸掛

一銭五百文　千応院江礼、

一弐百文　下僧壱人、

一弐百文　下僧壱人、

一弐百文　教蔵寺御礼、

〆(23)

これはいわゆる神送りである。病気に罹った場合に、その病気平癒のために疫病をもたらしている邪悪な神を、ムラの外に追い出してしまう神送りは各地で行われていた。とくに疱瘡送りは全国的に行われた。ところが、この山の尻村では、疱瘡のみではなく、さまざまな病気について神立がなされ、しかもそれが個別の家における発病に際して、ムラあるいは村として実施されたことが注目される点である。共同祈願は一般にはムラ全体の事項についてムラとして祈禱するものであり、雨乞いや虫送り、あるいは日和乞いなどがその典型である。神立は原則として個別の願い出によって実施された。病気をもたらした邪悪な神を輿に納め、僧に祈禱をしてもらって、それをムラの領域境とかヤマの領域に

運んで置いてくるのである。個別の家での出来事も、ムラないし村の問題であったことをよく示す民俗といえよう。

四　歴史のなかの民俗

二つの名主日記の記載内容から民俗として把握できる記事を抜き出して見てきたが、これによって近世の名主が職務上の事項をもっぱら書き留める日記であっても、そのなかにそのムラの民俗が豊かに記載されていることを知ることができた。名主日記が近世という実年代において個別具体的な民俗を把握できる恰好の資料ということは最早明らかであろう。現代において民俗調査という行為を通して把握できる民俗と同じものが、あるいは場合によっては現代の断片化した民俗がより整った姿で、近世の特定村落において行われていたことを確認できるだけでもその価値は大きいといえよう。それは民俗の連続性・継続性あるいは伝承性を改めて教えてくれるのであり、民俗の特質を確認することになる。しかし、それにとどまらない意義を有することを、この二つの日記は教えてくれた。

まず第一に、船越村の雨乞いが龍爪山に牛の頭を供犠として差し出すことで行われていたことを実際の民俗として確認できたように、今では知ることができない民俗の実在を教えてくれることが指摘できる。同様なことは、山の尻村での神立についてもいえるであろう。近世には行われ、今では完全に姿を消してしまった民俗も少なくないはずであるが、従来の民俗学はその点についてはあまり考えてこなかった。民俗の変化を説いても、過去に消滅した民俗についてはほとんど論じることがなかった。それはもちろん、研究法が現在実際に行われている民俗を調査することを前提にしてきたことから生じる必然であった。しかし、民俗が時間の経過、時代の変化のなかでやはり生成し、変化し、消滅するものと理解するのであれば、過去に消滅してしまった民俗にも注目しなければならないであろうし、そのためにはこの種の文字資料の活用は不可欠といわねばならない。

第二に、従来の民俗学が、民俗を村落の共同性を示すものとして把握し、民俗をめぐる村落内の対立・抗争という矛盾については注目してこなかったのに対して、船越村の虫送りの記事が教えてくれるように、村落内の階層間の対立と民俗が密接に関連していることを日記は教えてくれる。近世後期の名主日記は、しばしば村落内の百姓間の対立を書き留めているが、そこにも民俗は登場しているのである。民俗学は今日の民俗調査においても、村落内の矛盾・対立について注意しなければならないが、同時に過去の特定の時代状況における対立や抗争と民俗の関連についても注目しなければならない。ムラがあたかも悠久なる昔から「平和」であったとするような幻想を、民俗学の成果として提出してはならない。そのためにも日記に代表される文字資料の利用は不可欠といえよう。

第三点は、名主日記に書き留められた具体的なムラの事件のなかで民俗がどのように実際に行われていたかが明らかになることである。言い換えれば固有名詞をともなった民俗として把握できるのである。具体的な人間の行為としての民俗を教えてくれる。従来の民俗学は理念としての民俗、建前としての民俗を把握してきた。それは特定の時間と場所において個別の人間によって行われる民俗ではなかった。感情・感覚をともなって人びとが行う民俗は把握されなかった。それに対して、日記は個別具体的な人間と民俗の関係を明らかにしてくれる。社会史でいう「心性」の把握は民俗学にとっても不可欠なことであり、そのために文字資料の活用も有効であることを教えてくれる。

第四は、民俗の伝承母体としてのムラと、過去の特定の時代の制度としての村との関連を明確にしてくれる点である。近世の支配単位としての村が家々の生活と生産の共同組織であり、したがって民俗の伝承母体であるという考えは一つの常識になっているといえるが、果たしてそのように定式化できるかどうか充分に検討されてこなかった。近世の名主日記の記述は、その問題に迫る最も適切な資料であることを山の尻村の名主日記は教えてくれた。支配単位としての村の内部にいくつものムラがあり、それを単位にして近世の支配も村運営も行われていたのである。

以上のような諸点は、近世の名主日記という文字資料を民俗学の研究が活用することによって、今までの民俗学研究をさらに前進させることができる点といえるであろう。民俗学研究が非文字による伝承を基礎にしてきたこと、および今後もそれに中心があることは間違いない。しかし、それに加えて、無文字社会ではない日本列島における民俗学は、偶然記録としての文字資料を有効に活用すべきなのである。[24]さまざまな文字資料が今に残されているが、そのなかで民俗学研究にとって最も有効な文字資料は日記であろう。近世の日記も多く発掘され、翻刻もされている。[25]近代の日記は近世の日記に比較するといまだ利用可能になっているものは少ないが、書かれた日記は近世に比してはるかに多いものと思われる。[26]日記の発見、翻刻に民俗学研究者も努力すべきであろう。

注

(1) 柳田国男『郷土生活の研究法』一九三五年(『定本柳田國男集』第二五巻、筑摩書房、一九六四年、所収)で、このことを論じている。

(2) 『駿河国有渡郡船越村名主日記』一(清水郷土研究叢書一〔清水市郷土研究会、一九七六年、一三頁〕)。

(3) 同書三三頁。

(4) 中村羊一郎「牛と雨乞いの民俗」(芳賀幸四郎先生古稀記念『日本社会史研究』弘文堂、一九八〇年)。

(5) 前掲『駿河国有渡郡船越村名主日記』四頁。

(6) 同書一九頁。

(7) 同書六〇～一頁。

(8) 同書四二～四頁。

(9) 同書五八～九頁。

(10) 同書四七頁。
(11) 同書三一～二頁。
(12) 桜田勝徳「位牌持ち」一九四七年（『桜田勝徳著作集』第五巻、名著出版、一九八一年）。
(13) 内田哲夫「解説」『山の尻村の「名主日記」』（御殿場市史史料叢書二〈御殿場市史編さん室、一九七七年〉）。
(14) 福田アジオ「村の生活―山之尻村『名主日記』から」（『週刊朝日百科日本の歴史』七九、朝日新聞社、二〇〇三年）。
(15) 前掲『山の尻村の「名主日記」』二二三頁。
(16) 同書二二四頁。
(17) 同書二三二頁。
(18) 同書三一五～六頁。
(19) 同書一九〇頁。
(20) 同書二〇一～二頁。
(21) 同書二一二頁。
(22) 同書一八一頁。
(23) 同書二五八頁。
(24) 福田アジオ「歴史民俗学的方法」（『日本民俗研究大系』第一巻、国学院大学、一九九一年）。本書第二部第二章。
(25) 翻刻、印刷されて利用可能になっている近世の日記については、高木俊輔『近世農民日記の研究』（塙書房、二〇一三年）に詳しい。
(26) 近代の日記を、主として生業研究に活用しようとする安室知、永島政彦の一連の研究がある。安室知『日本民俗生業論』（慶友社、二〇一二年）、永島政彦「農業日記に見る畑作農家の生業」（『群馬歴史民俗』一七号、一九九六年）他。なお、「特集『日記』座談会」（『民具マンスリー』四六巻七、八号、二〇一三年）を参照。

第四章　図像と民俗学

一　語りの民俗学・行為の民俗学

民俗学は、英語の folklore の訳語としての意味を与えられている。その結果、一般には、日本の民俗学と欧米の民俗学とは同じような方法と対象をもった学問として理解されている。しかし、それぞれの民俗学の具体的な研究を見てみると、その内容において、したがって方法においても大きく異なることが判明する。

欧米の民俗学は一言でいえば「語りの民俗学」と位置づけられる。folklore という用語が一九世紀中頃に作り出されたイギリスにおける学問は、人びとが伝えてきたさまざまな伝承を対象に研究するものと理解されてきた。昔話・伝説・民謡など、人びとが語り、それを聞くという関係のなかで存在する事象が中心的な内容を形成してきた。一般にいう、口頭伝承ということになり、また内容としては口承文芸と呼ばれる事象である。アメリカにおいては、古くからの昔話や伝説ではなく、そのような歴史的蓄積をもたない、現代社会で生成され、語られるうわさ話・世間話がもっぱら関心の対象であり、特に都市伝説という新しい概念が形成されることで、民俗学は現代の語りを扱う学問と理解されるようになった。このような傾向は、近年の日本の民俗学にも少なからず影響を与えていることは事実であり、日本の民俗学も語りを重視し、その復権が見られる。英語の folklore が口頭伝承という語りを示したことにより、日本の民俗学研究者も、語りとしての民俗を表現するときには民俗とはいわず、フォークロアと表現することに、その感覚が示されている。

それに対して、日本の民俗学は「行為の民俗学」と表現できる。日本の民俗学はいうまでもなく、柳田国男によって開拓された。柳田はヨーロッパの民俗学から学びつつも、独自の民俗学を作り上げた。そのもっとも大きな特色は、民俗学の研究対象を人びとが行ってきた行為に中心を置いたことである。日本の民俗学の各種の概説書や案内書が示しているように、行事・儀礼・組織・制度が民俗学の内容を形成している。家族・親族・地域という社会制度や社会組織、通過儀礼や年中行事という人びとが行っているさまざまな儀礼、稲作や畑作の農耕技術や農耕儀礼、あるいは神社の祭礼行事や講集団の活動、イタコやユタの行う行為などの信仰事象である。それら人びとの集合的な事象を主として聞き書きという方法をとおして獲得しようとする。

言い換えれば、語りを手段として行為を把握しようとするのが日本の民俗学であるといえよう。そして、それらの事象を把握して、それらの行為を行う人びとの心意に達しようとする。意識・観念・感覚、現代の用語でいえば心性とか感性というべきことがらを柳田は心意と表現した。民俗学は主として聞き書きをとおして人びとの行為を把握し、その類例を日本全体から集積して、類型化と比較によって歴史的展開を明らかにするとともに、そこに秘められた心意・心性・感性をも併せて把握しようとする。フォークロアの同義語とも理解される民俗という用語は、口頭の昔話・伝説・民謡・世間話などには用いず、行事や儀礼について使用する傾向が一般的である。これは欧米のフォークロアと日本の民俗が相違することを感覚的に示しているのである。

二　聞き書きは手段

もしも日本の民俗学が行為の民俗学と把握できるのであれば、民俗調査の基本的方法と考えられてきた聞き書きは、民俗を把握するための手段と位置づけられる。伝承者と呼ばれる被調査者に質問をし、それに対する回答を得て、調査ノートに筆記する聞き書きが民俗調査の基本である。その伝承者の語る内容は、行事や儀礼であったり、組織やその活動であったりする。伝承者と呼ばれる人物が体験し、自らも一定の条件が揃えば行ってきたことを、その記憶から呼び出して、言葉で語ってもらい、その内容を聞き書きする。それが民俗と呼ばれる。すなわち、聞き書きを通して行為を把握するものである。今までに刊行され、蓄積された民俗調査報告書や民俗誌と呼ばれる記録は、その大部分がその種の民俗で占められている。聞き書きをとおして語りを引き出し、記録することで終わるのではない。語りに含まれている人びとの行為を把握し、記述する。したがって、人びとの行為を直接調査者が目の当たりにして把握するものではなく、口づてに把握するのであり、それは行為を間接的に把握することである。

聞き書きという間接的な行為の把握は効率的である。時間を短縮して行為を把握できるからである。民俗調査のなかに必ずのように含まれる年中行事は、一年間の行事である。もしも実際に行事に立ち会い、観察して記録するとすれば、一年間を要する。まして通過儀礼のように、人の生涯を記録するとなれば、一人の調査者が直接立ち会うことはほとんど不可能である。このことはまた空間的に広がりをもつ事象についてもいえる。あちこちで行われる事象をすべて追いかけることは困難なことである。それに対して、聞き書きという方法は、一年間の行事を数時間の聞き書きのなかに濃縮して把握することができるし、広域的に展開する事象を同時に把握することができる。適切な質問を繰り返すことによって、民俗として必要な情報のみに絞って回答を得て、記録できる。通過儀礼であれば、それはさらに効率的であるといえよう。実際の行事や儀礼に直接接して観察によって記録を作成することは現実に不可能であるが、聞き書きという方法を採用すれば可能となる。

聞き書きは文字での記録だけではない。伝承者に質問し、それに対する回答を得て、記録するが、話の経過のなかで概念図・模式図やスケッチをフィールドノートに記載することは当たり前のこととして行われてきた。最も早い時期に民俗調査を行った山中笑（共古）は、任地の山梨県内の民俗を記述する際に、具体的な事物を多く描き、説明している。(1)山中共古はおそらく現地を訪れたときに持参したノートにスケッチしたり、村人から教えて貰った図を書き込んでいたものと思われる。

柳田国男のフィールドノートというものは知られておらず、果たして存在したかどうかも疑問であるので、民俗事象を図に描いたかどうかは分からない。しかし、折口信夫にはフィールドノートを整理した記録が残されている。(2)それを見ると、聞き書きの過程で、文字では表現できない事項についてスケッチや図を描いて挿入している。それは実際に見て確認した結果を描いたものもあるであろう。聞き書きの過程でノートに書き入れてあったと解することができる。

このようなことは、誰しもが実際に行ってきたことである。民俗学研究者は誰でも、自身のフィールドノートを見てみれば、そこには聞き書きの過程で描いた図が少なからず挿入されていることを発見するであろう。そのことに特に自覚することなく行ってきた。民俗学ではフィールドノートの記載方法について特に検討されたことはなく、まして書き入れられた図について考えられたことはない。そして、民俗調査報告書や民俗誌の記述に際しては、それらノートに書き入れた図を文字に置き換えて説明することをしてきた。調査の過程で描いた図は、調査結果の記述には多くが失われ、わずかな図のみが残された。

フィールドノートに図を書き入れるのは、一つには被調査者である伝承者が説明の過程で紙に筆を執って書きつつ説明するからである。伝承者が言葉で説明しても、聞いて書き留める調査者がその内容を理解できず、文字で書くことができないことは多く、それに業を煮やした伝承者が自ら図を描いてくれることが多い。また逆に、調査者が聞いた言葉が理解できず、伝承者に求めて図を描いて貰うことも少なくない。

民俗調査は、従来も副次的に図像を生産してきた。しかし、そのことに自覚的ではなかった。聞き書き調査における図像の生産について、今後は自覚的に進めなければならない。そして積極的に図を描き、民俗の記述・分析にも活用しなければならないであろう。

三　行為の把握と観察

日本の民俗学は、行為の民俗学であるところに特色がある。語りを手段にして、行為を把握することがもっぱら民俗調査であると理解されてきた。しかし、誰でもが承知しているように、行為は聞き書きによってのみ把握する必要はない。有名な柳田国男の民俗資料の三分類は、その第一部として、生活外形あるいは有形文化を掲げている。第二部が生活解説、あるいは言語芸術、第三部が生活意識、あるいは心意現象である。この第一部の生活外形、有形文化の説明は、「目の採集、旅人の採集と名けてもよいもの[3]」と説明し、行為の直接的把握を意味している。目によって観察し、記録できる事象である。

観察によって民俗を把握し、それを観察記録として資料化することが、民俗調査の方法としても採用されてきた。

観察には多様な方法があることはいうまでもない。もっとも一般的には行事や儀礼を見学して、自分の目で確認したことを記録するものであるが、その際にさまざまな補助的方法が採用される。それが観察結果の記録法にもなる。

(1)　文字による記録　観察結果の記録法の第一の方法は、文字で記録することである。見たことを文字でノートに書き留める。観察結果を資料として活用する研究が、文字によって行われるのであるから、資料も文字化してあるのがもっとも効率よいといえる。従来の観察結果の記録はほとんど疑うことなく文字化していたのは当然である。景観にしても、生産活動の様相についても、あるいは冠婚葬祭と呼ばれる儀礼や年中行事にしても、また祭礼にしても、その場にいて観察し、その場でフィールドノートに文字によって記入する。

(2)　実測図　観察の過程で計測して、実測図を描くことも有力な方法である。物差しで長さを計測して、形状を正確に描くだけでなく、そこには観察結果も描き込まれる。民家の間取り、民具の実測図など、一定の技法に従って対象を正確に記録し、再現可能な状態で報告する。考古資料の記録法が民具調査に影響を与え、発掘された土器や石器を実測して記録すると同じように、民具やさまざまな装置を実測図として描き、報告書や論文に掲載することが行われてきた。

(3)　スケッチ画　観察の結果をもっとも簡便に記録する方法がスケッチであろう。自分で観察した結果を、自分の筆で描くのであるが、実測と違い、印象に残った部分が強調される。スケッチはさまざまな場面で作成される。行事や儀礼に臨んで、その様相を簡単に描くことはフィールドワークにおいてしばしば行われる。フィールドノートには観察の結果として描かれた、多くのスケッチ画を含んでいるものと思われる。しかし、調査結果を記述する段階に、そのスケッチ画が掲載されることは少ない。利用されることなく、ノートのなかに保存されていることが多いであろう。

(4)　写　真　観察そのものの記録とはいえないが、観察して注目した事物をカメラで撮影して画像にして記録することは早くから行われてきた。民俗調査にとって、カメラを携行することは古くから当たり前のこととして行われてきた。調査に出たときには、そこで注目した事物や事象をカメラに収めることは誰もが行ってきた。特に、祭礼行事の記録法としてもっとも一般的な方法であった。かつてはフィルムに撮影して、それを焼き付けて写真をアルバムなどに整理保存し、必要に応じて参照することが行われてきた。また民具を記録する台帳には、撮影した写真を貼り付けることがまた常識である。写真は、現在ではデジタルカメラの普及で、さらに広く活用されるようになった。

(5)　動画（ビデオ）　近年急速に普及したのが、観察結果を、あるいは観察と並行してビデオで映像を撮影することである。ビデオ以前は、一六ミリフィルム、八ミリフィルムの映画で撮影することが行われたが、それはごくわずかであった。撮影機材の普及はほとんどなく、映画撮影は珍しい記録方法であった。それでも早くは渋沢敬三やその仲間による映像が残されているし、第二次大戦後にも少なからずの作品が制作されている。

以上のように、観察を記録して資料化する方法は多様である。文字による記録が現在までもっとも普及した方法であるが、観察を文字化することは至難の業といえる。実際に、文字で記録することは、観察結果のごく一部のみを記録することであり、多くの側面は捨象して消し去っている。観察の対象は形のある事物であり、動きのある事象である。それを時間と空間の広がりのなかで把握して、文字で表現することは実際には不可能である。

図像・画像・映像という順序で観察結果を写実的に、そして時間と空間をあわせて記録する方法が登場し、普及してきた。(4)いまや、観察結果をそれらで記録することは常識となっているといってよいであろう。特に、画像と映像が基本的な方法となった。しかし、それは記録を残すという点で基本的方法となっているだけであり、記録を活用する、特に研究に活用するという点では必ずしも明確になっているわけではないし、その方法も検討されていない。多くの画像は研究書や研究論文の挿絵として掲げられても、画像から直接研究が展開することは試みられていないといってよい。まして、映像となると、一六ミリフィルムや八ミリフィルムの時代から、記録として残されていても、それを研究する、あるいはそれによって研究するという試みは乏しい。そして、社会教育映画として制作された作品が多くの人に親しまれ、民俗事象の観察結果としての映像はその教育映画という性格に規定されてしまった。観察をそのまま映像にするのではなく、編集して、ナレーションを入れ、バックグラウンドミュージックを入れ、観客の感動を呼ぶように工夫をし、また興味がそれないようにする。映像についてはそれが当たり前となり、ナレーションやバックグラウンドミュージックに疑問を示すことはほとんどない。

民俗学という研究にとって図像・画像・映像を資料として活用するということはどのようなことかという基礎的なところから検討しなければならないであろう。研究資料としての図像・画像・映像について理論的検討が加えられ、また資料操作法との関係を検討しなければならない。その際、図像・画像・映像を否定的にとらえる必要はない。文字記録に限界があることは明瞭であり、その弱点を克服する手段として図像・画像・映像は明らかに優れている。それを活用することを前提に、研究法を検討することが求められる段階である。

四　図像を生み出す民俗学を

聞き書きは、すでに指摘したように、聞きつつ書き留めることであり、本居宣長が『玉勝間』において師の教えを学ぶ方法として提示した言葉である(5)。それを、伝承者を師とし、聞き書きをするという方法を民俗学は採用した。権力的な聞き込みや調査者中心の聞き取りに対して、被調査者を師と仰ぎ、教えて貰うという姿勢を示した用語といってよいであろう。その聞き書きの書くという行為は、誰も疑うことなく文字で書くことであった。書くという表現をする以上は、文字で書くことを必然的に示している。自覚することなく、聞き書きと表現することで、文字で記録することに支配されてきた。したがって、聞き書きの過程でフィールドノートに絵や図が記入されることがあっても、あくまでも付随的なことであり、補助的なことと考えられてきた。民俗調査の技法を説明する際にも、聞き書きのフィールドノートへの記録は文字による記録のみが注意され、絵や図については必ずしも関心が払われなかった。しかし、実際には、フィールドノートには少なからずの絵や図が書き込まれているはずである。そのことを必ずしも自覚してこなかった。調査法の説明でも、聞き書きにともなう図像記録化は取り上げられてこなかった。

このように、今まで関心の対象にはなってこなかった図像を、聞き書きの結果を記録する方法として考えることが必要であろう。しかし、聞き書きでの被調査者の話を調査者が直接図像にすることは、調査者が勝手に頭のなかでイメージを作り上げて、フィールドノートに描くことになる。それは明らかに間違いである。聞き書きの過程で図像を記録するためには、何らかの形で被調査者から図像を示して貰わなければならない。そのことは、多くの調査者は経験的にはしばしば行ってきたことでもある。聞き書きの過程で、話が理解できなくなると、その事項について図を描いて説明してくれるように依頼することはたびたび経験している。それを自覚的に行い、その方法を共通のものにしていくことが必要であろう。聞き書きの過程で、被調査者に求めて、図解による説明をして貰う、またスケッチを描いて貰う、そしてそれをフィールドノートに記録する。その際、被調査者が描いてくれた図をそのまま単に写すのではなく、聞き書きという特徴を活かさねばならない。すなわち、被調査者の説明・解説と結びつけて図像を記録することである。単なるスケッチではない図像による記録がなされねばならない。一種の絵引、あるいは図解の方式をフィールドノートに記載することが必要である。民俗学が古くから重視してきた民俗語彙を図像の記録に結びつけることが、その第一である。被調査者が描いてくれた図像の各部分を地域の人びとが表現する民俗語彙を、図のなかに記載する。また、図像を補う形で説明を記載する。これが絵引であり、図解である。

また、観察から図像・画像・映像を生産することも重要である。このことは前節で述べたので、ここでは再説しないが、その重要性は従来はほとんど顧みられることがなかった。そのため、方法についても検討されることはなかった。

今までも少なからず図像が民俗の記録法として採用され、それなりの量が蓄積されている。しかし、調査法としてはあくまでも中心は聞き書きによる文字化にあり、観察による図像化は副次的、従属的な位置を与えられているにすぎない。また、聞き書きの過程で図像を作成して記録化することはほとんど自覚されることはなく、結果として資料化の方法として考えられてこなかった。全体として、民俗調査の結果を記録するということは、文字による記録のみが考えられてきた。

現在必要なのは、民俗調査の記録という行為を文字化においてのみ考える前提を破棄することである。文字優先の考えを破棄し、図像化記録を文字化記録に対し従属的・副次的存在から解放し、独立した民俗資料の記録として考えなければならないであろう。文字に対等な位置を図像に与えることである。量的に見たときに、図像による民俗資料の記録よりも文字による民俗資料の記録のほうがはるかに多いであろう。しかし、理論的には、文字による資料化と図像による資料化を対等に位置づけなければならないであろう。もちろん、そのことは図像だけについていうのではない。図像・画像・映像による民俗の記録、データ化をいうのである。民俗調査を聞き書きのみに限定しないことと大きく関係するが、観察による民俗の記録は必然的に図像・画像・映像の採用を要求する。観察結果を文字で記録することが困難であることは述べたとおりである。

民俗調査の成果の有力な表現形式が民俗誌である。特定地域の民俗を相互関連させ、全体的に描き出したものである。民俗誌は単に民俗事象が網羅されていることを意味しない。地域の民俗の特質を、民俗の相互関連性を把握して、全体像として示すことである。今までは民俗誌といえば、当然のように、文字で記された。民俗誌は文章で記述されるべきものであった。確かに図像や写真が文章の間に挿入されて、読者の理解を助ける力となっている。また、しばしば巻頭には口絵写真が挿入されることが多い。地域の民俗的特質をイメージとして理解できるようにするための設定である。これらの工夫が行われても、それだけでは民俗誌にはならないというのが常識であろう。しかし、この考えを打ち破らねばならない。

文字ではなく、非文字の民俗誌の構想を抱くことがあってもよいであろう。今までもその可能性として考えられてきたのは、画像による民俗誌である。具体的には、写真民俗誌というべき、民俗を把握し、その全体像を示す方法である。今までは主客を逆転させ、非文字である画像・写真を主役に置いて、文字の記述を脇役とする方法である。まったく完全に文字を排除することは必要ない。抽象的なもの、観念的なものを表現できるという文字表現の利便性は充分有効に利用する。しかし、それはどこまでも脇役であり、補助的である。民俗誌としての、地域の民俗全般を示し、その相互関連を明らかにして、民俗の全体性を理解できるようにする方法として写真を使用する。写真民俗誌は、写真を挿絵の位置から解放して、主役に据えることである。

同様に、映画・ビデオという映像による民俗誌の可能性も考えるべきであろう。映像民俗誌は、民俗事象を動態的に把握できるという点で、写真よりもはるかに対象を正確に把握し、理解を助ける。その場合、あまり考えもせず、一般的な映画と同じように考えてしまう危険性である。いわゆる記録映画は必ずナレーションをともない、またしばしばバックグラウンドミュージックが挿入され、またテロップが画面に流される。これらが映画の内容理解に貢献することは、教育映画の手法として定着していることで分かる。ほとんどの人が疑問を抱かない映画制作の方法であろう。特に、ナレーションが不可欠と考える人は多いであろう。ナレーションという説明があって、はじめて映像が見る人に理解されるという考えである。しかし、ナレーションは、映像から直接理解することを弱め、映像を見る人びとを一定の方向に導き、対象からではない知識とイメージを与える。映像民俗誌を追究することは、まずナレーション・バックグラウンドミュージック（BGM）・テロップなどに依存する作品化から脱出しなければならない。そして、対象を撮影した映像そのものから、地域の民俗の全体像を理解できるように編集する。

写真民俗誌(6)・映像民俗誌(7)は、少ないながらも、その試みがなされてきた。必ずしも成功したといえるものは多くないが、努力が重ねられてきた。しかし、意外にも、図像による民俗誌はほとんど存在しない。自らの目で確認した結果を、筆を執って文字であらわすのではなく、同じように絵筆を執って図像に描いて示すことはさほど困難なことではないはずである。古老が、今は消えてしまった過去の民俗を、記憶から呼び出して、絵に描き、冊子を刊行するという試みは、日本各地で行われている(8)。地域の民俗の全体を相互関連して描いた民俗誌とはいえないが、文字で表現するよりも、はるかに今はなき民俗を具体的に示している。これを意識的に行うことがあってもよいであろう。調査結果を図像で描き出して、その全体を民俗誌としてまとめる。

民俗学は、もっぱら文字に依拠せずに伝えられてきた事象を扱いながら、皮肉なことに、文字化し、文章で記述し、表現することに陥ってきた。そこから脱出して、図像・画像・映像を生産し、それらによって研究し、また研究成果を示す方法を確立することが肝要なことといえる。

五　過去へのフィールドワーク

日本だけでなく、世界各地の民俗学は、現在の生きて存在する民俗で歴史を認識する学問として成長してきた。歴史離れの傾向が見られるようになったのはごく最近のことに属する。民俗学は、現代社会でのフィールドワークが前提であり、現在把握できることから歴史を再構成しようとしてきた。しかし、それのみにこだわり、そこに民俗学の特質を見る考えは必ずしも正しいとはいえない。民俗事象は現代に存在するだけでなく、過去にも存在した。民俗を研究するということは、現在生きて存在する民俗だけでなく、過去に存在した民俗も対象にすることである。

民俗学は、現在人びとの行為として示されている民俗を、聞き書きその他の方法を駆使して把握し、分析する。フィールドワークを基本的方法にして民俗を把握する。そのフィールドワークは、まず民俗を担い、伝えている人から聞き書きによって把握する、そして次に行為として示されている民俗、あるいはその結果としての事物を観察によって把握するという方法が採用される。これが、民俗学の民俗を把握する中心的な方法であることは間違いないであろう。一九世紀に発生し、二一世紀まで存続してきた民俗学は、そのようなフィールドワークによる把握を発達させてきた。しかし、過去に存在した民俗の把握法については充分に検討することなく、安易に過去に記録された文字資料の利用が許されるかどうかという問題に絞られていた。一九五〇年代に行われた日本民俗学の性格論争がその典型的なものであった。

民俗が現在だけでなく、過去にも存在したというように単純に考えれば、民俗調査も現在の民俗を把握するためのフィールドワークだけでなく、過去の民俗を把握するフィールドワークが存在しても一向に構わないであろう。現代の民俗をとらえる方法は多様であり、フィールドワークも一種類ではない。同様に、過去に対しても、さまざまな方法を駆使して民俗を把握する多様なフィールドワークが試みられねばならないであろう。問題は、現在の民俗を把握するということは、たとえの通り、生きているのである。変化したり、変動したり、動きが見られる。それゆえに動態的に民俗を把握することが可能である。それに対して、過去の民俗は、過去が確定していることによって、動きのない、固定的なものとして把握することになる。そこに限界がある。しかし、時間軸にそって長期にわたっての事象を実年代的にとらえることができる。

過去に存在した民俗は、伝承という行為によって現在引き継がれている。そのことは現代の民俗を対象とする民俗調査によってとらえる。しかし、特定の時間軸のなかでの過去に存在したことは立証できない。特定の時間のなかで存在したことを、過去へのフィールドワークによって把握することが必要になる。過ぎ去った過去は確定している。過去に踏み込んだ途端に、民俗は固定した動かないものとして姿を現す。それが過去の姿のまま把握できるとすれば、特定の過去に記録されていることが重要である。

民俗学の基本的性格は、現代の民俗の調査研究によって歴史的世界を認識するところにあるが、過去へのフィールドワークもその歴史認識にプラスになる。現代の民俗と特定の過去に存在した民俗を総合することで、より豊かな歴史的世界が現れてくる。それは変化を明らかにする場合もあれば、変化しない場合もあるし、あるいは途中での消滅を教えてくれることになるかもしれない。いずれにしても、現代の民俗と特定の過去の民俗を総合することは無駄なことではない。

過去に生産され現に残されている資料群へ踏み入ることが、過去の民俗を把握する手段である。民俗を教えてくれる過去に生産された資料を探し出し、そこから民俗を抽出する。現代の民俗調査のように、民俗を記録することを目的に一定の方法を確立し、それに基づいて作成されることはなかった時代において、民俗の記録を発見することは、意図せずに民俗を記録した偶然記録のなかを探索することである。

無文字社会ではない日本では、民俗が過去にも文字によって記録されたことは多くの事例から判明している。したがって、過去の特定の時間軸のなかで民俗を発見する、記録するといえば、文字資料のなかから探し出すことを意味してきた。近世の随筆・日記・地誌などは、民俗を発見する素材であった。また、村方史料のなかの各種の文書に記載された民俗事象を拾い出すことも行われてきた。近世以降の豊かな文字資料の存在は、そこに民俗が記述されていることを知って以降、しばしば活用されてきた。そして、量的にははるかに少ないが、中世の記録からも民俗を取りだし、古代の記録からも民俗を読み取る努力がなされてきた。『古事記』、『日本書紀』、あるいは『風土記』の記述のなかに民俗を発見することも行われてきた。

日本が豊かに文字を残す社会であることが、ややもすると特定の過去における民俗の発見を文字に限定することになったといえよう。特定の過去に生産された民俗の記録といえば、誰しもが文字による記録と思ってしまう状況が現出した。しかし、前節までに見てきたように、民俗を記録する方法は文字だけでなく、図像・画像・映像、あるいは音響など多様な方法がある。当然、過去に偶然記録されたものにも、文字ばかりでなく、多様な形態があると推測してよいであろう。

明治以降であれば、少ないながらも写真という画像資料が作成され、残された。最初、写真は記念写真として写され、残された。次第にその量は増したが、畏まった記念写真を脱して、さまざまなスナップ写真が撮影され、残されるようになったのは近年のことといわねばならない。時間をさかのぼれば、写真のような機械的に記録する方法は存在せず、人が自ら筆を執って生活を記録することのみが方法として存在した。日記や書簡、あるいはさまざまな随筆という文字資料に加えて、筆を執って描く図像が残された。図像の中心は絵画・絵図である。近世には大量の絵画・絵図が作成された。中世以前になると、その量は急激に少なくなり、絵師・画工の描く職業的絵画のみになってしまう。

民俗調査は現代の地域社会に赴き、地域で行われ、伝えられている民俗を聞き書きや観察などによって把握する。そこには必然的に動く民俗を動態的に理解することが含まれる。民俗の変化であり、消滅であり、生成である。特定の過去において存在した民俗を、現代に生きる人間が把握しようとする場合、生身の人間がそのままで過去にもどって聞き書きとか観察をすることはできない。現在に生きつつ、過去を間接的に把握することになる。その間接的に特定の過去の民俗を教えてくれるものが、まずは文字で記録された資料であった。しかし、同様に図像資料や画像資料も民俗を教えてくれる。その資料群に分け入り、自己の問題意識にそって、民俗を選択し、抽出する。聞き書きや観察は不可能であっても、それに相当する行為として資料群から民俗を導き出す。その場合、聞き書きに相当するのが日記・随筆・地誌などから文字資料を取り出すことであり、観察に対応するのが各種図像資料・画像資料、時には映像資料を読み取り、民俗を引き出すことであろう。過去へのフィールドワークによっても、聞き書きや観察に相当することを行い、資料を獲得し、記録化することが可能になるのである。

六　民俗資料としての図像

聞き書きや観察の結果を文字で記録するのが、従来の基本的方法であり、そのことが疑われることはほとんどなかった。しかし、たとえば写真民俗誌や映像民俗誌が構想されるように、調査結果を文字以外の方法で記録することも考えてよい。そのことを過去に適用すれば、過去の時間のなかで民俗を表現する文字ばかりに注意するのではなく、民俗を示す図像・画像・映像にも注意を向けねばならない。過去へのフィールドワークで、図像・画像・映像の発見を積極的に行わなければならない。この三者のうち、画像、特に写真については、その民俗資料としての価値や意義、あるいは活用法についてしばしば議論されてきた。(9) また映像についても映像民俗学・映像人類学などという言葉とともに主張され、実際に映画を制作するという実践が盛んである。(10) それに対し、もっとも親しんでいる図像がもっとも検討されずに放置されてきた。ここでは、その図像について考察してきた。以下で、過去に描かれ、民俗の資料として現代に登場してくる図像資料について整理しておこう。

(1) 絵　画　文字以外でもっとも親しく接してきた表現形態が絵画であろう。日本では中世にも少なからずの絵画が描かれ、近世以降にはその総量は急激に増大した。もちろん、日本における鑑賞用の絵画は、職業的な絵師・画工が描くもので、中国の影響を大きく受けていた。その描き方は約束にしたがって描き、実際の事物や風景を写生するということは少なかった。中国の絵画と同じように、山水画や花鳥図が理念化された構図で描かれた。あるいは粉本に従っての描写が行われた。これは大和絵においても同様であった。

しかし、日本では、東アジアの他の諸地域に比較すると、はるかに、実際の風景を写生し、また人びとの行為を描き出すことが盛んになった。中世末から近世初頭に描かれた「洛中洛外図」や「江戸図」は、対象とした地域の様相を詳細に描くとともに、そこに行き交う人びと、商いをする人びとを生き生きと描いている。それらは、図それ自体が、特定の地域の特定の時間における民俗誌という側面をもっているといえる。また、近世中期以降に人びとの日常で楽しむ材料となった浮世絵も、人びとの生活を描いている。近代以降には、ヨーロッパの絵画技法が入り、写実的な動向も作ったが、また抽象的描写、イメージによる組み立てが盛んになり、生活を直接描いている絵画は必ずしも多くない。そうであっても、絵画によって、特定の過去の民俗を知ることができる。特に「洛中洛外図」のような広い範囲を対象に描いた絵画は、民俗世界を描いた民俗誌としての性格を持っている。

近代学校教育は、図画工作を科目として設定し、絵画を自ら描く教育を行った。図工のなかでは、写生が大きな意味を与えられた。対象を写実的に描く訓練がなされ、さまざまな機会に絵を描くようになった。近世にもすでに知識人たちが文人として登場し、絵を描くことを趣味とした。素人絵ともいうべき種類の絵画が日常的に制作され、それらのなかには観察結果を描いたり、かつての体験を描いたりすることが行われた(11)。

(2)　挿　絵　近世の大きな特色は、書籍の出版が盛んになったことである。さまざまなジャンルの書物が木版本で刊行され、書物問屋を通じて販売された。多くの部数が公刊された。庶民層が楽しんだ書物は、文章によって筋を立てているが、そこには必ずのように挿絵が挿入されていた。近世中期以降の各種の戯作文学は大量の挿絵を入れており、読者の興味をかき立てた。またなかば公然と出版されたと考えられる多くの春本も、大量の春画を描き出した。このような挿絵を挿入した文学作品は近代にも受け継がれ、新聞小説はじめ多くの小説類において同様に挿絵が挿入されている。近世以降の日本では、出版物に絵画が入っていることは何ら不思議なことではなかった。そこから多くのことを情報として入手していたと思われる。

多くの文芸作品の挿絵は、挿入されたという意味では、文章が主体であり、あくまでもその文章を引き立てるための副次的・脇役的な存在であった。しかし、次第にその位置は対等なものに近づいていった。その様相を見せてくれたのが、近世後期に次々に刊行された名所図会である。『都名所図会』がベストセラーになったといわれるように、大いに歓迎された。その書名が示すように図会である。絵画と文章がほぼ対等な位置になっている。文章に対応した大量の挿絵が実際の観察結果として挿入され、その場所の具体的な姿や行事が示されている。読者は、挿絵を追いかけることで、特定の地域を旅した感じになるとともに、また実際に訪れた際のガイドブックの役割を果たした。今日のビジュアル本である。名所図会の挿絵を現在の場所に持参して、そこの事物を比定しても、その具体的様相が容易に分かる。それほどに正確に写生をしていた。

挿絵はもちろん職業的な絵師が描くものであった。多くの著名な絵師が挿絵を描いており、日常的な収入源としては、出版物の挿絵を描くことが重要であったと思われる。名所図会では、現地へ足を運んでスケッチをして描く必要もあり、少数の絵師が担当したのでは不可能だったと思われ、実際に多くの絵師の競作となっている名所図会もある。(12)

(3) 絵日記　各地の文人たちのなかには、絵を描くことを学んだ人も少なくないであろう。しかし、その学び方は手本・粉本による学習であり、結果として描かれたものも大部分が山水画であり、花鳥図であったりする。地方文人の家に残された作品がそれを教えてくれる。しかし絵心を身につけた文人たちが旅に出ると、その絵心が旅のなかで発見した興味深い事物を写生することとなった。旅の過程で日記を付けるということは、古くから行われてきたが、その表現方式として絵を挿入したり、絵を中心にして言葉を添えるということが行われるようになった。旅日記であるが、絵日記としての性格を帯びたものが登場した。有名な菅江真澄の遊覧記は、このような旅日記である。行く先々で人びとの生活を観察し、スケッチを描き、日記のなかに挿入している。あるいは、鈴木牧之の『秋山記行』も、信越国境地帯の秋山の村々を訪れた際の日記であるが、やはり注目した事物を絵にして挿入している。旅という行為が感動を呼び、観察結果を絵にすることが行われたが、それが次第に日常生活に及んだと思われる。日々の生活を絵日記として書き残すようになった。特に近代の学校教育が絵を描くことを教育課程として組み込んだ結果、子どもの段階から絵に親しむようになった。そして自ら絵を描くことが行われた。

(4)　絵　図　近世の村方文書のなかに、多くの絵図が残されている。多くが自村の概況を地図として描いたものである。領主の交替に際して提出したもの、幕府の巡検使を迎える際に準備したもの、あるいは紛争に際して論所を描いたものなど、その作成の目的は多様である。それはもちろん実測図ではない。概念図というべきものであるが、それだけに人びとが自分たちの生活空間をどのように認識していたか知ることができる。そこでは、近代のような記号化は行われず、実際の事物をイメージできるような形で描くことが多い。家屋・寺院・神社・高札場・堰・橋などいずれも実際の姿をイメージできるように描いている。このような絵図は、近代になると急速に作成されなくなり、実測図に取って代わられる。自分たちが描いた絵図ではなく、外から与えられた実測による地図になる。各種の地図が作成され、それらを必要に応じて利用するようになるが、その徹底した記号化は、地図を見る人に生活世界を具体的なイメージで与えることはなくなってしまった。絵図から地図への変化は、空間認識においては後退をもたらした可能性が大きい。

以上のように、近世に始まり、近代、そして現代まで、日本では多くの図像が作成され、人びとは日常的に親しんできた。そこには、山水や花鳥のような定型的な絵も多いが、しかし同時に風景や生活を写生したものも少なくない。これらの図像生産、そしてその資料の残存は、おそらく世界的に見ても、日本が最も豊富な地域であろう。同じ東アジアであっても、中国や朝鮮半島においてこのような図像資料を見ることはほとんどできない。日本の歴史研究、民俗研究がこれを活用しないということは大きな損失である。

すでに述べたように、現在の民俗調査が聞き書きだけでなく、観察も行い、民俗を記録することに対して、過去への民俗調査は、文字資料から民俗を発見する。過去での聞き書きといってよいであろう。それに対して、過去での観察が図像資料の活用ということになる。図像・画像・映像を観察して、そこから有効なデータを取り出し、民俗として記録する。日本の近世以降は、図像資料が大量に生産され、また今日に残されている。その図像の森に分け入り、観察して民俗を発見する。今まではあまり試みられてこなかった方法である。たまたま発見した民俗の図像を、挿絵として挿入することはあっても、研究資料として活用する努力はほとんどなされなかった。民俗学の世界で唯一試みられた図像資料活用のための工夫と努力は、日本常民文化研究所が行った『絵巻物による日本常民生活絵引』全五巻の編纂であった(13)。

七　民俗学も図像資料を

本章では、図像資料と民俗学の関係について、二つのことがらを述べてきた。

一つは、民俗学は、民俗調査および研究の過程において積極的に図像を生産し、図像を活用すべきことを述べた。現代日本の民俗学は行為の民俗学という基本的性格を持ち、フィールドワークという民俗調査を前提にして組み立てられている。そのフィールドワークにおいては、聞き書きが重要な方法であるが、それに加えて観察をもっと重視しなければならないということを述べ、聞き書きと観察を基本とする民俗学を主張した。そして、その調査過程において文字による記録だけでなく、もっと積極的に図像を生産しなければならないことを述べ、民俗の資料化は文字化に加えて、図像化・画像化・映像化が採用され、多様な方法で記録される必要があり、また研究されなければならないことを主張した。

そして二つ目には、民俗学が過去の民俗を把握することは、民俗を記述した文字資料のみを対象にするのではなく、過去に制作された図像資料・画像資料などを積極的に活用すべきことを述べた。民俗学は現代から歴史を認識する学問であるが、同時に過去に向かってもフィールドワークをすることが必要であり、特定の過去に存在した民俗を把握して、それをも研究対象にすることで、より豊かな歴史像が形成できることを指摘した。そして、近世においては絵画・絵図などの図像資料を、そして近代以降であれば画像資料、さらには映像資料を対象にして民俗の発見と記録をするべきことを主張した。たとえていえば、民俗調査における観察に相当する行為が、図像資料・画像資料などにおける民俗の発見行為である。民俗調査において、聞き書きだけでなく、観察を積極的に行うことに対応して、特定の過去の民俗を把握するために図像資料・画像資料に対する観察をすることが不可欠といえる。

そして、本章で果たせなかった問題点を掲げておこう。それは図像資料・画像資料・映像資料による民俗学研究法の開拓である。聞き書き結果としての文字記録だけでなく、図像資料・画像資料での民俗の資料化は述べたが、それらによっていかに研究するかについて検討することができていない。図像資料から民俗を読み取るという言葉を述べただけでは研究法にはならない。図像資料・画像資料を分析する方法、そして分析結果としての解答・主張を画像・図像で提示していく方法が考えられなければならない。資料化と研究成果の中間に位置する民俗誌について、写真民俗誌・映像民俗誌の可能性を提示したが、写真民俗誌・映像民俗誌とはいかに制作すべきなのか、それらの内容を議論する方法、旧来からの文字による研究とどのように関連づけるのかなどは検討していない。図像資料を民俗の研究資料として解析する方法を検討することが果たせて、はじめて図像資料が研究書の挿絵の段階から研究の中核的な位置へと上ることができる。そして、旧来からの文字化された民俗資料と図像としての民俗資料を、統合・融合して研究をする方法を確立することに向かわねばならないであろう。

民俗学にとって図像資料による研究は今後の大きな課題である。

注

（1）山中共古「甲斐の落葉」『東京人類学会雑誌』一九九～二一〇号、一九〇二～三年。

（2）折口信夫「沖縄採訪記」「沖縄採訪手帖」（いずれも『折口信夫全集』第一六巻、中央公論社、一九七六年）。これらは一九二一年、一九二三年の沖縄調査のフィールドノートで、公刊された調査報告ではない。

（3）柳田国男『民間伝承論』一九三四年（『柳田國男全集』第八巻、筑摩書房、一九九八年、所収、一四頁）。

（4）ここでいう図像・画像・映像を簡単に説明しておく。図像は人間が道具を使用して姿や形を自ら描いたものであり、絵画、スケッチ類が該当する。画像は人間が機械を使用して物理的に姿や形を記録したもので、写真・コンピュータグラフィックなどが該当する。映像は機械を使用して動きや変化を記録したもので、映画・ビデオなどである。

（5）本居宣長『玉勝間』（『本居宣長』日本思想大系四〇、岩波書店、一九七八年、二四四頁）。

（6）福田アジオ編『松原の民俗―長野県南佐久郡小海町松原―』第一部写真民俗誌（神奈川大学歴民調査報告三）（神奈川大学歴史民俗資料学研究科、二〇〇六年）。

（7）篠原徹による『黒島民俗誌』研究映像（国立歴史民俗博物館、一九九三年）、福田アジオによる『景観の民俗誌』研究映像（国立歴史民俗博物館、一九九四年）、川森博司による『遠野民俗誌九四／九五』研究映像（国立歴史民俗博物館、二〇〇五年）など。

（8）山本作兵衛『筑豊炭坑絵巻』（葦書房、一九七三年）、同『筑豊炭坑絵物語』（岩波書店、二〇一三年）はその代表であるが、そのほかにも各地で私家版として印刷されている多くの図集がある。特に戦争体験・空襲体験を描いたものが多く出されている。

（9）近年では小川直之「画像資料と民俗学」（『人文科学と画像資料研究』国学院大学学術フロンティア事業研究報告、一号、二〇〇四年）、倉石忠彦「画像資料と民俗誌」（前掲『人文科学と画像資料研究』一号）、小川直之「民俗芸術写真と民俗研究」（『折口博士記念古代研究所紀要』一〇輯、二〇〇七年）、同「画像資料研究の課題」（『國學院大學日本文化研究所紀要』一〇〇号、二〇〇八年）、香月洋一郎「風景としての情報」（『手段としての写真』神奈川大学二一世紀COEプログラム調査研究報告四、二〇〇七年）、須永敬「民俗画像資料の可能性」（『折口博士記念古代研究所紀要』一一輯、二〇〇八年）など。

（10）一九七八年に野田真吉・北村皆雄らの映画人に野口武徳・宮田登という民俗学研究者が加わり、日本映像民俗学の会が設立され、現在にいたるまで活発に活動している。また、民俗芸能や祭礼という無形民俗文化財の記録方法として映像制作がなされるようになり、東京文化財研究所無形文化遺産部編『無形民俗文化財映像記録作成の手引き』（二〇〇八年）という手引き書も刊行された。

（11）福田アジオ「図像資料としての素人絵―生活絵引き編さん資料としての可能性―」（『年報人類文化研究のための非文字資料の体系化』二、神奈川大学二一世紀COEプログラム「人類文化研究のための非文字資料の体系化」二〇〇四年）。
（12）名所図会を多く著した秋里籬島の代表作とも言える『東海道名所図会』（一七九七年）は二〇〇ほどの絵を挿入しているが、それは絵師三〇人の「寄合書」であった。
（13）渋沢敬三編『絵巻物による日本常民生活絵引』（角川書店、一九六四～八年）、神奈川大学日本常民文化研究所編『新版絵巻物による日本常民生活絵引』（平凡社、一九八四年）。

展望　二一世紀の民俗学をめざして

第一章　学史から学ぶ民俗学の今後

一　行為の民俗学とその前提

日本の民俗学は英語でいうフォークロア（folklore）に対応する学問であり、その点で共通性を有するが、同時に他の地域の民俗学とは異なる特色をもっている。その最大の特色は、欧米はじめ世界各地の民俗学が「語りの民俗学」であるのに対し、「行為の民俗学」という点にある。具体的な事象でいえば、欧米の民俗学は昔話・伝説・歌謡・諺など、いわゆる口承文芸をもっぱら研究する学問であり、それらの口頭で伝承される事象に付随する舞踊・所作などが研究対象に含まれているにすぎない。日本の民俗学は人びとが行う行事・儀礼・技術が研究対象の中心部を占めている。そのことは、日本の民俗学では早くから、民俗事象を写真や図像で解説することが行われてきたことに示されている。第二次大戦後だけでも、年中行事を図で示した民俗学研究所編『年中行事図説』（一九五三年）、民俗全般を写真で示した民俗学研究所編『日本民俗図録』（一九五五年）が出され、また図像資料から民俗を発見する渋沢敬三編『絵巻物による日本常民生活絵引』全五巻（一九六四〜八年）が刊行された。近年では写真による民俗学案内書として福田アジオ・古家信平他編『図説日本民俗学』（二〇〇九年）、スケッチ画による案内書として福田アジオ・内山大介他編『図解案内日本の民俗』（二〇一二年）が出されている。

他方、口頭で伝承される事象も民俗学の研究対象ではあるが、研究対象の周縁部に置かれる傾向がある。昔話などは民俗学での研究はあまり行われず、むしろ民俗学から独立した研究ジャンルとなり、文学研究の一部を形成する。昔話研究を民俗学の周縁部に置くのは、もちろん日本民俗学の開拓者である柳田国男の興味関心と深く関係するが、そこから始まったのではない。現実に生起している事象から過去の歴史を明らかにするという学問として民俗学は欧米でも日本でも形成されたが、その形成の前提にあった認識が異なるからである。

日本では一八世紀から一九世紀にかけて国学が形成された。それはそれまでの日本文化が中国、特に儒教の影響下にあり、また仏教の支配下にあったことに対する反省として、それら儒教と仏教を排除し、純粋な「大和心」を明らかにしようとする思想であり、学術運動であった。国学者は儒教や仏教の影響がいまだ弱い、古い文献を研究し、純粋な日本を明らかにしようとした。すなわち「神代」であった。国学者の大部分は文字で記された文献のなかから過去の理想状態を再構成するのであり、日本における古典研究はここから本格的に開始された。しかし、少数の国学者は、現実に行われている行為のなかにも古い姿を発見した。国学を大成した本居宣長は、『玉勝間』のなかで「ゐなかにいにしへの雅言（みやびごと）ののこれる事」を指摘し、さらに「ゐなかに古のわざの、これる事」（わざは行為を具体的に結婚式や葬式に関連させて述べ、それらを「海づら山がくれの里々まで、あまねく尋ね、聞あつめて、物にもしるしおかまほしきわざ也」（沿海部や山間奥地の村々まで広く訪れて、聞き集め、書物にも記録しておきたいものである）と述べた[1]。ただ、宣長は述べただけで、実際には各地を訪ねて聞き集めることはしなかった。日本の民俗学開拓者柳田国男は自分の学問を「新国学」と名乗り、民俗学の始まりを本居宣長の『玉勝間』に求めている。地方で行われている行為に、古い事柄を発見することはここから始まるといってよい。

日本の民俗学は柳田国男によって、二〇世紀に入ってから開拓された。しかし、その前史は、以上のような、一八世紀からの国学者を中心にした文人たちの地方の生活への関心と認識があり、さらに明治以降にヨーロッパから入った人類学の研究がある。[2] 国学者や文人たちは現在に「神代の遺風」を発見したが、人類学は「土俗」のなかに人類進化の過程を見、特にその起源が示されていると考えた。いずれも行事や儀礼あるいは制度という人びとの行為に関心を示し、そこに古い姿を発見しようとした。一九世紀までの日本の民俗学は、民俗学という言葉もまた自覚もなかったが、現在の事象に過去を発見する学問として形成された。そして特に起源探究に関心を示した。

二　柳田国男の民俗学

明治国家の官僚であった柳田国男は、一九〇八年夏に出張で長期にわたり九州を旅行した。その旅行は、普通の官吏が訪れない山間奥地を好んで訪ね、その生活ぶりを観察した。そのなかで特に感動したのは七月に一週間滞在した宮崎県の椎葉村であった。椎葉村では焼畑農耕と、古くから行われてきた狩猟の方法を知った。そして歴史について「思ふに古今は直立する一の棒では無くて、山地に向けて之を横に寝かしたやうなのが我国のさまである」[3] という認識を獲得した。すなわち現実の地域差のなかに時間を発見するものであった。しかもその時間は単純な新旧ではなく、系譜の異なる人びとの間の支配と征服による交替であった。山間奥地で暮らす人びとを山人と呼び、彼らは先住民であり、後から侵入した稲作民によって圧迫され、山間奥地に追いやられたと理解した。

一九〇八年十一月に、今度は東北地方の岩手県遠野出身の文学青年佐々木喜善に会い、彼から遠野地方で生起した不思議な話を聞くことになった。合理主義の立場からは理解できないような話であり、体験であった。それをまとめて一九一〇年に『遠野物語』として刊行した。その序文で「国内の山村にして遠野より更に物深き所には又無数の山神山人の伝説あるべし。願はくは之を語りて平地人を戦慄せしめよ」(4)と述べた。

一九〇八年のこの二つの体験から日本の民俗学の本格的研究は始まった。そこには起源への関心も内在させながら、現代にいたる変遷過程を明らかにしようとする姿勢が強く出されていた。一九二〇年代を経過するなかで、柳田国男の民俗学は山間奥地の山人への関心から次第に平野に住み稲作農耕を行う農民に関心を移し、彼らを「常民」と呼んだ。常民が作り出した歴史を現在の人びとの民俗によって明らかにすることで、民俗学を社会に貢献する「経世済民」の学にしようとした。

一九三三年に自宅で門弟たちを集めて「民間伝承論」の講義を行ったが、その講義録が翌一九三四年に『民間伝承論』として刊行された。そのなかで「我々の方法」として民俗事象を各地から集積して比較する方法を提示し、それを「重出立証法」と名づけた。重出立証法の実際の比較の基準は地域差にあった。各地の事象を、その分布地点に注目して比較するもので、日本の中央部に見られるものは新しく、中央から離れて見られるものは古いと考えた。それをドイツの農業立地論のチューネン圏に倣い、中央から半径の異なるいくつもの同心円として描き、同心円の外側に分布するものほど古く、同心円の内側に分布するものほど新しいという「周圏論」を提示した。最初はその事例として蝸牛の方言を用いたので「方言周圏論」といったが、それは方言のみでなく、民俗一般に適用される民俗学上の仮説となった。

「民間伝承論」の講義がそうであったように、民俗学の教育、さらに研究は柳田国男の個人の家で行われた。一九二七年に柳田国男は大きな広間を持った書斎を建て、そこで研究するとともに、門弟たちに教え、また人びとが集まって議論するサロンとした。民俗学はその後三〇年間この書斎で展開した。大学そのほかの公的な機関に依拠せず、個人的な努力によって学問が形成されたのである。そのために雑誌『民間伝承』が刊行され、遠方に住む人びとはその定期購読者になることで柳田国男と結びついた。しかし、日本全体からデータを集積し、その比較のなかから時間を獲得し、歴史的展開を明らかにするという重出立証法と周圏論は、柳田国男およびその周辺の限られた人びとにのみ研究を可能にし、民俗学に興味関心を持った大部分の人は、民俗調査をしてデータを報告する役目を担った。どちらにしても、民俗学を学び、研究する人には、職業としての民俗学研究者はおらず、さまざまな職業を持った人が余暇を利用し、柳田国男の指導を受けつつ調査研究を行う「野の学問」であった。

第二次大戦後は民俗学研究のより一層の組織化をはかり、柳田国男の書斎を民俗学研究所とした。民俗学研究所は調査研究を推進し、研究成果を出版し、特に民俗学の普及のために『民俗学辞典』（一九五一年）はじめ多くの書物を編集刊行した。それらの出版活動が財政的基盤にもなったが、そのため研究する余裕をなくし、まもなく行き詰まりを見せることとなった。柳田国男は不満を募らせ、研究所の解散を提起し、ついに一九五七年に民俗学研究所は解散した。そして、日本民俗学会も機能を停止し、機関誌も刊行されなくなった。

民俗学の超越的な指導者であった柳田国男は、門弟たちの民俗学に対する苛立ちを一九六〇年に「民俗学の頽廃を悲しむ」という講演で示し(5)、一九六二年八月に死去した。八八歳の人生で、その三分の二を民俗学の形成・発展に注いだ。

三　アカデミック民俗学の成立

一九五八年に二つの大学において民俗学の専門教育が始まった。一つは東京教育大学という国立大学で、文学部史学科の史学方法論専攻というところで新たに五名の学生定員が認められ、民俗学あるいは考古学を専門に研究教育することとなった。東京教育大学はその一〇年ほど前から学生定員がない教員のみの歴史学教室（後に史学方法論）があり、考古学と民俗学の教員がそこに属して、史学科共通の科目として考古学・民俗学を教えていた。それを基礎に専門教育が開始されたのである。大学では他の学科専攻と同じように概説・特論・実習・演習などの科目が開講され、また卒業論文が必修であった。同じ一九五八年に私立大学の成城大学でも民俗学の専門教育が開始された。成城大学は柳田国男との関係が深く、民俗学研究所が閉鎖になったとき、柳田国男の蔵書が成城大学に寄託され、後に成城大学に寄贈された（成城大学柳田文庫）。文芸学部文化史コースで民俗学が一つの分野として位置づけられ、専攻学生を受け入れた。この二つの大学から日本の民俗学の専門教育が始まり、研究が開始された。

そして同じ一九五八年から『日本民俗学大系』全一三巻の刊行が開始された。世界的に見ても類のない大規模な民俗学講座であり、それまでは柳田国男の著書を読むことが民俗学を学ぶほとんど唯一の方法であったのに対し、柳田国男に頼らずに民俗学を学ぶことが可能になったといえる。大学での講義・演習と『日本民俗学大系』に代表される多くの刊行物によって民俗学を学び、専門的な研究水準を獲得することが可能になった。

わずかな数であったが、大学での専門教育が開始されることで、民俗学は大学を拠点に再生産されることとなった。アカデミック民俗学の成立である。そのことは調査活動でも示された。一九五八年から東京教育大学の研究者を中心に文部省科学研究費という国の研究費を獲得して大規模な調査活動が開始された。民俗総合調査と名乗り、毎年調査地を特定地域に絞って、調査団を編成して調査に入り、その成果を出版社から刊行するという方式で、九州の国東半島から東北地方の津軽までの九つの地域で行い、最後には復帰前の沖縄で実施した。大学の教員だけでなく、学部の学生たちもそれに参加し、民俗を実地で学んだ。

また、一時機能を停止した日本民俗学会も、その事務局は大学に置かれることで活動を復活させた。一九六二年からは東京教育大学、六五年からは成城大学に事務局は置かれた。これも大学を拠点に再生産されるアカデミック民俗学の姿を示すものであった。しかし、民俗学の専門教育を行う大学はごくわずかであった。その後、徐々に民俗学の講義を一つだけ開講する大学は増えた。多くは非常勤講師による講義であったが、それを受講した学生たちのなかには民俗学に関心を抱く者もあり、彼らが自主的なサークルを組織して勉強し、また調査を行うことが次第に盛んになった。この民俗学研究会は一九六〇年代から七〇年代には多くの大学で組織され、調査報告書を刊行した。最も有力な研究会は国学院大学民俗学研究会で、研究会から多くの民俗学研究者を輩出した。しかし、民俗学研究会はいまだ大学での専門教育が一般化しない段階の過渡的なあり方であり、大学における民俗学教育が増えるにつれ、研究会の活動は弱まり、九〇年代にはほとんどの大学で姿を消した。

四　ポスト柳田国男時代

アカデミック民俗学は、大学を拠点に再生産される民俗学のことである。制度的には大学に位置づけられたが、その民俗学理論については、それまでの柳田国男の説いた民俗学理論をほとんど疑うことなく踏襲するものであった。その場合、柳田国男が抱いた「経世済民」の志は継承せず、資料操作法を中心とした研究法のみを引き継ぐものであった。聞き書きという方法での調査と、重出立証法と周圏論という方法に依拠する比較研究が民俗学であるということが疑われずにしばらくの間行われた。しかし、大学において他のさまざまな学問分野が並行して行われているなかで、この民俗学の方法はあまりに素朴なものと思われた。特に大学でさまざまな学問を併せ学ぶ学生たちにとっては、民俗学の講義が説く方法は単純素朴すぎると感じ、不信感を持つようになった。一九六〇年代からの民俗学の歩みは柳田国男の方法を克服する努力の時期ということになるが、それは容易なことではなく、むしろ常に柳田国男の理論や方法に縛られてきた。六〇年代以降の民俗学が獲得した新しい方向は、研究は日本列島全体から集められたデータによる比較研究のみが研究なのではなく、個別地域、個別地方で行われ、伝えられていることを調査分析することで解答を得ることが可能であるという認識と、それにともなう研究方法への転換であった。七〇年代以降、民俗学の研究も個別事例、個別地域で行われるようになった。研究は「中央」の研究者、調査は「地方」の研究者という分業関係が解消し、民俗学研究者なら誰でも研究に従事することになった。その結果、地域民俗学・都市民俗学・環境民俗学など新しい研究分野が開拓された。

しかし、理論化は困難であり、苦しいときの柳田頼みも当たり前で、何かにつけて柳田の見解を引っ張り出して自己防衛を図った。一九六〇年代以降柳田国男の思想や認識を高く評価し、そこから学ぶべきことを主張する柳田国男論が盛んになったことも、民俗学に大きく影響した。七〇年代以降、毎年のように柳田国男論の著作が出され、柳田国男という個人の名前を書名に冠した書物が一〇〇冊以上も出版された。すでにこの世にいない柳田国男を、学史上の人物として位置づけるのではなく、今に生きて活躍しているかのように扱い、依存した。単純で素朴な民俗学という批判や反省に対して、柳田国男の見解や認識を持ち出すことで対抗しようとした。柳田国男からの自立を目指し、民俗学としての独自の理論を形成しようとする努力が、柳田国男論を媒介にして、かえって柳田国男依存を強めたといってよいであろう。

一九九〇年代は柳田国男論にとって批判の一〇年間であった。今まで高く評価し、学ぶべき存在であった柳田国男の問題性が指摘され、批判されるようになった。特に、柳田国男の民俗学を植民地主義との関係で把握し、厳しく断罪する論が出された。柳田国男が民俗学を切り拓いたのは、植民地支配のための方策を検討するためであったという見解[6]、柳田国男は日本の民俗学を頂点とする華夷秩序としての「大東亜民俗学」を築こうとした植民地主義民俗学であったという見解[7]、そして柳田国男の一国民俗学を厳しく批判する見解[8]が出された。また政治を語らない民俗学の政治性が指摘され、差別や性そして階級を論じない民俗学が批判された。もっぱら自己保身を図り、硬直化して可能性を失ったアカデミック民俗学を耐用年数切れ民俗学として批判する論も出された[9]。それらの批判的動向は、ついに「今日の民俗学の落日は、厚い雲に包まれたまま姿を見せずに沈んでいこうとしている」という「落日の中の日本民俗学」[10]にたどり着いた。

これら一九九〇年代の柳田国男批判、そして民俗学批判に対して、民俗学研究者は正面から立ち向かい、批判を真摯に受けとめ、検討することをしなかった。黙して語らずのたとえ通り、民俗学の世界ではこれらを他人事のように受けとめ、無視した。首をすぼめて、時間の経過で忘却の彼方へ流れていくことだけを待ったといってもよいであろう。二一世紀を迎え、九〇年代の批判が過去のことになったように思われる頃から、再び民俗学の自己表現が行われるようになった。それは以前にも増して柳田国男依存を示し、柳田国男回帰を主張するものであった。一九六〇年代から行われてきた柳田国男からの自立の努力を間違った方向へ進んだものとして批判し、柳田国男の見解は正しかったとし、そこへもどるべきことが主張された。これこそポスト柳田国男時代の到達点といえよう。

五　二一世紀の民俗学へ

以上のように日本の民俗学の展開をとらえるとすれば、二一世紀の民俗はいかなる選択をするべきであろうか。個別の問題ごとに考えておこう。

(1)　二〇世紀の日本の民俗学は、一九世紀の民俗学が起源論に傾斜した民俗学であったのに対し、変遷過程を中心に置く民俗学であった。起源ではなく、変遷過程に目標を据えたのは柳田国男であった。変化することに意味があり、不変の事柄を明らかにするのではないと主張し、起源論を排除した。しかし、過去における変遷に重点を置いていた。これに対して、二一世紀の民俗学は過去の展開過程のみでなく、現時点での歴史の形成過程を明らかにすることを新たな課題として追加する。

(2)　二〇世紀の民俗学は野の学問としての民俗学とアカデミック民俗学の二つに時期区分できる。野の学問は柳田国男の民俗学である。自らの問題意識で民俗学に取り組む段階であり、方法論として確立していない、さまざまな可能性を秘めた段階であった。それに対して、一九五八年に始まるアカデミック民俗学は大学を中心とした公的な研究機関において再生産される民俗学であり、形式的には整えられ、柳田国男の方法も手際よく整理して引き継いでいるが、自己の問題意識や使命感をそこに組み込むことはほとんどない。二一世紀の民俗学はアカデミック民俗学に野の学問としての使命感を復活させ、現実の社会に貢献できるが、しかし高度な研究水準を確保するべきであろう。(11)

(3)　二〇世紀民俗学は前半の柳田国男の民俗学と後半のポスト柳田国男の民俗学の二つになる。この二つは野の学問としての民俗学とアカデミック民俗学に対応している。いずれも柳田国男によって拘束されている。特に二〇世紀後半のポスト柳田国男時代の民俗学は、行き着くところ、柳田国男の民俗学研究の無謬性を強調し、それに回帰することを目指す。それでは柳田訓詁学としての民俗学になってしまう。二一世紀民俗学は、柳田国男から解放された、新しい民俗学になる。柳田国男を参照する必要のない民俗学となる。それは一国民俗学を超えた民俗学であり、あるいは柳田国男が夢に描いた世界民俗学であるかも知れない。

二一世紀民俗学は、歴史形成過程を明らかにすることで、現実社会に貢献できる学問となり、その理論形成では柳田国男から解放された自由な発想と方法が採用される。その新しい民俗学は日本の一国民俗学ではなく、多様な歴史形成単位を基礎とした開かれた民俗学となる。二一世紀もすでに一五年がすぎている。のんびりと興味だけで取り組んでいる状況ではない。

注

（1）本居宣長『玉勝間』（『本居宣長』日本思想大系四〇、岩波書店、一九七八年、二三八頁）。
（2）福田アジオ『日本の民俗学』（吉川弘文館、二〇〇九年）。
（3）柳田国男『後狩詞記』一九〇九年（『定本柳田國男集』第二七巻、筑摩書房、一九六四年、所収、八頁）。
（4）柳田国男『遠野物語』一九一〇年（『定本柳田國男集』第四巻、筑摩書房、一九六三年、所収、五頁）。
（5）柳田国男「民俗学の頽廃を悲しむ」（千葉徳爾「柳田国男の最終公開講演『日本民俗学の退廃を悲しむ』について」『日本民俗学』一九四号、一九九三年）。
（6）村井紀『南島イデオロギーの発生』（福武書店、一九九二年）。
（7）川村湊『「大東亜民俗学」の虚実』（講談社、一九九六年）。
（8）子安宣邦「一国民俗学の成立」（『岩波講座現代思想』第一巻、岩波書店、一九九三年）。
（9）大月隆寛『民俗学という不幸』（青弓社、一九九二年）。
（10）山折哲雄「落日の中の日本民俗学」（『フォークロア』七号、一九九五年）。
（11）菅豊『「新しい野の学問」の時代へ』（岩波書店、二〇一三年）。

第二章　発言する民俗学への可能性

一　『後狩詞記』からの民俗学

柳田国男が民俗の世界を発見し、学問形成に向かうことになったのは一九〇八年の二つの体験からであった。一つは夏の三ヵ月の九州旅行、特に旅行の後半に踏み込んだ宮崎県椎葉村での一週間の見聞であった。『後狩詞記』という民俗学最初の著作に示されたように、古くから伝えられた狩猟の方法に大きな関心を抱いた。椎葉村で伝えられている事象を表現する土地の言葉に注目し、それを窓口に記述した。そして、秋の十一月に岩手県遠野出身の佐々木喜善の来訪をうけ、遠野地方の不思議な話を聞いた。それが『遠野物語』に結実した。遠野地方で実際にあった不思議な出来事や経験談を洗練された簡潔な文章で表現した一一九の話であった。しかし、それらは前者がわずか五〇部、後者も三五〇部の印刷であり、ほとんど世に知られることはなかった。この二つの著作のうち、その後の民俗学が採用したのは『後狩詞記』に示された方法であった。すなわち、人びとの行為をそれを表現する言葉を窓口にして把握し、そこに歴史の累積過程が示されているという方法的立場であった。語りをもっぱら取り上げた『遠野物語』の方法は、物語が有名になって以降も、民俗学の中心に位置することはなかった。

世界中どこでも民俗学は、歴史的関心から成立したといってよい。現在の事象のなかに過去を発見することである。世代を超えて伝承されてきた昔話や伝説や行事のなかに遙かな昔を発見することが行われた。民俗学は古代を知る学問であった。それに対して、柳田国男が開拓した日本の民俗学は、起源論を排し、現在に至る過程を組み立てる学問として創り出された。同じく過去を認識する学問であるが、欧米は起源への志向が強く、日本の民俗学は現在への過程に関心を置いた。特に柳田国男にそれが強かった。典型的には、前近代から近代への生活の変化を民俗学の方法を駆使して論じた『明治大正史世相篇』に示されたが、衣類や食器の変化を論じた「木綿以前の事」や結婚方式の変化を論じた「聟入考」でも同様である。

二　現実問題の解決に資する歴史を

柳田国男が開拓した日本の民俗学は、現在の事象のなかに歴史過程を把握する学問である。現在で過去を明らかにするという矛盾を抱えて成立したのであるが、その矛盾を克服し、目的に達する方法として柳田国男が着目したのが地域差であった。「所変われば品変わる」に注目し、それを時間差と認識したのである。各地から集積したデータを比較して、その相違を変遷過程に再構成することで歴史を明らかにするというわけである。その場合、問題は地域差をどのように時間差に置き換えるかという指標や基準がはっきりしないことである。そこで柳田国男が考えたのが、中央からの距離が新旧を示すという仮説であった。文化は中央で発生し、それが順次四方へ広がっていくが、当然中央から遠い地点まで到達するのには時間がかかる。中央に近い地点には新しい文化が、そこから離れるほどに古い文化が存在するというもので、それを蝸牛の方言の分布で実証して、方言周圏説と命名した(1)。しかし、柳田自身もこの周圏論は方言にとどまらず、人びとが行う民俗についてもいえると考えていた。

柳田国男の民俗学を評して「経世済民」の学ということが多い。経世済民はもちろん儒学の言葉であり、世のため人のためということである。柳田は自分の学問の淵源を本居宣長の国学に求めていることが示すように、儒学の言葉を自己規定に用いることはない。「経世済民」は、後の柳田国男論研究者が与えた言葉である。(2) しかし、同様の内容を「学問救世」「実用の僕」などと表現していたことは事実である。(3) 柳田国男は、研究のための研究ではなく、実際に役立つ学問を目指していた。依拠する資料が人びとの日常生活であり、明らかにする内容も人びとの日常であった。それを歴史として描き出すところに特色があった。研究の結果が直接生活に役立つのではなく、生活をよりよく改めていくための前提としての歴史を明らかにするのが民俗学だと考えた。社会の矛盾を解消し、よりよい状態を作ることを願いつつ、矛盾を発生させた歴史を明らかにしようとした。制度を問題にする際にも、制度の変更を具体的に提案するのではなく、改めるべき制度が登場した歴史的背景を理解した上で制度の改変も考えるべきであることを主張した。

柳田国男が民俗学の全体像を概説的に示した著書は、一九三五年刊行の『郷土生活の研究法』であるが、そのなかの郷土研究、すなわち民俗学の意義と方法を説いた最後に、郷土研究の最大の課題として示したのは「農民は何故に貧なりや」であったことは、その実践性をよく示している。世界恐慌の波をかぶった一九三〇年代の日本の危機的状況のなかで、民俗学も実践的課題をもって研究することを表明した。柳田国男にとっては、これは三〇年代だけのことではなく、生涯を通しての使命感であった。

一九五一年にサンフランシスコ講和条約が調印され、日本の独立回復が明確になった時期に、柳田国男は後に『海上の道』(一九六一年)に収録される一連の論文を発表した。そのテーマはよく知られるように、日本列島に住むわれわれ日本人の先祖は黒潮を利用して島伝いに北上してきたことを説いたものである。しばしば、それは渥美半島の伊良湖岬で浜に打ち上げられた椰子の実を発見した学生時代の感動が晩年に結実したロマンとして語られるが、一九五〇年代前半に集中して書かれた意味を忘れてはならない。日本列島に住む日本人はまず沖縄に住み、そこから「海上の道」を北上し、列島全体に住むようになったのであり、沖縄は日本の不可欠な一部で、日本人のアイデンティティの根拠であることを指摘して、日本「本土」の人びとに自覚を促そうとした。日本の独立回復が沖縄の犠牲の上に成立していることを認識させようとした(4)。

三　発言する民俗学へ

日本の民俗学は、大学で研究教育が行われる学問ではなかった。柳田国男の下に集まった同好の士が、柳田の自宅を訪れ、指導を受けつつ研究者に成長した。第二次世界大戦後は組織化が図られ、柳田国男の書斎と蔵書を基礎に民俗学研究所が設立され、研究を活発に行うようになった。民俗学の理論とか方法論についても論争が行われた。しかし、他の学問と横並びになるように、研究方法や資料を整えることに集中し、柳田国男がかつて強く抱いていた使命感や危機意識は排除されてしまった。民俗学が実践的課題を持って研究していたことは忘れ去られた。学問のための学問として、資料操作法を中心に議論された。その傾向は一九五八年に大学での専門教育が開始されてからますます強められた。

一九九〇年代になり、柳田国男論でも、また民俗学の研究でも、新しい傾向・動向が登場した。まず柳田国男論において、彼の思想を高く評価し、そこから学び、継承することが基本的な論調であったそれまでの傾向に対し、柳田国男の思想の問題性が指摘されるようになった。民俗学は植民地支配のための方策研究であったという論に始まり、植民地主義との関係で批判的に理解する議論が強まった。そして、それらの議論と相前後して、民俗学の問題性が指摘されるようになった。講壇化した民俗学が志を失い、硬直化し、学界内部の秩序維持にばかり精力を傾けて、かつて民俗学が持っていた豊かな可能性をなくしたという批判である。しかし、民俗学の学界には大きな変化は見られなかった。そして二一世紀を迎えた。

二〇一一年三月十一日の東日本大地震とその津波、さらに東京電力福島第一原子力発電所のメルトダウン事故は、東日本沿岸部の日常生活を根底から破壊した。大津波によって犠牲になった多くの人びと、地震による家屋の倒壊と津波に流された集落、放射能汚染による避難など、現在なお過去形では語れない状況にある。震災の復旧過程でにわかに登場してきたのが「絆」という言葉である。人びとが互いに協力し、助け合い、困難を乗り越える姿のなかで自然に「絆」という言葉が登場したのではない。「絆」という表現は日常的に用いられる語ではなく、意味も曖昧である。それが標語化し、日本や日本人に結びつけられた。

復旧・復興に行政が大きな力を発揮することは間違いないが、自分たちの日常生活で当たり前に展開してきた連帯と結集の力が長期的には重要な意味を持つことは明らかである。日本社会において人びとの連帯と結集がどのように展開してきたかを明らかにしてきた民俗学は、対症療法的に具体案を提出することはできなくても、今までの研究蓄積から、復旧・復興計画の立案の手がかり、配慮すべき事柄を示すことはできるはずである。「絆」という空疎な言葉でなく、地域生活がどのような装置を持って結集のための組織を形成し、共同性を発展させてきたかを提示することは民俗学の仕事である。それは人類普遍のものでもないし、日本列島はどこでも同じではない。それぞれの地方・地域で大きく異なる。地域で生活していくためには、仮設住宅があればよい、集落があればよいというものではない。

住宅とそれが形成する集落にはさまざまな施設や装置があり、それらを維持することで連帯と結集は保たれていた。それらに配慮しない計画に対して批判をし、施設・装置の必要性を地域の民俗学研究の蓄積を基礎に積極的に提言すべきであろう。その前提としての民俗調査が被災地域で行われてもよいであろう。(5)

民俗学には心意という概念がある。人びとの意識・感覚・感情・価値観などを包括的に把握する概念である。柳田国男が設定した民俗学の目的は、現象としての行為のみでなく、行為の背後にある人びとの心意をあわせて把握し、理解することであった。心意を把握する点に、他の学問にない民俗学の独自性がある。震災からの復旧・復興は、住宅の復旧、集落の再建、道路その他インフラの復旧など、物質的なものだけではない。人びとの心意において満足と安心を獲得できるものでなければならない。暮らす人びとの心意を把握し、復興後の地域生活においてもそれが確保されるように努めなければならないであろう。

二〇〇四年十月の中越地震からの復興はある程度達成されたように見られるが、その復興過程で民俗学的知見が生かされたという話は聞かない。復興の報告書にも民俗学研究者の姿は見えない。(6)近年になりようやく被災地における民俗調査が行われ、民俗学からの震災への取り組みが本格化しつつある。(7)

三・一一からすでに四年以上が経過しているが、この間民俗学の研究者が復旧・復興に関連して積極的に発言した例をほとんど聞かない。また具体的な活動を聞かない。(8)研究者の組織である日本民俗学会が、この問題に取り組んでいるということもない。もちろん甚大な被害を蒙った博物館資料や有形民俗文化財の救出と保存にボランティアで熱心に取り組んでいる研究者は少なくない。その献身的な努力に頭が下がる思いである。それに加えて、地域の復旧・復興に民俗学の立場から、民俗学の研究蓄積を基礎に提言するとか、提案することがあってもよいはずである。(9)柳田国男が「学問救世」をいい、使命感を持って実践的課題に積極的に発言したことを思いおこすべきである。一人の民俗学研究者として今までのあり方を反省するとともに、発信・発言する民俗学の可能性を模索したい。

注

（1）柳田国男「蝸牛考」（『人類学雑誌』四二巻四〜七号、一九二七年、柴田武・加藤正信・徳川宗賢編『日本の言語学』第六巻、大修館書店、一九七八年）。

（2）福田アジオ「経世済民・学問救世」（『柳田国男事典』勉誠社、一九九八年）。

（3）柳田国男『郷土生活の研究法』一九三五年（ちくま文庫版『柳田國男全集』第二八巻、筑摩書房、一九九〇年、所収）。

（4）福田アジオ「日本単一民族論再考」（川田順造・福井勝義編『民族とは何か』岩波書店）。本書第一部第三章。

（5）一九三三年の三陸大津波の被害実態とそこからの復興過程を調査した山口弥一郎が、一九四三年に「津浪の起こらぬようにすることは不可能であろうとも、避けることは我々に出来得るはずである。我々は津浪直後に、惨害記録と哀話のみ綴っているべきではない。暗い話でなく、根強く再興してゆく日本人の力をこそ、次には被害を少しでも軽減するために、細心の注意を怠らぬように導いてゆくのが我々のなすべきことと信じている」（山口弥一郎『津浪と村』一九四三年。後に石井正己・川島秀一編『津浪と村』三弥井書店、二〇一一年に再録、一七頁）と記述していたことに注目する必要があろう。

（6）たとえば『復興プロセス研究二〇〇九〜二〇一〇（復興プロセス研究会実践研究報告書）』（中越防災安全推進機構、二〇一一年）は、中越地震の被災地の復興活動を記録し、検討しているが、そこに取り上げられた問題の多くは民俗学が研究してきた事項でもある。しかし、民俗学研究者の参加はないし、また民俗学研究の成果を参照した様子もない。

（7）新潟県立歴史博物館の陳玲を中心とした研究グループが、継続的に長岡市の旧山古志村地域についての避難・帰村・生活復興の過程を調査している。その一端は陳玲「新潟県長岡市山古志における盆踊り再興―変化のなかの民俗行事と個人―」（『新潟県立歴史博物館研究紀要』一五号、二〇一四年）。

（8）方言研究者が逸速く被災地の言語に注目し、方言の意義と復旧・復興過程での方言の消滅の危険性に警鐘を鳴らしたことに注目し、また民俗学研究者も学ばねばならないであろう。東北大学方言研究センター『方言を救う、方言で救う―3・11被災地からの提言』（ひつじ書房、二〇一二年）参照。民俗に関連した研究、提言としては、岩本由輝編『歴史としての東日本大震災―口碑伝承をおろそかにするなかれ』（刀水書房、二〇一三年）が注目される。

（9）　民俗全般ではなく、民俗芸能についての被災調査、芸能復活、そして地域再生の方途を考えることが行われた。民俗芸能が無形民俗文化財として位置づけられることによって、文化財レスキューの対象とされたことに始まるが、大きな成果を挙げた。代表的な成果としては高倉浩樹・滝沢克彦編『無形民俗文化財が被災するということ』（新泉社、二〇一四年）があり、その基礎となった調査報告書である高倉浩樹・滝沢克彦・政岡伸洋編『東日本大震災に伴う被災した民俗文化財調査二〇一一年度報告集』（東北大学東北アジア研究センター、二〇一二年）、高倉浩樹・滝沢克彦編『東日本大震災に伴う被災した民俗文化財調査二〇一二年度報告集』（東北大学東北アジア研究センター、二〇一三年）がある。

あとがき

民俗学は歴史を明らかにする学問としてヨーロッパでも日本でも登場してきた。一九〇八年にロンドンで刊行されたG・L・ゴムの著作の書名『歴史科学としての民俗学』がそれをよく示しているし、その翌年に柳田国男が『後狩詞記』を著し、そこで「思うに古今は直立する一つの棒ではなくて、山地に向けてこれを寝かしたようなのがわが国のさまである」と表明したことにも示されていた。民俗学が研究の対象とする民俗事象は、民俗学が成立する以前から人びとの生活文化として存在してきた。民俗学の学問形成以降に特定の事象について民俗事象と認識し、把握してきたに過ぎない。歴史研究の方法としての民俗学が、その研究に有効な事象を民俗事象と呼び、選択してきたものである。歴史を明らかにするという民俗学の目的と研究対象としての民俗事象は密接に結びついている。ところが、近年、民俗学を歴史から切り離そうとする考えが表明されることが多いし、実際に歴史とは無関係な学問として位置づけようとする記述が少なくない。

私は、民俗学が歴史研究の方法、あるいは歴史の新たな認識方法として登場してきたことを忘れてはならず、その学問的性格があってこそ民俗学であると考えている。安易に「歴史よさようなら」をいっても、それで民俗学の未来が切り拓かれるわけではない。歴史を認識し、歴史を明らかにする学問としての民俗学ということはこの学の基本的性格であり、一九世紀から二〇世紀が受け継ぎ、発展させてきたものである。もちろん、歴史認識も歴史研究も固定しているわけではない。民俗学の目的観も歴史的に展開してきた。簡単にいえば、民俗学は一九世紀の起源論、二〇世紀の変遷論と変化し、発展してきた。当然のことながら、二一世紀の民俗学は歴史認識や歴史研究において新たな目的を獲得しなければならない。

本書は、二〇世紀の民俗学が歴史認識、歴史研究の方法としての学であることを再確認し、そこから二一世紀を展望しようとするものである。したがって、本書では専ら二〇世紀の日本の民俗学について検討する。二〇世紀の日本の民俗学は、前半は柳田国男の民俗学の段階であり、後半はポスト柳田国男の民俗学の時代であった。いずれにしても民俗学は柳田国男に依存し、制約されていた。したがって、本書の内容も柳田国男の記述を取り上げ、その内容を検討している。このような柳田国男に頼る民俗学を理想としているわけではない。二一世紀の民俗学は、脱柳田国男の民俗学であらねばならないと考えている。本書は二〇世紀の民俗学が示す柳田国男依存の最後の書になることを願っている。

本書は二〇世紀の民俗学を、その方法的な問題について検討する第一部と研究法を検討する第二部で構成し、問題設定としての「課題」、これからの民俗学への「展望」を、巻頭・巻末に置いた。各章は、一九八〇年代中頃以降に機会を得て発表してきた論文に基づいて構成したが、収録するに当たっていずれも加除修正を行い、できるだけ現段階の研究状況に近づけることを試みた。以下に、各章について、初出と簡単なコメントを付けておきたい。

課題　歴史と民俗学研究

第一章　民俗学の展開と方法　原題「民俗学の方法」、福田アジオ・小松和彦編『講座日本の民俗学』第一巻民俗学の方法、雄山閣、一九九八年。赤田光男・香月洋一郎・小松和彦・野本寛一の皆さんとともに編集した『講座日本の民俗学』（全一一巻）の第一巻として設定された「民俗学の方法」巻頭の総説として執筆した。

第二章　民俗学と歴史学　　原題「民俗学と歴史学―方法的反省」、『歴史と民俗』（神奈川大学日本常民文化研究所論集）二七、神奈川大学日本常民文化研究所、二〇一一年。神奈川大学日本常民文化研究所の紀要『歴史と民俗』の「特集　歴史学と民俗学」に掲載された。定年退職間近の慌ただしいなかで執筆したため、内容としてのまとまりに欠け、特に歴史学については近世史研究に偏り、しかもステレオタイプ的な記述に終始したことが反省させられるが、歴史学と民俗学の関係について一つの問題提起をした。

第一部　危機意識と民俗学

第一章　初期柳田国男の民俗学　　原題「初期柳田国男の研究と現代民俗学」、『思想』七四七号、岩波書店、一九八六年。民俗学が一定の評価を獲得し、日本の社会・文化の研究に際しては参照すべきものと理解されていた一九八〇年代に、柳田国男の初期民俗学研究の意義を説いたものである。

第二章　民俗学と民族　　原題「日本の民俗学と民族」、ヨーゼフ・クライナー編『近代〈日本意識〉の成立―民俗学・民族学の貢献―』東京堂出版、二〇一二年。法政大学国際日本学研究所の共同研究「国際日本学の方法に基づく〈日本意識〉の再検討」の一つとしてクライナーさんが組織した共同研究「近代〈日本意識〉の成立：日本民俗学・民族学の貢献」に共同研究員として参加した。その国際シンポジウムとして二〇一〇年十二月に開催された研究会で報告し、その記録の『近代〈日本意識〉の成立』に収録された論文である。長期にわたる共同研究の研究会で、参加者の皆さんから多くの教示を得た。従来、民族は一八八八年の『日本人』に掲載された文で用いられたのが最初とされていたが、使用例としてはそれよりも一年早く、一八八七年に中江兆民らによって編纂された『仏和辞林』で使用されていたことを明らかにした。大勢に影響はないものの、この「発見」をひそかに誇りとしている。

第三章　日本単一民族論再考　原題「日本単一民族論再考—柳田国男の沖縄認識を通して—」、川田順造・福井勝義編『民族とは何か』岩波書店、一九八八年。川田順造氏を代表として組織された国立民族学博物館の共同研究「民族とは何か」に共同研究員として加わり、研究成果としてまとめたのがこの論文である。ウチナーとヤマトと表現する沖縄の人びとの認識を正当に評価し、そこに互いに別の民族を見ることの妥当性を考えようとした。共同研究では、川田さんはじめ、共同研究員の皆さんから大きな刺激を受け、また学んだ。さまざまな分野の研究者と議論したことは楽しい思い出であるが、ご教示を得た参加者のなかには鬼籍に入る方も増え、寂しい限りである。

第四章　近代日本の植民地と民俗学　原題に同じ。日文研国際会議報告『日本研究・京都会議１９９４』Ⅱ、国際日本文化研究センター、一九九六年。一九九四年十月に開催された「日本研究・京都会議」において、ライデン大学のヤン・ファン・ブレーメンさんが組織者になって行われたThe Emergence and Development of Anthropology in the Colonial World : East-West Parallelsにパネリストとして参加し報告した原稿である。印刷に付された報告は要旨に近い簡単な内容であった。この問題を本格的に展開したいと思っていながら果たせないまま時間が経過し、その間にブレーメンさんも若くして亡くなってしまった。ここには、記念の意味をこめて、収録した。

第五章　政治と民俗学　原題「政治と民俗—民俗学の反省」、桜井徳太郎編『日本民俗の伝統と創造』弘文堂、一九八八年。旧来の民俗学が政治に触れず、政治を語らないことに疑問を呈し、民俗と政治の関係に注目し、民俗学も政治を研究すべきことを述べたものであるが、当時はまだ「民俗学の政治性」は論じられていなかった段階であり、素朴な指摘にとどまっている。

第六章　民俗学と歴史認識　原題「民俗学の目的」、福田アジオ・小松和彦編『講座日本の民俗学』第一巻民俗学の方法、雄山閣、一九九八年。エートノスや民族性の究明を民俗学の目的とする考えを批判し、歴史を明らかにすることを目的として改めて設定した。

第二部　民俗学の方法

第一章　周圏論と民俗学　原題「周圏説と民俗学」、佐藤亮一・小林隆・大西拓一郎編『方言地理学の課題』明治書院、二〇〇二年。周圏論については、すでに「方言周圏論と民俗学」と題して一九八二年に発表し、拙著『日本民俗学方法序説』（一九八四年）に収録した論文のなかで、その問題点は指摘した。その後、方言地理学の研究者が、日本の方言地理学研究に大きく貢献したW・A・グロータース神父を記念して論文集を編む企画を立てられ、それへの参加を慫慂されたので、新たに執筆したのが本論文である。柳田国男の周圏論は、文化の中心都市発生説と伝播説がかたく結びついた論であることを指摘し、周圏的分布に別の解釈が成り立つ可能性を述べた。

第二章　歴史民俗学的方法　原題に同じ。日本民俗研究大系編集委員会編『日本民俗研究大系』第一巻方法論、国学院大学、一九九一年。国学院大学創立百周年記念で企画され、国学院大学から刊行された民俗学講座に、卒業生でもなく、教職員でもない者が原稿の依頼を受けて執筆したものである。「歴史民俗学的方法」は依頼されたタイトルである。私は、歴史民俗学とは過去に記録された文字資料・図像資料などによって特定の時代の民俗事象を把握することと捉えなおして、その意義を説いた。

第三章　民俗資料としての日記　原題「民俗資料としての日記―民俗学における計画記録と偶然記録―」、竹田旦編『民俗学の進展と課題』国書刊行会、一九九〇年。無文字社会ではない日本は、古くから文字に親しみ、生活文化のなかに文字を組み込んできた。その現れが日記である。近世の名主日記は多分に公的な性格を持つものであるが、それでも生活の諸側面を内容豊かに記録していることを、具体的に明らかにした。

第四章　図像と民俗学　　原題「図像資料と民俗学」、『年報非文字資料研究』五号、神奈川大学日本常民文化研究所非文字資料研究センター、二〇〇九年。文字で記された資料だけでなく、図像に描かれた資料も重要であり、民俗学は調査研究の過程でもっと図像資料を生産すべきであり、また研究に過去に作成された図像を活用すべきことを主張した。

展望　二一世紀の民俗学をめざして

第一章　学史から学ぶ民俗学の今後　　原題「日本民俗学的至今為止和従今以後」（中文・彭偉文訳）、『民俗研究』第一二一期、山東大学《民俗研究》編輯部、二〇一五年。二〇一四年四月に中国貴州省貴陽市の貴州民族大学で開催された「首届中日民俗学高層論壇」に参加し、報告した「日本民俗学のこれまでとこれから」の報告原稿である。当日は彭偉文さんの適切な通訳で中国側の出席者にも理解してもらうことができた。その原稿を彭さんが改めて中国語訳して、現在のところ中国のほぼ唯一の民俗学専門雑誌である『民俗研究』に掲載するようにしてくれたものである。

第二章　発言する民俗学への可能性　　原題「発言する民俗学への可能性―3・11から一年過ぎて」、『歴史地理教育』七八八号、歴史教育者協議会、二〇一二年。『歴史地理教育』に連載されている「歴史研究最前線」に執筆を依頼され、民俗学が社会へ貢献するために積極的に発言すべきことを述べた。

すでに述べたように、本書では柳田国男に触れることが多く、引用も多い。それぞれの発表時期により、参照した柳田国男の著作集が異なる。古くは、『定本柳田國男集』であり、次にはちくま文庫版『柳田國男全集』を多く参照し、引用もしている。そして新しくは、現在刊行中の『柳田國男全集』から引用している。これらを統一して、一つの表記にすべきであったが、果たすことができなかった。引用文の文章がまちまちになっている。特に、ちくま文庫版『柳田國男全集』からの引用が多いが、文庫版は常用漢字を使用し、現代仮名遣いで表記している。それは分かりやすいが、柳田国男自身の採用した表記ではない。柳田国男はすべて歴史的仮名遣いで書き表していた。また、個別に発表した論文を基礎にしているため、同じことの繰り返しが目立った。今回、できるだけ重複を避けるように補筆訂正をしたが、読み返してみるとまだ多くの重複が残っている。一冊の著書として統一に欠けることになっていることを読者の皆さんにお詫びしたい。

今までもさまざまな機会に研究成果を刊行する機会を与えてくださり、また民俗学の学習や研究に必要な基礎的な図書の刊行を企画してくださった吉川弘文館に、今回もまた刊行をお引き受けいただいた。専門書の刊行がますます困難な状況のなかで、大変有り難いことであった。その制作に当たっては、今まで同様、吉川弘文館の皆さんに大変お世話になった。深く感謝申し上げる。

本書が、歴史研究の方法としての民俗学をさらに深く考え、研究を進めようとする方々の参考になることを願っている。そして忌憚のない批判がいただきたいものと念じている。

二〇一五年十一月

福田アジオ

歴史と日本民俗学（オンデマンド版）
—課題と方法—

Digital Publishing

2024年10月1日　発行

著　者　福田《ふくた》アジオ

発行者　吉川道郎

発行所　株式会社 吉川弘文館
〒113-0033　東京都文京区本郷7丁目2番8号
TEL　03(3813)9151(代表)
URL　https://www.yoshikawa-k.co.jp/

印刷・製本　株式会社　デジタルパブリッシングサービス
URL　https://d-pub.sakura.ne.jp/

福田アジオ（1941～）
ISBN978-4-642-78200-5

著者略歴
一九四一年、三重県に生まれる
一九七一年、東京教育大学大学院文学研究科修士課程修了
現在、国立歴史民俗博物館名誉教授
〔主要著書〕
『歴史探索の手法』(筑摩書房、二〇〇六年)
『日本の民俗学』(吉川弘文館、二〇〇九年)
『日本民俗学の開拓者たち』(山川出版社、二〇〇九年)
『現代日本の民俗学』(吉川弘文館、二〇一四年)

歴史と日本民俗学
課題と方法

二〇一六年(平成二十八)二月一日　第一刷発行

著者　福田《ふくた》アジオ

発行者　吉川道郎

発行所　株式会社 吉川弘文館
郵便番号一一三―〇〇三三
東京都文京区本郷七丁目二番八号
電話〇三―三八一三―九一五一(代)
振替口座〇〇一〇〇―五―二四四番
http://www.yoshikawa-k.co.jp/

組版＝本郷書房
印刷＝亜細亜印刷株式会社
製本＝誠製本株式会社
装幀＝山崎　登

索　　引

事　　項

あ　行

か　行

さ　行

た　行

な　行

や　行

ら　行

わ　行

人　　名

あ　行

か　行

さ　行

た　行

な　行

は　行

ま　行

や　行

ら　行

わ　行